话说 内蒙古

呼和浩特

玉泉区

梁国柱 夏冬梅 ◎ 主编

内蒙古人民出版社

图书在版编目 (CIP) 数据

话说内蒙古·玉泉区 / 梁国柱，夏冬梅主编． -- 呼和浩特 : 内蒙古人民出版社， 2016.11（2017.8 重印）
ISBN 978-7-204-14235-4

Ⅰ．①话… Ⅱ．①梁… ②夏… Ⅲ．①区（城市）—概况—呼和浩特 Ⅳ．① K922.6

中国版本图书馆 CIP 数据核字 (2016) 第 282302 号

话说内蒙古·玉泉区
HUASHUO NEIMENGGU YUQUANQU

丛书策划	吉日木图 郭 刚
策划编辑	田建群 张 钧 南 丁 王 瑶 贾大明
本册主编	梁国柱 夏冬梅
责任编辑	贾大明 张 钧 董丽娟
责任校对	李好静
责任监印	王丽燕
封面设计	南 丁
版式设计	朝克泰
丛书名题字	马继武
蒙古文题字	哈斯毕力格
出版发行	内蒙古人民出版社
地 址	呼和浩特市新城区中山东路 8 号波士名人国际 B 座 5 楼
印 刷	内蒙古恩科赛美好印刷有限公司
开 本	710mm×1000mm 1/16
印 张	20.75
字 数	300 千
版 次	2017 年 1 月第 1 版
印 次	2017 年 8 月第 2 次印刷
印 数	4001—5000 册
书 号	ISBN 978-7-204-14235-4
定 价	69.00 元

图书营销部联系电话：（0471）3946267 3946269
如发现印装质量问题，请与我社联系。联系电话：（0471）3946120 3946124
网址：http://www.impph.com

《话说内蒙古·玉泉区》编撰委员会

主　　任　周　强（中共玉泉区区委书记）

副 主 任　王继平（原中共玉泉区区委副书记、玉泉区人民
　　　　　　　　　政府区长，2016 年 4 月 22 日离任）

　　　　　白　洁（中共玉泉区区委副书记、玉泉区人民政
　　　　　　　　　府代区长，2016 年 4 月 22 日接任）

　　　　　苏亚拉（中共玉泉区区委常委、宣传部部长）

　　　　　夏冬梅（玉泉区政协副主席、玉泉区志编纂委员
　　　　　　　　　会常务副主任）

　　　　　梁国柱（玉泉区志编纂委员会副主任）

编　　委　王慧云　田金有　张永贞　李慧勇　闫建军

《话说内蒙古·玉泉区》编写组

主　　审　苏亚拉

主　　编　梁国柱　夏冬梅

编撰人员　苏亚拉　夏冬梅　梁国柱　武高明　王慧云
　　　　　田金有　张永贞　张连枝　丁根厚　魏月飞

摄　　影　丁根厚　魏月飞

工作人员　王国文　毕胜雯　萨如拉　王　鹏　艾　娟

总　序

　　内蒙古自治区是我国第一个省级少数民族自治地区。全区辖9个地级市、3个盟、2个计划单列市，下辖52个旗（其中包括鄂伦春、鄂温克、莫力达瓦达斡尔3个少数民族自治旗）、17个县、11个盟（市）辖县级市、23个市辖区，共103个旗、县、市辖区。首府呼和浩特市。

　　内蒙古东西直线距离2400千米，南北跨度1700千米，土地总面积118.3万平方千米。广袤的土地蕴含着丰富的自然资源：从东到西的森林、草原、沙漠等地形地貌是天然独特的旅游资源；丰富的煤、铅、锌、稀土等矿产资源和风力、太阳能等清洁能源，为煤化工产业、有色金属产业、清洁能源产业的发展提供了支撑。地跨"三北"（东北、华北、西北），毗邻八个省区，与俄罗斯、蒙古国接壤，国境线长达4200千米，具有我国向北开放的重要桥头堡和充满活力的沿边经济带的天然区位优势。气候适宜、土壤优质、草类茂盛、水源充足等优势，使农牧业的现代化建设不断走向深入。

　　这是一方丰饶的沃土，是我国北方少数民族世代生息繁衍的福地。它孕育了游牧文明，也是农耕文明与游牧文明的碰撞融合地带，在这里，不同文化相互碰撞、熠熠生辉，共同谱写了中华文明的恢弘乐章。这片土地上孕育出的仰韶文化、红山文化是中华史前文化的一部分，战国时期赵武灵王着胡服、学骑射，两汉与匈奴交往、和亲，两晋南北朝的鲜卑建立了雄踞北方的北魏王朝，隋唐与突厥建立了宗藩关系，契丹民族建立了辽代政权，蒙古民族创立了疆域广阔的大元王朝，明清与鞑靼、瓦剌等民族建立了藩属关系——历史上，北方少数民族或雄踞一方与中原交好，或入主中原，在不断风起云涌中铸就了内蒙古丰富、厚重的历史文化魂魄。进入近现代以后，内蒙古也走在抗敌御侮的前沿，为中华人民共和国的成立做出了巨大贡献。

　　这份丰厚的历史积淀当中，涌现了诸多杰出人物：他们或是一方霸主，统领一域；或是一代天骄，建万世之基；或是贤良能臣，辅助建国大业；或是时势英雄，救人民于水火；或是在各自领域堪称巨擘的名人雅士。这些人有耶律阿保机、成吉思汗、忽必烈、哲别、术赤、耶律楚材、乌兰夫、李裕智、尹湛纳希、玛拉沁夫、纳·赛音朝克图等等。

物华天宝，人杰地灵。广袤的土地除了养育了一代代的草原人，也成就了她丰富的地域文化：马头琴音乐、呼麦、长调等民族音乐，好来宝、二人台、达斡尔族乌钦等曲艺，安代舞、顶碗舞等民族舞蹈，刺绣、剪纸、民族乐器制作、生活用具制作等传统工艺，蒙医药、正骨术等传统医药医术，婚丧嫁娶等独特的礼仪习俗。内蒙古在音乐舞蹈、民间艺术、文学史诗、传统医药、手工技艺、民俗风情等方面都创造了独有的成就。

悠久历史文化滋养下的内蒙古，在党的领导下，迈向新的历史征程。内蒙古自治区成立以来，党和国家一直重视内蒙古的发展，也给予各类政策和经济支持。内蒙古也不负众望，各项事业均取得了令人瞩目的成就：经济保持平稳增长，人民的生活水平不断提高；民主法治得到有效推动；建立了独具特色的民族教育体系，民族教育水平不断提高；民生改善工作成绩斐然；生态文明建设取得较大成就；四通八达的立体交通网，把内蒙古与世界各地拉得更近……

纵观几千年历史，内蒙古在历史的长河中扮演了重要的角色，这不仅源于自然条件的得天独厚，也源于草原儿女的自立自强。虽然这片沃土上的民族大多以口耳相传的方式传承着自己的文化，但是仍有不少历史的碎片撒落在当地的史籍当中，这些史料汇集成册，将成为向世人介绍内蒙古的名片。为此，我们组织全区103个旗县（市区）的有关部门和专家学者，借助各地的丰富史料，把散见于各种资料中的人文历史、民俗文化、民间艺术、壮丽风光、当代风采、支柱产业等等汇编在一起，编纂出一套能够代表内蒙古总体面貌、能够反映时代特色和文化大区风范的大型读物——《话说内蒙古》，以展示我区经济发展、文化繁荣、民族团结、边疆安宁、生态文明、各族人民幸福生活的六大风景线。

一本书浓缩的仅仅是精华中的精华，万不足以穷尽所有旗县（市区）的方方面面。若本书为你敞开一扇了解内蒙古之窗，那么，读万卷书不如行万里路，内蒙古将以最大的热情迎接你：

赛拜侬——

欢迎你到草原来！

序

　　玉泉区地处大青山之阳，黑河之滨，得名于玉泉井。玉泉井之泉源于清康熙帝西征噶尔丹时"御马刨泉"的美丽传说。

　　玉泉区是历史文化名城呼和浩特市的发祥地，自古便有北方民族在此生息繁衍。上溯441年前的明万历三年（1575年），阿勒坦汗在此筑建城池，拉开了呼和浩特城镇化文明史的序幕。从此各民族人民聚集在这里繁衍生息、发展生产、繁荣经济、创造文明，演绎了许多波澜壮阔的历史故事，孕育出众多名留青史的杰出人物，造就了独具特色的民族风情，积淀了丰富的文化历史遗存，使这里逐步成为塞外著名的集政治、经济、宗教、文化、商品贸易中心为一体的边陲重镇。

　　改革开放以来，勤劳智慧的玉泉人民以经济建设为中心，立足工贸旅游文化强区的发展定位，以不畏艰难、敢于担当的勇气和开拓创新、不断进取的决心，深入实施"1223"工程（建设"一圈"，即首府新的"黄金商业圈"；构筑"两街"，即"精品历史街区"和"精品文化街区"；做大"两带"，即"黄金旅游带"和"商贸物流集散带"；打造"三河"，即大黑河、小黑河和扎达盖河），全区综合实力显著提升，城乡建设日新月异，教育文化卫生各项事业蓬勃发展，各民族人民和谐相处，区域优势日益彰显，呈现出一派蒸蒸日上的喜人景象。

　　适逢内蒙古自治区成立70周年，内蒙古人民出版社组织编写了大型丛书——《话说内蒙古》。玉泉区委、区政府高度重视，精心策划，组织编撰了玉泉区分册。该书设9个栏目，共集结72篇文章，25首诗词歌赋，对有关玉泉区的历史文化脉络和各民族的风情风俗进行了精心的梳理和整合，用通俗易懂、简洁明快的语言风格叙述，具有构思严谨、层次清晰、文笔流畅、可读性强的特点，是一部全方位向区内外人士宣传玉泉区的一部新作，希望通过此书使更多的人了解玉泉、热爱玉泉，共同参与建设玉泉、振兴玉泉。

"东方欲晓，莫道君行早。踏遍青山人未老，风景这边独好。"玉泉区自明清时期便是我国北方与俄罗斯、蒙古国通商贸易的"商旅重镇"，是通向东亚和欧洲的草原丝绸之路的交通节点和陆路口岸，至今仍是呼和浩特及周边地区的商贸物流中心和对外开放的窗口。国家建设"丝绸之路经济带"和"21世纪海上丝绸之路"的重大决策使玉泉区迎来新的历史发展机遇，让我们以此为契机，借助悠久的传统历史文化优势和丰富的旅游资源优势，凝心聚力、携手奋进，续写商贸重镇新篇章，再造历史文化名区新辉煌。

中共呼和浩特市玉泉区区委书记

呼和浩特市玉泉区政府代区长

2016年6月

目录 Contents

玉泉览胜

古迹寻踪

繁华市井

吟咏玉泉

后记

HUASHUONEIMENGGUyuquanqu

回 望 历 史

HUIWANGLISHI

玉泉区地处大青山之阳，黑河之滨，得名于玉泉井。玉泉井之泉源于清康熙帝西征噶尔丹时"御马刨泉"的美丽传说。

建城前建置沿革

呼和浩特市城区最早的城池出现在这里。于是，她被人们赞誉为"呼和浩特的发祥地"。她，就是玉泉区。她是内蒙古自治区首府呼和浩特市的一个县级区。这里商业繁华，文化底蕴深厚，拥有全市唯一的古老商业街——"塞上老街"（即通顺街）。玉泉区旅游资源丰富，召庙古迹众多，素有"召庙浩特"之称；还有遐迩闻名的昭君墓，矗立在区域的南郊。她既有古老的文明，亦有现代的风采。

翻开厚重的历史，远在20万年前的旧石器时代，我国原始人就在呼和浩特平原上劳动生息，创造着人类的文明。4000年以前这一带就有了"州"的建制。据说舜帝置"并州"，"凡恒山及石岭关以北皆属之"。呼和浩特"在并州徼外，为獯鬻所居"。今玉泉区就在这块古老的土地上。

夏、商、周三代，在这里活动的民族有"鬼方""土方""猃狁"（即獯鬻）、"戎狄"等。春秋时代有"戎狄"。战国时代在这一代游牧的北方民族主要是"林胡"和"楼烦"。

战国时，赵国的国君赵武灵王，为了打败强敌——"虎狼之秦"，采取迂回战术，绕到秦的背后（北面），来到了呼和浩特平

"天降单于"瓦当

3

最大的汉墓之一——青冢

原。公元前306年（周赧王九年，赵武灵王二十年）赵武灵王占据了这个平原，于公元前302年（赵武灵王二十四年）在这里实行"胡服骑射"，进行军事改革。所谓胡服骑射，就是学习在这一带活动的林胡、楼烦等民族的服装和他们先进的骑马射箭技术，改革了传统的笨重甲胄和战车。这一措施，大大地提高了野战的军事技术水平。

后来，赵武灵王赶走了林胡，让楼烦臣服，设置了"云中郡"（郡治在今托克托县）。现在的呼和浩特地区就在云中郡范围之内，当然玉泉区也就在古"云中"的地界以内了。这是2300多年前这里出现的建置。

公元前221年，秦始皇统一天下，在全国设置36郡，云中郡的名称仍被沿用。今天的玉泉区，就成了当时的秦朝云中郡的领地。

秦之后的汉代，仍有云中郡的建置。虽然郡界几经变迁，云中郡管辖的范围小了（西汉就曾经在呼和浩特地区的东南分置了一个定襄郡），但现今的呼和浩特市区仍然在云中郡范围内。

呼和浩特地区是西北边陲要塞，自古以来就是兵家争夺的战略重地。赵武灵王占据呼和浩特地区以后，为了防范北方的游牧民族，曾凭借大青山这座天然的屏障，在山的南麓修筑一道长城，人们称其为"赵长城"。这道赵长城，起自今天河北宣化一带，向西经山西省北部，又折向西北，沿阴山山脉西行，直至今天内蒙古杭锦后旗东北狼山缺口的地方（古称"高阙"）。关于这段赵长城，不仅有文字记载，而且有遗迹可寻。

秦统一六国后，也曾修筑长城。但是，原来活动在"河套"一带的北方民族——匈奴日益强大，还是进入了长城。在秦代，匈奴就来到了云中。当时，这里不仅成了民族之间互相争夺的战场，而且也是各民族之间互相友好往来，进行经济文化交流，共同开发和建设的地方。特别是到了西汉末年，汉朝与匈奴之间的长期战争停止了，双方又恢复了"和亲"关系，匈汉人民之间的友好往来就更加频繁了。民间长期传为佳话的"昭君出塞"，就发生在这个时期。那时，

匈奴王金冠

匈汉及其他各部族人民在这一带交错杂居，友好交往，对呼和浩特地区的开发和经济文化的发展，起了重要的作用。

从东汉末年到隋朝，历经300多年的时间里，这一带没有什么新的建置。但在当时，整个北方正渐次经历着民族的大融合。原来活动在北方的少数民族，纷纷迁徙到黄河流域。呼和浩特平原上也是各民族杂居。尽管相互间进行着频繁的争战，可也彼此影响，进行着自觉和不自觉的经济文化交流。当时活动在这一带的民族主要有乌桓、鲜卑、柔然、突厥等，其中鲜卑族的拓跋部统治的时间最长。

在东汉末年，有个鲜卑族人檀石槐，占据了呼和浩特平原，并且日渐强盛，秦、汉在阴山一带建立的郡县建置也就名存实亡了。这是2世纪的事。后来，鲜卑族的拓跋部兴起，于4世纪建国，史称"北魏"。其都城先在盛乐（今内蒙古和林格尔县境内），后迁平城（今山西大同），继迁洛阳。

北魏统治中心南移以后，便把归顺了的敕勒族（亦称高车）安置在包括呼和浩特平原在内的漠南地区。这一带又成了敕勒天地，故称"敕勒川"。"敕勒川，阴山下，天似穹庐，笼盖四野。天苍苍，野茫茫，风吹草低见牛羊。"这首著名的民歌就是当时呼和浩特平原的写照。我们今天的玉泉区就在敕勒川上。

隋朝时，呼和浩特平原又称

昭君博物院保存的部分出土铁器

"白道川"。《隋书·突厥传》载有突厥人民"或南入长城，或住白道"等语。白道川因白道岭而得名，白道岭在呼和浩特市西北的大青山中。

隋末，中原大乱。武德元年（618年）李渊称帝，建立唐朝。那时，北方的突厥势力强大。唐武德九年（626年），突厥的颉利、突利二可汗兴兵进攻中原。唐太宗于贞观四年（630年），派遣大将李靖等出兵阴山，大破突厥兵，擒获颉利可汗。此后，唐将颉利之地分为六州，同时左设定襄都督府，右置云中都督府，以统其众。从此，唐朝就直接管辖了呼和浩特平原。后来，在麟德二年（665年）改都督府为"单于大都护府"。以后又几次易名，诸如"镇守使""安北都护""单于大都护府""振武军"等等。这一时期，在唐的统辖下，农牧业生产得到了恢复和发展。

唐以后的五代十国，这里没有出现过新的建置。北宋建隆元年

（960年），赵匡胤建立宋朝，结束了割据的局面。但是边疆地区尚未统一。宋代，今呼和浩特地区系辽、金所占。辽代在此设置"丰州"，隶属西京道（在今山西大同）管辖，丰州城的故址在今呼和浩特市东郊的白塔村附近。此后，"丰州"这个名称就著称于世（后亦称"丰州滩"）。今玉泉区在丰州的"富民县"境内。

北宋末年（政和五年，1115年），女真族的完颜阿骨打于称帝，建立金国。十年后金灭辽，占据呼和浩特平原。金将西京道改称西京路，丰州仍由西京管辖。

到了金代末年，由于连年的战争，丰州遭到了破坏，变成"荒墟败砾，白日无行人声"的废墟。直到元朝，丰州的经济和文化才又有所恢复和发展。

元初，州县名称沿用了金制，仍称西京路、丰州等。后来才改西京路为大同路，丰州仍由大同路管辖。元代有一首描写丰州情景的诗写道："晴空高显寺中塔，晓日平明城上楼。车马喧阗尘不到，吟鞭斜袅过丰州。"可见，丰州已热闹非凡。现今的玉泉区当时是丰州的领地，但无城池。

元末明初，由于明朝统治者与蒙古族封建主之间的战争和蒙古封

建主内部的相互争战，丰州滩又遭摧残。可以想见，那时丰州是南北大军往来争夺的重要地带，人民则深受战事之害。当时一定是丁壮被虏，老弱转徙。繁荣的景象又没有了，取而代之的是田园荒芜，城空村废，一派颓败、萧条的景况。

16世纪初，达延汗统一了漠南。他的孙子阿勒坦汗于明正德、嘉靖年间率土默特部来到呼和浩特平原活动，并且逐步迁徙到这一带驻牧。他收纳从内地来的大批汉人，从事农牧业生产，"开云田丰州万顷，连村数百"。使久经战乱破坏的呼和浩特平原的各项事业又发展起来，自此这一带便有了"土默川"之称。玉泉区就在土默川平原之上。

这就是16世纪70年代以前，玉泉区建置的归属关系。

阿勒坦汗筑名城

雄才大略的阿勒坦汗，是成吉思汗的第17世孙。16世纪初，他的祖父达延汗统一了漠南。阿勒坦于16世纪40年代被授予了"汗"的称号。明正德、嘉靖年间，阿勒坦汗率土默特部来到呼和浩特平原活动，逐步迁徙到这一带驻牧。

经过多年与明王朝的争战和交往。明隆庆五年（1571年），阿勒坦汗与明朝达成通贡互市协议，并且被明朝廷封为"顺义王"。互市贸易使商业日趋繁荣，也促进了生产的发展，增进了民族间的相互往来和了解。那时呼和浩特地区畜牧业发展很快，而且农业和手工业也有了较大的发展。这种"各安生业，同乐太平"的大好形势，为建筑城池创造了有利的条件。

当时的土默特部已经很强盛，"土默川"成了该部的中心，阿勒坦汗又被封了王爵，也需要建筑一座王府城市。于是，阿勒坦汗从隆庆六年（1572年）开始在富饶的土默特平原上修建城池。蒙古文《阿勒坦汗传》中写道："大名扬天下的圣主阿勒坦汗，在水公猴年（藏历，即壬申年，明隆庆六年，公元1572年），召集举世无双的巧工名匠，模仿已失去的大都，在哈剌兀那之阳，哈屯河之滨，始建有八座楼和琉璃金银殿的雄壮美丽的呼

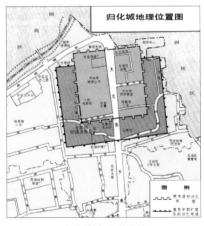

归化城地理位置图

和浩特，统辖十二部土默特大国"（引自《呼和浩特及归化名称的来源》，作者李漪云，原载《内蒙古地名》1981年第二期）。文中的"哈剌兀那"，是青山之意，指的是大青山；"哈屯河"即黄河。

这座城初建即称"呼和浩特"，只是早先音译的汉字写成了"库库和屯"，其含义为"青色的城"。库库和屯城建在青山脚下，远望青山叠嶂，郁郁葱葱，十分壮

美。其名扣其景，恰到好处。

明万历三年（1575年），城垣基本建成，明廷赐名"归化城"。归化是归顺明朝，接受教化之意。

这座城坐落在现玉泉区大南街街道办事处，是一座王府城市。当时城的规模很小，城周二里四（1200米），城墙高二丈四尺（8米），仅有南、北二门。南门在今人民电影院街东口处，北门在今大北街北口。整座城不足0.1平方千

旧城北门

米。北门里路西是"顺义王府"，路东是"议事厅"。在崇祯七年（1634年），俄木布的"顺义王"号被废，王府为都统丹津所占，人们又称之为"丹府"（现已拆除）。土默特议事厅是土默特十二参领集体办公的地方，俗称议事厅。废除都统设立"总管"以后，总管衙署设在该院，故又俗称其为总管衙门，现在总管衙门院落尚存，成为重点文物保护单位。

上述这座小城就是后来"旧城"的前身，它是出现在玉泉区和呼和浩特城区最早的城池。

归化城建城以后，这里仍然维持着和平安定的局面。当时呼和浩特地区的农牧业和手工业都达到了相当高的水平，商业贸易更是繁荣活跃。到了明朝末年，蒙古察哈尔部的林丹汗和新兴的"后金"（清朝的前身）先后来到呼和浩特地区，发生了战争，这里的情况又出现了变化。

林丹汗是在明崇祯元年（1628年）进占归化城的。崇祯五年（1632年）皇太极出兵攻到归化城，击败林丹汗。这次战争使呼和浩特地区又遭到了破坏，但是战争的时间比较短，没有出现元末明初那样长期荒芜的状况。不久后，这里又恢复了旧观。后来，土默特部

附清，被分为左、右两翼，设左、右翼两都统（起初各翼还置一名副都统，到康熙年间增为两名）。"丹府"之南为右翼都统府，后改为镇守归化城的副都统衙门，中华人民共和国成立之初是归绥市人民政府所在地。现在的恒昌店小学是左翼都统府的故址。

由于归化城的规模太小，不适应战争防守的需要，在历次战争中，屡屡吃亏；而且北方的噶尔丹部又一直在窥伺着它。崇祯四年（1631年），林丹汗被清军击败，西撤途中袭击了归化城，土默特部首领被迫率众躲避进大青山中。林丹汗洗劫了归化城，没来得及逃避的人民惨遭兵燹之灾。

仅隔七年，又有札萨克图汗率众逼近归化城，幸亏清太宗皇太极赶来，才解了围。皇太极对土默特左、右两翼都统说："你们这个城太小了，很难抵御敌人，应该增建一圈外城，四面设置城门，每个城门都要修筑瓮城，护卫它。另外，城墙上面四角应该建望楼，以便观察进犯者动向。城墙外也要挖城壕。这样，外有深沟、内有高墙，防御能力提高了，敌人也就不敢轻易来犯了。"

后来，这一带也一直没有安宁下来，噶尔丹叛离清朝，于康熙

二十七年（1688年）向东进犯，归化城又危在旦夕。这时才急急忙忙修建起外城。

外城包着原城的东、南、西三面，但是北端没有与原来的北城墙取齐。于是，形成了别具一格的"凸"字形城垣。这次扩建，把原南门改建为城中鼓楼，又修建了东、南、西三座城门，还增筑了四门的瓮城。新建的东门在今朝阳巷东口，南门在大北街南口，西门在九龙湾街西口。还把东、南、西、北四门分别命名为"承恩""归化""柔远"和"建威"。城中鼓楼檐下悬挂着一块巨匾，上书"固威"两个大字。

新建外城的城垣是土筑的，外层砌着土坯，中间是夯实的黏土。城墙高1.5丈（5米），东西长约一里（500米）。从鼓楼到南门不足半里（250米）。内外城郭的总面积约0.2平方千米。

后来，在清代乾隆、道光、同治时期，都曾经重修过归化城，但是城郭没有再扩大，仅仅是修葺城墙和城门而已。

随着时间的推移，历史的变迁，归化城的四门、鼓楼和城墙，早已踪迹全无。我们只能从现有街道来了解它的大概轮廓。它的东界在今南顺城街、王家巷一带，南界在今大东街、大西街一带，西界在今小北街，北界是今西顺城街和中山西路的西段（原称东顺城街）。当时，鼓楼以北是官府机构所在地；鼓楼以南主要是官吏的住宅和商店；一般居民的住宅和市肆分布在城的四周，南门外比较繁盛。

清朝政府为了巩固其在西北地区的统治地位，于雍正、乾隆年间（1735—1739年）在距归化城东北2.5千米的地方又新建了一座城，名为"绥远城"。因其后建，民间则称其为"新城"；相应的称"归化城"为"旧城"。这就是现今玉泉区一带被称为"旧城"的来由。从那时到现在，两个多世纪过去了，"城"早已经不存在。它的东、南、西三门在1922年前就拆除了，北门也于1958年拆掉，可是"旧城"其名却在民间流传了下来。

到了清同治七年（1868年），甘肃马化龙据"金积堡"起义抗清。起义军声势浩大，前锋到达了包头西面，战争迫近归化城。绥远将军为了防范马化龙，在旧城一带又增筑一道土围墙。这道围墙是按照已经形成的居民区修筑起来的。所以它的形状极不规则。它南至南茶坊，北至"小校场"（今呼和浩特内蒙古医科大学一带）附近，东至现在的工人文化宫街东畔，西至西茶坊。这道土墙蜿蜒曲折，全长三十余里，很大一部分在今天的玉泉区境内。

在清代，这里设有三套行政机构。一个就是上面讲的土默特左、右两翼的旗，专管蒙古人；另一个是"道""厅"等行政机构（设过"归绥道""归化城厅"等），隶属山西，管理汉民事务；再一个就是管理满洲八旗驻防军及其家属的军事行政组织。这三套组织由绥远将军节制。现今的玉泉区，就是那时分而治之的"旗""厅"管辖下的一块地方。

清朝时期，呼和浩特地区基本上是安定的，这对它的发展极为有利。清统一全国以后，为了加强对北方的控制，便以呼和浩特为交通枢纽，发展了通向四面八方的驿站。从呼和浩特市经乌兰察布市，北可到蒙古；经阿拉善盟，西可达甘肃、新疆；经杀虎口，南可抵山西进而沟通中原。这就使呼和浩特成了四通八达的北方重镇。

这交通发达，繁华热闹的塞外商贸中心，就坐落在今天玉泉区的境内。

百业兴旺归化城

早在清代，归化城就已经相当繁盛。人们称颂说："南京到北京，红火不过的归化城。"

在商贸活动中，这里独具特色的"旅蒙商"活动很突出。驰名中外的旅蒙商号——"大盛魁"就坐落在今玉泉区的境内。其资本之雄厚，经营业务之庞大，都是很惊人的。他们把大量的砖茶、布匹、日用百货等运往牧区，不等价地交换回来皮毛、干果、药材以及骆驼、牛、马、羊等。与大盛魁齐名，号称旅蒙商三大号的另外两家——元盛德、天义德，也都在今天的玉泉区境内。旅蒙商的一系列贸易活动也促进着这里的经济繁荣和发展。那时，归化城已是一座繁华的城镇。市面上绸缎店、百货店、日用杂货店、商行货栈、金银加工作坊和戏园、饮食店、茶馆、酒楼应有尽有，各业齐全。连走南闯北、见过大世面的大盛魁人都说："红火不过的归化城。"

清朝中期，大召、玉泉井一带，已经市井繁华，店铺林立。大召与玉泉井之间的广场上，布满了小摊，销售的货物琳琅满目，五花八门。从珍稀的古玩到各式日用杂货，应有尽有。还有一处处杂耍摊，艺人们的吆喝声与"叮咚"的锣鼓声，不绝于耳。这热闹繁华的归化城，正是现今玉泉区的前身。

玉泉区这块地方，在清代是个繁荣的商业城市，这是它的特点

旅蒙商三大号之一的元盛德旧址

之一。再一个突出的特点，就是"召庙林立"。所以，归化城素有"召庙浩特"之称。在玉泉区城区几平方千米的土地上，较大的召庙就有大召、五塔寺、席力图召、小召、乃莫齐召、巧尔气召、拉布齐召（弘庆召）和关帝庙（大小四座）、龙王庙、观音庙、三官庙、文庙（两座）、十王庙、玉皇阁、孤魂庙等十余座，还有老爷庙、三贤庙、五道庙、飞龙观、费公祠和蒙古族的家庙等许多小庙。诸多召庙中，现在被列为国家级的重点保护文物古迹就有大召和五塔寺，还有自治区级重点文物保护单位席力图召等多处。召庙之多，说明归化

城不仅是这一带的政治、经济的中心，而且还是喇嘛教的传教之地。

这里的文化教育和社会事业在当时也很发达。

清代雍正二年（1724年），土默特左翼都统丹津建土默特文庙；其后，紧邻文庙创办了土默特官学。这是呼和浩特城区兴学建教之始。这所官学是今天土默特学校的前身。像它这样历经二百多年的变迁，一直赓续了下来，在呼和浩特地区是绝无仅有的。这所学校不仅历史悠久，而且对革命有功，为中国革命培养出一大批人才，素有本地区革命摇篮之称。

20世纪20年代，绥远（旧省

名，省会在今呼和浩特）地区曾经掀起过办学校的热潮。

1922年10月28日，在今玉泉区文庙街，现在土默特学校校院的西部，创办了绥远师范学校。它是呼和浩特第一师范学校的前身，是呼和浩特地区的第一所师范类学校。现在，它已经演变成呼和浩特职业学院。

1924年8月，北平大学毕业生丘咸和赵堪，在文庙街租土默特总管署的一处院落，创立了西北实业学校。后来，它被收归区办，改建成"绥远区立职业学校"，它是原内蒙古农业学校的前身。《绥远通志稿》记载说：该校规模虽小，却是"绥远有职业教育之始"。

1925年3月，由冯玉祥创建的五族学院，更是开创了呼和浩特高等教育的先河。该校初建在恒昌店巷内的"绥远会馆"。五族学院计划办成从小学到大学一贯制的学院。原拟开设"小学部""中学部""大学部""师范部"和"武术部"。开办之初招收的学生程度参差不齐，根据程度编班，有小学，有中学，还有师范部。原内蒙古自治区主要领导人杨植霖同志即为该校师范一班的学生，在该校组织领导过学生运动。

1925年9月1日，又在今大南街街道办事处恒昌店巷绥远会馆旧址，创办了绥远区立第一女子师范学校（当时绥远还未建省，是特别行政区，故当局所办学校称"区立"），开创了绥远地区女子师范教育的先河。

以现在的眼光来看，当时归绥（呼和浩特市旧称）的教育事业并不发达。但是，也不难看出它是当时绥远全省的文化教育中心。相对地来讲，今天玉泉区一带那时在全省还是教育比较发达的地方。

说到文化事业，图书馆也较早地出现在今玉泉区地界。清光绪三十四年十月（1908年11月），归

最早的图书馆旧址——文昌庙

化城副都统三多在小东街文昌庙内创办了归化城图书馆。这是呼和浩特最早的图书馆。它藏书1.4万余卷,并且设有阅报所。

1913年,同盟会员王定圻在大南街路东创办了呼和浩特最早的报纸——《归绥日报》。

这里也不乏医疗卫生机构。1917年,天津人何清杰(字秉如)在大召前街路东开办了共和医院。它是中国人自己在呼和浩特地区创办的最早的西医医院,也是玉泉区境内的第一所西医医院。还有绥远警察厅创建的绥远警察厅官医院,后来更名为"平民医院",设在十王庙巷(今小北街向西去的一条小巷)。平民医院还兼管着卫生防疫等事宜,并且接管了早年牛痘局的事务。牛痘局由归绥道台阿克达春创建于清代光绪三年(1877年)。据旧志书记载,每逢牛痘施种季节,"城乡男女,车马塞途"。

在这各行各业兴旺发达的归化城,文化娱乐更是热闹非凡。

清代,呼和浩特出现了戏园子。直到中华人民共和国成立前,市内先后建成的四座戏园子——大观园、同乐剧院、共和剧场、民众剧场,都集中在今天的玉泉区境内。早年,古老的戏园里还设有宴席,故又被叫作"戏馆子"。在这里,达官贵人们边吃边喝,还能欣赏戏曲,既饱眼福又饱口福。旧志书记载,归化城整日丝竹管弦之音不绝于耳,吆五喝六、猜拳行令之声时时传来。

除了戏园子,"社戏"更吸引着千千万万的民众。

旧时归化城各个行业都有自己结成的"行社",他们从春到秋轮流请戏班子唱大戏,以求买卖兴隆。大社每年唱3次、小社一两次,每次连唱3天。唱大戏的地点在寺庙门外的戏台上,露天演出,不需要买票。人们称它们为"野台子戏"或"社戏"。

由于行社多,社戏频繁,再加庙会的大戏,归化城从春到秋,好戏连台。还有戏馆子的丝竹管弦之音,一派歌舞升平的繁荣景象。清代诗人王循在《归化城》一诗中描绘:"小部梨园同上国,千家闹市入丰年。"

这繁荣昌盛的归化城,就坐落在今呼和浩特市玉泉区大南街街道办事处辖区。

玉泉区名的演变

清代,呼和浩特地区设有管理蒙古人的土默特左、右两翼的旗和管理汉民事务的"道"和"厅"。其中,归化城厅设于雍正元年(1723年),隶属山西朔平府,后改隶归绥道；归绥兵备道晚于归化城厅，于乾隆六年（1741年）设立，现玉泉区是那时分而治之的"旗""厅"共管的一块地方。

清宣统三年（1911年），辛亥革命爆发，起义军推翻清王朝，建立了"中华民国"。1913年，"归化""绥远"二城合并，设"归绥县"。那时，这里仍然附于山西。

1914年，设"绥远特别行政区"，与山西分治，"归绥县"隶属该特别行政区。同年，土默特的行政长官改称"总管"。今天玉泉区就在这种蒙、汉分治的"旗""县"境内。

1928年，国民党政府改绥远行政区为省，省会设在归绥县城区。当时归绥是省的首县，并没有设市。今玉泉区大部分地域在县的第一区。

1937年10月，日本侵略者占领归绥。德王（德穆楚克栋鲁普）的伪"蒙疆联合自治政府"，把归绥县划归巴彦塔拉盟管辖，还设置了厚和豪特市，专管城区事务。1938年1月10日，将"归绥县"改称"巴彦县"。8月1日，又撤销巴彦县，把它和厚和豪特市合并，升级为"厚和特别市"。翌年，又撤销"特别"称谓，更名为"厚和市"。其市公署设在今玉泉区大北街路西原副都统衙门旧址。厚和市设有6个镇，其中第一至第四镇部分区域在今玉泉区境内。

1945年日本投降后，国民党政府将"厚和市"改为"归绥市"。市内设6个区，今玉泉区境内有第一、二、三、四区的部分辖地。

1949年9月19日，绥远省和平解放，归绥市开始了翻天覆地的变化。中华人民共和国成立初暂沿旧制，归绥市仍设6个区，在旧城范围内有4个区。后来的玉泉区是由其中的第二、三两区演变而来，并且兼有第一、四区的部分土地。

4个区的划分源远流长。早在清代，就以大西街、大东街为横线，大北街、大南街为纵线，把旧城分为4个区块，称作4街。按照方位，它们分别被叫作东北街、东南街、西南街和西北街。民国年间，从东北街开始，以顺时针为序，把它们分别命名为第一、二、三、四区。

1951年6月，归绥市人民政府将原第四区和三区一部分辖境改划为新的第二区，原第二区和三区的大部分辖境改划为新的第三区。调整区划后，各区设人民政府，为一级政权机构。今玉泉区拥有那时二区的部分辖地和三区的大部分地域。

同年，在市区组织居民委员会。以自然街道为单位，每500—

700户组成一个居民委员会。它是半政权半群众性的街道组织。第三区于1951年7、8月间建立起17个居民委员会。这17个居委会管辖的区域，现在都还在玉泉区的境内。

1954年2月撤销"绥远省"建制，将其划入内蒙古自治区。同时撤销"归绥县"，把它并入了土默特旗。自此，结束了几百年的旗县并存、蒙汉分治的局面。各族人民统一归当地人民政府管理。当时，玉泉区境内有原属土默特旗管辖的蒙古族208户，1027人划归了本区。同年4月25日又废除了"归绥市"这个带有民族歧视意味的名字，恢复了它最初的称谓——"呼和浩特"（古时译作"库库和屯"）。

1954年，呼和浩特市人民政府决定更改以序数命名的区名，便邀请多名社会贤达研讨区名问题。会上，对第三区的新区名，提出多个建议，有"玉泉""赛罕""乌兰"等等。最终选定了"玉泉"。1954年6月1日，第三区正式改称"玉泉区"，第二区更名为庆凯区。从此，"玉泉区"这个名称便载入了史册。

1956年6月，呼和浩特市对居民委员会进行过一次整顿。规定每300—500户为一个居委会。玉泉区扩建成22个居民委员会。当时，全区面积2.61平方千米，境内有街道84条。

同年，市人民委员会（由市人民政府更改而来）决定撤销庆凯区，将其所辖的19个居委会中的13个划给了玉泉区。此时，全市共有72个居民委员会，玉泉区就有35个，其居民户数和人口在呼和浩特市城区占有很大比重。

1958年，大办人民公社。起初，城市人民公社并不是政府划分区片统一成立，而是在区委的领导下，以居委会为基础，试点组建人民公社。1959年，呼和浩特市又停办了城市人民公社。1960年5月，再次自上而下地、有计划地组建了城市人民公社。玉泉区先后组建了长胜人民公社、德胜人民公社、大召人民公社、清泉人民公社和朝阳人民公社。

1962年12月1日，根据上级指示，人民公社改建成街道办事处。至此，结束了本区人民公社一波三折的四年多的历程。

1966年8月，在"文化大革命"中，玉泉区更名为"向阳区"，后来政权机构亦改称为"革命委员会"。

"向阳"之名并不难听，意义也不错。但是，人们对"玉泉"还是情有独钟。在地名"革命化"的浪潮中，区名的"玉泉"被革掉了，却又把"财神庙巷"和"荞

向阳区时代的一次会议代表留影于区革命委员会大院

麦皮巷"分别"革命"成"玉泉二巷"和"玉泉一巷"。结果是取缔了一个"不革命"的"玉泉"（区名），又冒出来两个"玉泉"（街巷名）。

1979年废除了"向阳区"之名，又恢复了人们喜爱的"玉泉区"旧称。这时，玉泉区辖有5个街道办事处。在长和廊街道办事处、兴隆巷街道办事处和小召前街街道办事处南部边缘的城郊接合部，市民与菜农交错杂居，但是他们的行政归属与公安户籍却分别归属于两个不同的区。

1999年7月，呼和浩特市调整行政区划，将原郊区所辖的小黑河乡、桃花乡和西菜园乡南部地区划入了玉泉区。自此，玉泉区结束了单纯城区的历史，成了拥有农村的、城乡一体化的新型市区。此后，呼和浩特市撤销了郊区，玉泉区统管着境内的所有居民，结束了城郊接合部菜农与市民分别归属的局面。

现在，玉泉区辖有大南街、长和廊、小召前街、兴隆巷、石羊桥东路、鄂尔多斯路、西菜园、昭君路8个街道办事处和小黑河1个镇，下设49个居民委员会、50个村民委员会。2015年，辖区总户籍人口20.22万人，城镇常住人口38.5万人（含流动人口）。总户籍人口中，男性10.09万人，占49.90%，女性10.13万人，占50.10%；18岁以下31354人，占15.51%，18—59岁132 198人，占65.39%，60岁以上38 607人，占19.10%。总户籍人口中，汉族人口最多，达16.66万人，

玉泉区党政办公大楼

占82.39%；有蒙古族、回族、满族、达斡尔族、壮族、朝鲜族、苗族、土家族、鄂温克族、藏族、锡伯族、维吾尔族、布依族、白族、彝族、俄罗斯族、黎族、鄂伦春族、土族、高山族、侗族、哈尼族、纳西族、裕固族、瑶族、仡佬族、撒拉族、傈僳族28个少数民族，共35 528人，占17.57%。超过千人的少数民族有蒙古族、回族、满族，其中蒙古族28 314人，占少数民族人口的79.69%。2011年人口出生率8.97‰，人口死亡率3.34‰，人口自然增长率5.63‰。辖区东西最大距离21千米，南北最大距离20千米，总面积207.17平方千米。其中陆地198.31平方千米，占95.72%；水域8.86平方千米，占4.28%。人口密度为每平方千米976人。

革命的摇篮"土小"

呼和浩特有一所历史悠久、人才辈出的学府，它就是创建于18世纪20年代的土默特学校。人们口头上亲切地称它为"土小"。

这所学校在今天玉泉区长和廊街道办事处文庙街东口的路北。它从清代赓续到现在，历经近三百年的沧桑，在呼和浩特地区是绝无仅有的。它还有着光荣的革命历史——一批批校友，曾经先后走上革命道路，成长为无产阶级革命战士，因而被誉为革命的摇篮。原党和国家领导人乌兰夫就是毕业于这所学校的杰出代表。

旧时，学校与孔庙密切相关。清雍正二年（1724年），在归化城南门外建成土默特文庙。其后，在庙的西侧设土默特官学。这是今呼和浩特市区内最早的孔庙和学校。早年，官学有讲堂正房三间，学生斋舍东、西厢房各三间。正门在南，有二层门楼一座。东墙还有一个月亮门，与文庙相通。厢房之北，东有厨房二间，西有三开间的箭亭一座，是学生习武的场所。初期，学生由土默特旗的60位佐领选送。佐领们分别在各自管辖的苏木内，选拔两名聪慧的儿童入学，共计120名。

后来，土默特官学更名为启运书院。清光绪三十三年（1907年），在百日维新、废科举、兴学堂的潮流推动下，依照"癸卯学制"，它又更名为"土默特高等小学堂"。因其位于城南，城北还有一所"归化高等小学堂"（即"北高"），故以"南高"（或"南高等"）著称于世。

从书院到学堂，其宗旨都是为封建统治者培养人才。但是，这所学校还是涌现出一批志士仁人。校友云亨、经权是土默特地区早期

土默特高等小学校外景

同盟会会员。辛亥革命时期，他们积极从事反帝反封建、反对民族压迫的革命斗争，成为本地资产阶级革命的先行者。二人还分别被孙中山和黄兴任命为绥远特别区将军和归化城都统。清末毕业于"南高"的荣祥老先生，工于诗词，精于文史，被誉为"塞外文豪"，蜚声区内外。荣祥长期活跃在政坛和文坛。旧时代，曾经当选为省参议员，任过土默特旗总管、绥境蒙政会秘书长兼教育处长、蒙古抗日游击军第三军司令部中将司令、蒙旗宣慰使署宣慰使；中华人民共和国成立后，任过土默特旗旗长、归绥市（呼和浩特市旧称）副市长、内

蒙古自治区文史馆馆长等。早在1930年他就出版了诗集——《瑞芝堂诗钞》。

1911年辛亥革命后，推行新学制1914年，该校更名为"土默特高等小学校"。

1925年5月，修建校舍，翌年竣工，并将学校改建成"土默特旗立第一中学"，但仍附设高小两个班。1929年，停办中学，又成了小学。之后，实行初小、高小分段的"四二学制"，全校共设6个班。

1931年，学校改变只招男生的惯例，开始兼收女生。学校的设施亦日臻完善。已经有了游艺室、阅报室、篮球场、网球场、田径运动

校园新姿

场、鼓号乐器室等。还开辟了家长接待室。学校图书馆也积累了上万册的藏书。学校的设备在土默特地区首屈一指。

民国年间，土默特高等小学校的学生接受新思潮，传播革命思想，在呼和浩特的历史上留下过光辉的足迹。

20世纪20年代初，青年乌兰夫就读于土默特高等小学校第四班。当时，在"五四运动"的影响下，反帝爱国运动高涨，学生们每年都要有组织地开展纪念"五四运动"和"五七国耻日"的活动。乌兰夫积极参加了这些活动，发挥过重要作用。

那时，洋货（特别是日本货）充斥呼和浩特市场。在旧城大南街路东有家日货洋行，叫作"盛兴时"，简称"盛记"。它以出售日货为主，还用"洋戏匣子"播放日本流行歌曲招揽顾客。它早已引起学生们的关注。

1923年5月7日，在绥远学生联合会的组织下，在归绥中学操场召开了各校学生纪念"五四"四周年和"五七国耻日"大会。会上，群情激愤。会后，学生们手执各色小旗，高呼着："抵制日货""废除卖国的二十一条"等口号，从归绥中学出发，经北门进入闹市区，沿

大北街、大南街示威游行，发表演说，散发传单。

学生们深入到大街小巷、商号店铺，进行宣传。多数店铺都热情地接待了学生，诚恳地跟学生们说：今后再也不进日本货了，存货也不多了，卖完为止。有的还提出让学生们盘点库存，监督执行。盛记的经理财大气粗，不但不配合，还抵制学生们的爱国行动。

第二天学生再次与盛记交涉，要求交出日货，予以查封，不得销售。他们拒不接受学生的要求。满腔怒火的学生一拥而入而入，打碎玻璃，推倒货架，扯烂日产布匹。还把东洋挂钟、日本手表抛出铺面，扔到街心，当众捣毁。不到半个小时，气焰嚣张的日货商行盛记被砸得一塌糊涂，威风扫地。

"土小"以及归绥中学、师范学校和"北高"等校的一批热血青年，积极参加了这次爱国反帝斗争，在内蒙古西部地区留下了深远的影响。李裕智、吉雅泰、乌兰夫、多松年、奎璧等一直站在斗争的最前列，发挥着先锋作用。之后，这所学校的许多学生都走上了革命道路。1920年毕业的二班学生李裕智、吉雅泰；1923年毕业的四班学生乌兰夫、奎璧、多松年、赵诚、云润、康根成、佛鼎、朱实夫

等，都是内蒙古最早的革命家。其中，李裕智、多松年、贾力更、荣耀先等杰出的蒙古族青年，为中国的解放事业抛头颅、洒热血，献出了宝贵的生命，他们的英名将永垂青史。

学生把这所学校变成了革命的阵地。1923年乌兰夫从土默特高等小学校毕业后，考入北京蒙藏学校。1925年，他被中共北方区委派往莫斯科中山大学学习。1929年6月回国，从事秘密工作。1934年初，他返回土默特高等小学校，任庶务主任兼历史、地理课教员，从事着革命活动。不久，他的同班同学、共产党员奎璧也回校任蒙古文教员兼《绥远日报》蒙古文编辑。他们利用职务之便，向学校师生宣传抗日思想，组织师生开展抗日救亡活动。他们编印传单，他们组织歌咏队，他们还广泛联系工厂、报社、邮电局、银行等社会各界群众，共同进行抗日救亡活动。当年，他们领导的"南高"歌咏队，经常走上街头，大唱救亡歌曲，发表救亡讲演，活跃在青城的车站、广场和大街小巷。

他们还在归绥到包头的土默川农村，建起一条以蒙古族村落为主的地下联络线，进行党的地下斗争。学校的文庙大成殿天花板，也成了他们的革命阵地，许多党的重要文件，就曾经秘密地藏匿在其上。直到抗日战争前夕，他们才离开这所学校。

抗战时期，这所学校的一批批

乌兰夫等掩藏过文件和传单的大成殿

乌兰夫等参加"土小"校庆

热血青年奔向了革命圣地延安和大青山根据地,走上了革命的道路。

1949年9月19日,绥远和平解放。这所富有光荣革命传统的学校掀开新的篇章。后来,校园占地面积由8000平方米扩大到17 300平方米。校舍由96间增加到280余间。80年代,建成教学大楼,拔地而起的高楼取代了老式的砖瓦排子房;还添置了大量的教学设备,已拥有仪器设备齐全的实验室和语音教室、微机室。

中华人民共和国成立后,在党的教育方针指引下,这所古老的学校,焕发着勃勃的生机,培养着新一代社会主义建设人才,毕业生数量是之前的数十倍。许多毕业生在各条战线上创造着辉煌业绩,成就卓著。不少人走上了领导岗位,或成了专家学者。这所历史悠久的学府,正在培养着一代代社会主义建设人才。

大南街革命风暴

1919年,反帝反封建的"五四运动"揭开了中国新民主主义革命的帷幕。当"五四运动"的消息传到绥远省政治、经济、文化中心归绥(今呼和浩特市),沉闷的各中小学校校园顿时活跃起来,五六百名蒙汉各族学生忧国忧民的爱国热情被唤起。他们积极响应北京学生的反帝爱国斗争,愤怒谴责帝国主义列强对祖国的侵略。归绥中学、土默特高等小学校(位于城南,俗称"南高")和归绥县高等小学校(位于城北,俗称"北高")的蒙汉各族学生举行座谈会、讨论会，声讨帝国主义操纵巴黎和会，瓜分中国领土的侵略行径。各校组织成立了学生会，于5月中旬开始，领导学生举行罢课和示威游行。每年5月，归绥各校蒙汉学生都要举行集会，上街张贴标语，纪念"五四运动"和不忘"五七国耻日"的游行活动，宣传反帝爱国斗争，声讨日本帝国主义于1915年5月7日（北方各省把这一天作为"国耻日"），向北洋军阀政府提出的灭亡中国的"二十一条"。

西方列强早已把归绥作为经济侵略的商埠。日本帝国主义利用"二十一条"取得了在中国的特权，在内蒙古大肆掠夺资源，倾销日货，把归绥作为日货的集散地。原本脆弱的民族工商业遭到沉重的打击，日趋萎缩，逐渐地走向倒闭。唯独坐落在旧城大南街路东专门贩卖日货的大型洋行"盛兴时"（又称"盛记"）生意兴隆。其总号设在北京，在京包铁路沿线的张家口、大同、集宁、包头等城市均有分号，形成日本帝国主义向内蒙古西部地区倾销日货的网络。归绥盛记分号有5间大门脸，为上下两层楼房，下层为商场，上层为商业写字间。当年它是一处店堂宽敞，装修华丽，橱窗明亮，张灯结彩，

广告醒目，十分显赫的商家。洋行凭着雄厚的资本，经营着绸缎布匹、服装鞋帽、钟表眼镜、玩具五金、纸墨笔砚、糖果糕点、日用百货……货物应有尽有。对盛记洋行明目张胆地兜售日货的卖国行径，各族学生看在眼里，恨在心头。

1920年5月4日，归绥蒙汉各族学生在纪念"五四运动"一周年集会后，决定组织部分学生上街向群众宣传抵制日货，劝告商店老板停止销售日货。当他们在盛记洋行门前向群众散发不买不卖日货的传单时，洋行老板阻止宣传，当众撕毁传单，并无耻地说："哪国货能赚钱，我就卖哪国货！"露出一副唯利是图、置民族利益于不顾的买办商人的嘴脸，激起了学生们的无比愤慨。学生们强压怒火，先礼后兵，耐心劝告，结果无效，随即决定给予惩罚。于是大家一拥而入，将柜台上的日货搬出店门，在大街上砸得粉碎。这一正义行动得到了过往市民的支持，也对其他商家起了警示作用。在学生们爱国行动的感召下，警察也未加阻拦，还自动维持秩序。学生们抵制日货的爱国行动取得了胜利。

1922年秋季，归绥新办起了一所绥远师范学校，全市中小学生增加到1000多人。1923年各校联合成

立了统一领导学生运动的组织——绥远特别区学生联合会。5月7日上午，绥远特别区学生联合会经过充分的准备，将归绥中学、绥远师范、"北高"、"南高"4校学生集会在归绥中学操场，举行纪念"五四运动"四周年和"五七国耻日"大会。会上，学联代表、归绥中学学生于存灏等发表了慷慨激昂的演讲，痛斥日本帝国主义侵略中国的罪行，揭露北洋政府接受日本灭亡中国的"二十一条"的卖国行径，号召同学们发扬"五四"精神，积极投入抵制日货的斗争。

会场群情激愤，数百名学生振臂高呼："团结一心，抵制日货！""废除卖国的'二十一条'！""还我河山，还我主权！""严惩卖国贼"等口号，整个操场一片沸腾。

会后，学联组织了声势浩大的全市中小学生反帝示威游行。手执写着反帝标语的红、黄、白、绿等各色小旗的各族学生，排着整齐的队伍，一边呼喊反帝口号，一边向围观的市民散发传单，意气风发地走过牛桥（即庆凯桥），穿过旧城北门，沿着大北街、大南街闹市区行进。沿途有的学生在商家店铺的门窗上张贴标语和传单。游行队伍在人群集中的大什字一带，由早已准备好讲稿的学生，向市民群众发表演讲，阐述"抵制日货"的政治意义，号召市民拒买日货，商家停售日货。广大市民与学生的爱国之心息息相通，他们和多数商家表示支持学生的爱国行动，有的还加入了学生的游行队伍。到了下午，各

示威群众集会

校派出宣传队，分别在街头、商号进行宣传，动员商家和市民共同抵制日货。

学生们的演讲颇具感染力。

请听：

"同胞们：卖国贼袁世凯为了当皇帝，答应了日本帝国主义的'二十一条'，把中国的采矿权、铁路修筑权……拱手送给了日本人，我们蒙汉同胞要当亡国奴了！"

"同胞们：咱们绝不能答应卖国的'二十一条'，要求北洋政府拒绝承认'二十一条'，要雪洗国耻！全市的老百姓要齐心协力抵制日货，做到不买一件日本货，所有商号也要抵制日货，做到不卖一件日本货。希望大家都有一颗爱国之心。"

宣传队的同学走进各个店铺，耐心劝说老板不卖日本货。对学生入情入理的爱国宣传，绝大多数老板能够理解，频频表示："把剩下的这点卖完，以后再也不卖日货了。"唯独财大气粗的盛记洋行老板态度十分恶劣，傲慢地说："老子想卖哪国货就卖哪国货！你们学生念你们的书好了，不要狗拿耗子多管闲事！前年砸坏我的货还没和你们算账呢，今天又来捣乱，滚出去！"边骂边把学生往外推。

老板的言行激怒了爱国学生，归绥中学身材敦实的蒙古族学生吉雅泰大声质问盛记老板："抵制日货，匹夫有责，这怎么能说是闲事呢？日本人在中国倾销日货是经济侵略，你销售日货就是日本帝国主义的帮凶！"但是，财迷心窍的老板这时的态度更加蛮横，无耻地叫嚷："我是生意人，就知道赚钱，日本货能赚钱我就要卖，这是我的自由！"并当众把宣传队的传单恶狠狠地揉成一团，扔在地上践踏。对此情形学生们气得无言以对，立即返校把盛记的拙劣表现，向学联做了汇报。消息传开，同学们个个义愤填膺，一致要求学联惩罚盛记老板，伸张正义。

第二天上午，绥远学联在归绥中学操场再次召集各校学生大会。会上，由学联负责人、蒙古族学生孟纯宣布：对坚持出售日货的盛记洋行要予以教训。他大声征求大家的意见："对见利忘义、不顾民族利益的盛记怎么办？"同学们异口同声地回答："打！"随后，学生队伍出发了，一路上反帝口号此起彼伏，浩浩荡荡来到盛记洋行所在的大南街，并派部分学生封住南端路口。学生纠察队出面维持现场秩序。这时，由归绥中学、绥远师范、南高、北高4校选出的12名代表去和盛记老板辩理，受到归绥警察局长余鼎铭的干涉，学务局（教育局）也派人前来劝阻，并要求学生代表说服同学们停止游行，回校上课，遭到学生代表的断然拒绝。早已由30多位体格健壮的学生组成的义勇队紧紧包围了盛记的铺面。两名学联代表进去与老板交涉，要求交出日货，立即查封。但老板的态度依然强硬，义勇队一拥而入，用旗杆把玻璃橱窗打碎。老板和店员们见势不妙，退回后院逃之夭夭，只留二掌柜出面，企图负隅顽抗，拒交日货。被激怒的义勇队员，有的把货架推倒，撕烂绸缎布料；有的把瓷器、玻璃物品砸得粉碎；有的在楼上把货物向大街上扔；有的把糖果糕点倒在地上踩碎；有的把东洋挂钟、手表抛在街心，当众用砖头砸烂，表达他们对日货的憎恨。日本制造的胶皮玩具被学生们踏得吱哇乱叫，给市民们留下深刻的印象。外围的学生插不上手，就地高呼口号，呐喊助威。盛记洋行后院上空也冒出滚滚浓烟，原来是学生义勇队将后院仓库门撬开，把洋货堆放在大院中间，点火焚烧起来，烟尘弥漫了半条大南街。经过半个多小时，归绥当时最大的日货洋行被爱国学生捣毁了。全市各族人民无不交口称赞这一大快人心之举。后来史学家将这次反帝爱国正义行动称之为"打盛记"。

"打盛记"之后，绥远特别区学联与绥远特别区商会通过谈判，达成协议：要求全市各商号所存日货，一律登记封存，不得销售；各商号要交出日本资金，听候处理；学联与商会组成检查团，在火车站、汽车站检查进货，发现日货立即没收。从此，市场上的日货基本绝迹，个别商品虽是日本造，但市民们也不去购买。"打盛记"是对那些见利忘义的日资洋行的一个有力的警示。就连绥远特别区都统马福祥，也不得不表面承认学生的行动是热忱爱国，但他背后又指令学务局，打击学生的爱国行动。归绥中学校方秉承上级旨意，以种种借口开除了绥远学联负责人孟纯等同学的学籍。同时，学务局以组织学生外出旅行为由，提前放了暑假，以制止学生们的爱国行动。

"打盛记"锻炼了一批蒙汉学生领导骨干，如归绥中学的李裕智、吉雅泰、孟纯等，土默特高等小学校的多松年、云泽（乌兰夫）、奎璧、高布泽博、云润、赵诚、佛鼎等。这为他们日后走上革命道路打下了一定的思想基础。

名垂青史孤魂滩

"滩"，是本地话，就是一片的意思。今天玉泉区养鱼池东二巷，及其附近那一大片地方，过去叫作

"孤魂滩"。它可是大有名气。

说起呼和浩特旧城的地名，有一句顺口溜："三湾、四滩、一圪料，还有十八道半街。"这孤魂滩，就是四滩中的一滩。为什么叫这么个名字呢？早年，那一带是片乱坟岗子，埋葬着一些无主尸骨，成了传说中孤魂野鬼出没的地方，于是，得了这么个名称。

别看其名不雅，它在呼和浩特可是处知名的地方。这不单单是因为那里遍地墓圪堆，令人毛骨悚然；也不只是因为那一带做过刑场，曾经用大片刀砍杀过人头；更有"孤魂滩事件"，使它名声大噪。

随着时间的推移，那里早已经变成了平房与楼宇交错的居民区。2008年2月，在古老的孤魂滩，又矗立起一座吸引眼球的建筑物——宝尔汗佛塔。

孤魂滩，早已旧貌换新颜，它的名字也在渐渐淡出历史。寻访旧迹，只有一座清代遗物——东岳庙，它像位老者在那里倾诉着过去的故事。

孤魂滩由来

人有生就有死。生，要有所居；死，亦得有安葬之地。土地历来都是有主的，不是谁想要哪块就能要哪块，想占哪儿就占哪儿的。旧时私有制，亦有房无一间、地无一垄，又无依无靠的人。那么，死去的这些赤贫者，或不明来路、无人收留的死尸，往哪里埋呢？

自古就有好善乐施者。早年，归化城无业游民众多，饿死冻死的时有发生。为埋葬这些无人收留的死尸，办善举者就设置了"义地"。早在清代中叶，在大召前街南口外，东菜园与西菜园之间，也就是后来称作孤魂滩的那块地方，就出现了呼和浩特的第一块义地，叫作"漏泽园"。它原有土地四十多亩。乾隆四十五年（1780年），土默特蒙古人又给这块义地捐赠了二十多亩土地。

据史料记载，清道光末年，慈禧太后的父亲——惠征任职归绥兵备道时，也曾经在西龙王庙村西设过一块义地，占地四十八亩。光绪十一年（1885年），有一位天津籍的商人——"文修堂"的老板顾文翰，在辛辛板村东南购买了四十亩二分土地。买到后，他就把契约送给官府，捐作"义地"。此后，人们把西龙王庙的义地叫作"西义地"，辛辛板新设的义地叫"南义地"。

义地是有了，可是仍然有无人掩埋的尸体。特别是冬季土冻之时，贫乞之尸更是无人埋葬。于是又出现了存放尸体的"瘗骸所"（"瘗"读作：义，yi，埋藏、掩埋的意思；"骸"读作：孩，hai，指人的尸骨）。

瘗骸所在"漏泽园"内，建于清代道光年间。它是归化城十五个社和商民捐款修建的。当时建了三座砖洞，专门收藏无主的尸骨。然后，于清明节和中元节（即农历七月十五）前三日，挖坑埋掉这些聚集的尸骨。由于无人认真管理，到了光绪年间，三座砖洞，已经坍塌了两座。

除了瘗骸所，那片土地上，还曾经建过东岳庙和孤魂庙。东岳，就是泰山。泰山在民间影响很大，因为它有"主生死、收人魂"的职能。人死的时候，是泰山派员去勾其灵魂。汉代就传说，人活着由长安（京都）管辖，死后就归泰山管

了。漏泽园，是鬼魂出没的地方，所以在清代乾隆六年（1741年）盖了这座东岳庙。还为城隍设有"行宫"。"城隍爷"从城隍庙出巡，要到这行宫中坐堂。行宫是一座没有窗户的殿宇，比较空阔。内塑一看门的泥胎，只穿一条裤衩，瘦得皮包着骨头，坐在那里监视着墓地，人们称其为"孤魂爷"。这一大片地方，既有孤魂爷坐镇，又有孤魂野鬼出没，于是就被人们叫成了孤魂滩。

孤魂滩附近还设过刑场，刑场离观音庙也很近。为什么要设在这里呢？因为有救苦救难的观音菩萨保佑，可以使冤枉者免遭杀头之难。

相传，有一年，有一件命案，轰动了归化城。有一个人被屈打成

孤魂滩东岳庙遗址碑

招，当作杀人犯，绑赴法场。午时三刻已到，监斩官已经将其验明正身，只要朱笔一点，立刻就会人头落地。就在这千钧一发之际，嗡嗡嗡，飞来一只硕大的苍蝇，落在笔头上。围观的人群中，发出了"苍蝇抱笔端，必定有屈冤"的喊声。这监斩官是位清正的官员，听到呼声，看看笔端，竟刀下留了人。不久，案件查明，拿到了真凶——段三柱，为被诬陷者洗清了不白之冤。这苍蝇抱笔的故事已经流传很久。

孤魂滩事件

在这除了有很多恐怖的传说，还在1927年发生了一次震惊中外的大事，这件事被誉为"塞外青城的春雷"，载入史册。

民国年间，军阀混战，绥远地区奉军、晋军、国民军交替占据，都统（相当于后来的省长）走马灯似地更替。一时间，大军云集，土匪遍地，民不聊生。绥远当局丈量余荒夹荒，开放烟禁，扣发流通券，使人民苦不堪言，怨声载道。当时正处在国共两党第一次合作时期，革命的火种在燃烧，一次惊天动地的革命行动在酝酿。

火山终于爆发了。1927年3月28日，国共两党组织发动了著名的"孤魂滩事件"。

3月27日，国共两党的党员和群众团体的负责人彻夜未眠。他们通宵达旦地书写标语、赶写讲话稿，忙着"难民大会"的准备工作。

28日凌晨，在春寒料峭中，几十里外的农民，顶着寒风，纷纷涌向孤魂滩。太阳刚刚露头，一群群学生和工人也拿着连夜赶制的小纸旗，赶到会场。顿时，这没有人烟的荒郊坟园沸腾了起来。一幅白布横联，上面书写着"绥远难民大会"六个鲜红的大字，用竹竿高高挑起，插在两个坟头上，布置了一个简单的主席台。

大会开始了。共产党员杨曙晓站在一个土堆上，发表了慷慨激昂的演讲。国民党员张遐民，头戴毡帽、身穿大皮袄，以农民的口气登台诉苦鸣冤……人们一个接一个发言，声泪俱下，群情激奋。

会后，五六千人的队伍，以大会横幅打头，学生为主组成的突击队前面开路，涌上街头，举行了声势浩大的示威游行。游行队伍，从史家巷北上，经大召前街拐向财神庙巷，再经小南街，又拐进大西街折向北，经过小北街，向西穿出杨家巷，队伍冲破荷枪实弹的士兵和警察的封锁，直捣县公署。沿途，砸了地亩局，向警备司令部示威。队伍冲进县公署，还抄了县知事的家。从县公署出来，又挺进大北

东岳庙现存的旧建筑物

街，砸了政务、教育、财政三个厅的牌子。游遍旧城主要街道，向省和县的一些机构示威之后，游行队伍又涌向了新城。

正午到达新城西门外。只见城门紧闭，城楼上机枪高架。示威群众无所畏惧，愤怒地高呼着口号冲到城下。震天的口号声，使都统府官员坐立不安，只好答应与群众谈判。11名代表被放进城里，都统府秘书长出面接待，又是点烟，又是倒茶，企图拖延时间，使示威群众散去。不料，大家群情激昂，斗志旺盛，不获全胜决不罢兵。直到点灯时分，商震都统才不得已出来会见了代表，答应了难民大会提出的要求。当代表们被护兵打着灯笼送出城来，示威群众一片欢呼。然后，高唱着"打倒列强、除军阀……齐奋斗"的歌曲，返回旧城。

一周之后，北京的《晨报》以《空前未有之绥远市民示威运动》为题，报道了震撼中外的这一声"塞外青城的春雷"。

历史翻开又一个世纪，发生在20世纪20年代的"孤魂滩事件"，已经过去80多年了。如今，参加过那次"难民大会"的人，健在者已经很难寻觅。那块地方也早已面目全非，旧有建筑物只剩下了孤零零的一座东岳庙大殿。但是，在呼和浩特的历史上，"孤魂滩事件"已被浓墨重笔记录下来。它将永垂青史，激励后人。

抗日救国财神庙

玉泉区城区有一条小巷，东连小南街，西接大召前街。这条小巷，东西长仅120米，路面宽度也不过三米有余。别看巷子不长，却很有名气。早年，它中部的路北并列着两座庙宇，一座是费公祠，一座是财神庙。原先，这条巷子因庙得名叫"财神庙巷"，在1975年的地名"革命化"浪潮中，它被更名为"玉泉二巷"，可是民间还在叫它"财神庙巷"。

财神庙是供奉财神的寺庙，建于清雍正二年（1724年）。与近邻费公祠相比，它不仅规模大，而且殿宇辉煌，有山门，过殿，正殿，东、西配殿，禅房，亭院等等，在其山门前还建有一座戏台。旧时，每年农历二月初一到十月初三，每三天就有一个行社来庙中祭神，举办庙会。再加上其旁的费公祠也不时有庙会活动，它和古刹大召相距也不过100多米，可以说这一带好戏连台，是呼和浩特的一块热闹地方，是人们休闲的好去处。

随着时间的变迁，庙会、祭祀的停止，庙宇早已荒废，近年才逐渐修复。前些年，它虽然失去了往日的繁盛，但是作为几十年前抗日救国会的活动基地，它已经永远留在人们的心田。

抗日救国会诞生

20世纪30年代，日本军国主义侵略中国，国人奋起抵抗。"七七事变"之后日军大举入侵，三个月后的1937年10月14日，日军铁蹄踏入呼和浩特，打破了塞外边陲古城的宁静。

在举国上下同仇敌忾抗击日本侵略者的时候，中国共产党更加关注北疆少数民族地区。1938年7、8月间，八路军三五八旅政委李井泉率领大青山支队挺进呼和浩特地区，开展游击战争。与此同时，中共晋西北临时区委也派出了大青山特委；1938年11月22日，中共中央决定成立中共绥远省委；第二年初省委组成，不久又改称为中共绥远区委。从特委到区委，领导机关名称不断变动，但始终领导着抗日斗争。为更好地开展归绥地区的地下工作，1940年初，成立了中共归绥

财神庙寺院

财神庙外景

（呼和浩特旧称）工委，宁德青任书记、刘洪雄任组织部长、刘炜任宣传部长。工委领导着按行业组成的学校、工厂、车站、机关四个党支部，学校支部书记刘炜（兼）、工厂支部书记魏达贤、机关支部书记贾恭。

宁德青、刘洪雄等人肩负着党的重任，秘密进入呼和浩特城，先后找到了合法的公开职业。宁德青经人介绍，进入伪市政府教育股当了督学。刘洪雄通过关系，打入日本宪兵队，当上了少校参谋。

为了团结各族各界人民，开展广泛的抗日救国斗争，1939年5月省委决定秘密成立"绥蒙各界抗日救国会"（简称"抗救会"）。经过一段艰苦工作，在周密考察，细致分析之后，决定把抗救会总部设在财神庙。

当时，蒙疆道教会驻在财神庙内，驻会的有会长王信真和老道王从顺、王永茂。他们三人富有民族气节，同情抗日，仇视侵略者，都

参加了抗救会。庙里除了他们还住着几位和尚。庙门外挂着"蒙疆道教会"的大牌子。终日进香上供的人络绎不绝。这种人来人往的公共场所，既好隐蔽，不招惹敌伪人员的注意，又利于联系群众，宣传抗日救国思想。为了便于工作，刘洪雄还当起了蒙疆道教会的董事。他和宁德青常常在大庭广众之下，大讲道教祖师邱长春的故事，以遮人耳目。

一次，他们正在总部开会，通报大青山抗日根据地的胜利消息，讲述抗日战争形势，研究抗救会的工作，突然发现庙中来了可疑的人，刘洪雄立刻机智地站了起来，手执教鞭走到黑板前，大讲起了道教教义。等可疑人走后，才继续开会。

就这样，他们在秘密的隐蔽中开展工作，壮大抗救会组织，不到一年时间就发展了二百多名会员，建立了十多个活动基地和联络站。

抗救会遭受破坏

抗救会会员来自各行各业，利用他们的职务之便，开展着抗日救国斗争。

梁福润，南柴火市小学教员。他借用给学生刻写讲义的方便条件，翻印文件，刻印传单。他的家成了抗日救国会的地下印刷所。

魏达贤，新华毛织厂经理，家

"抗救会"旧址碑记

资颇丰。他为抗救会捐资，提供活动经费。他的家和工厂都是抗救会的联络站。

贾恭，抗救会领导人之一。他打入了伪农会，担任草料股长，以职务作掩护，购买抗战所需药品和枪支弹药，秘密地送往大青山抗日根据地。

郝登鸿，中共地下党员，进入伪和协安民救国军，在王振铎团任副官。他在伪军中秘密串联，宣传抗日救国思想，最终率领全团士兵弃暗投明，奔赴抗日根据地。

其他打入敌伪军界、政界的抗救会会员，也都在搜集着情报，并通过秘密渠道源源不断地送往大青山抗日根据地。

抗日救国会像一把利剑插进了敌人的心脏。机密情报常常泄露，伪军整团整团地反正，抗日传单不断地出现在街头……搅得敌人心神不宁。问题出现在哪里呢？他们焦灼不安，于是投入巨大的精力，疯狂地搜索。

1940年2月，中共绥远工委从伪巴彦塔拉盟师范学校选拔了周复礼、何树生等6名学生送往延安去学习。这所学校在今玉泉区梁山街，当时也是抗救会的一处活动基地。6名学生的突然失踪，引起了焦头烂额的敌人注意，该校日本顾问安藤、渡边立即报告了日本特务机关。于是，他们加强了对学校的监视和侦探。

这所学校的一名女学生燕某，也是抗日救国会会员。她姐姐家的一个邻居韩某是伪警务厅的科长，正在刺探我方情报，就主动地与燕某接触。一来二去两人勾搭成奸，在诱骗与恐吓下，燕向韩吐露了学校抗救会的情况，还告诉他周复礼等6人去了延安。

韩某把这些报告给了他的上司。敌人如获至宝，马上由日本特务机关、日本宪兵队、伪巴彦塔拉盟警务厅、伪厚和警察署秘密组成"联合搜查本部"，制定了周密的行动计划，展开震惊青城的血腥大搜捕。

在抗救会尚不知晓燕某变节的情况下，1940年8月16日（农历七月十三日）凌晨，大批荷枪实弹的军、警、宪包围了师范学校，如狼似虎地闯进校园，强行集合起全体师生员工，进行了野蛮的搜查，逮捕了三十多名师生。与此同时，还包围搜捕了去延安的6名学生的家。除周复礼一家人逃走外，其余5名学生的十几个亲属无一幸免，全部落入魔掌，连7岁的幼童都没有放过。

8月20日，得悉师范学校遭受洗劫，抗救会的领导人紧急行动了起来。宁德青立即前往三官庙街九号的联络站——新兴永杂货铺。他与刘炜接上头以后，二人相随着一前一后出去了解情况。离开三官庙街不远，遇到押着变节学生抓人的特务，刘炜被指认而当场被捕。幸好没有人认识宁德青，他才得以脱险。他连忙返回新兴永杂货铺，指示联络站交通员张旭赶快烧毁文件和传单等。并约定下午六点到另一处联络点——大召东仓郭久成戒烟所会合。他们来到戒烟所时，另一位领导人刘洪雄早已先期到达。经过对事态的分析研究，他们果断做出决定：通知地下工作者和抗救会员迅速转移隐蔽；立即放弃已暴露或可能暴露的联络点；派宁德青连夜化装回大青山根据地去汇报情况；派张旭火速出城，向南平川党支部通报情况，让他们注意隐蔽；刘洪雄有少校的招牌、贾恭有股长的身份，留下来坚持斗争，进一步了解情况和处理总部的撤离工作；要抓住机遇营救被捕人员。

形势急剧恶化，刘炜被捕叛变，他出卖了中共归绥工委和抗救会的领导人，交代了他知道的情况。21日，敌人出动大批军警包围了财神庙，把七十多名抗救会员和香客围了一天多。他们逮捕了王信真等三位道长，严刑拷问，让他们指认在场的抗救会会员。三位道长大义凛然，坚贞不屈，任凭拷打，闭口不言。穷凶极恶的敌人，

"抗救会"旧址——财神庙旧貌

怎肯善罢甘休？他们撤去包围，留下小批特务暗藏于庙中，进行着罪恶的蹲守。

再说刘洪雄，送走了战友宁德青和张旭，急急忙忙奔走在最可能暴露的联络站和抗救会员家中。他通知了一些人转移，又发现有不少同志被捕。一连三天的奔忙，他已经筋疲力尽，同时也感觉到了局势的严重性。为了革命事业，为了保护战友，他把疲劳、饥饿和个人的安危抛到了九霄云外，继续工作着。23日，他化装成进香的信徒，来到财神庙，准备安排三位道长转移隐蔽，不料被守候的特务逮捕，"绥蒙各界抗日救国会"遭到严重破坏。

抗救会员英雄多

日本特务机关和宪兵队发动的这场震撼青城的大惨案，自1940年8月16日起，一直到1941年8月22日，整整持续了一年。他们疯狂地大搜捕，先后抓捕中共地下党员和抗救会会员等一百九十多人。

敌人为了弄清地下党和大青山游击队的情况，残酷迫害、严刑拷问这些被捕者，什么吊打、老虎凳、压杠子是常用刑，还有灌凉水、灌煤油、灌辣椒水、放狼狗撕咬、电刑、烙铁烫、插竹签等几十种惨无人道的酷刑。面对惨绝人寰的酷刑，只有刘炜等几个叛徒屈膝变节，绝大多数同志坚贞不屈，视死如归，用生命和鲜血谱写了一曲不朽的悲歌。

刘洪雄，被捕后抱定与敌人斗争到底的决心，早把生死置之度外。他鼓励难友们："要有思想准备，像李大钊那样为革命不怕牺牲自己，我们很可能被敌人秘密处死，那我们就做一个无名英雄。"当敌人来提审时，他猛地站起来，咬破被铐着双手的中指，在牢房的墙上写下血书："千锤万凿出深山，烈火焚烧若等闲。粉身碎骨全不怕，要留清白在人间。"当敌人带叛徒刘炜来对质时，他怒目圆睁，高呼："要与叛徒斗争到底，叛徒绝没有好下场。"被捕三四天，这位硬骨头就被折磨得遍体鳞伤。1940年8月28日，这位年仅33岁的民族英雄流完最后一滴热血，壮烈牺牲了。

贾恭，这位年过半百、出生在清代光绪十五年（1889年）的汉子，更是铁骨铮铮。敌人问他谁组织的抗日救国会，他回答："贾恭！"又问谁介绍你参加的抗日救国会，仍然高声回答："贾恭！"敌人施用了种种酷刑，烙铁烫、狼狗咬、吊打、电刑，都无济于事。敌人想出更损的招法，想用亲情动摇他的意志。于是把关在另外牢房里的、他的大儿子贾学增（抗救会员）拉到他面前，问他认识这个人吗？他斩钉截铁地说："不认识！"敌人说："这是你儿子贾学增！"贾恭仍然高声说："不认识！"经过五个多月的严刑拷问，贾恭只字未吐。恼羞成怒的敌人于1941年2月15日将他乱棍打死在狱中。他儿子贾学增后来被转押到张家口，抽干全身鲜血活活埋掉。

张克敏，他是绥蒙游击大队大队长杨植霖的姐夫，抗救会负责人之一，35岁就壮烈地牺牲在敌人的狱中。

岳浦，与他妻子同时被捕，他经受敌人百般折磨，死去活来，坚贞不屈，不吐口供。1940年的冬季，滴水成冰，异常寒冷。凶残的敌人剥光他的衣服，把他绑在长条凳上，用冷水浇，人体和凳子冻在一起，再用火钩子烫开，不招供就再浇、再烫。而且还把他妻子拉来站在一旁。他被折磨得几次昏死过去，妻子也不断晕厥倒地，他就是坚不吐供。1941年5月，敌人在无奈中把他押送到张家口。最后，他被抽干鲜血，投入万人坑活埋。年仅26岁的他壮烈牺牲在异地他乡。

就这样，有一百多人牺牲在日本军国主义的魔掌之中。他们生的光荣，死得悲壮，堪称民族英雄。

"绥蒙抗日救国会"给古老的财神庙增添了色彩。抗日救国的斗争，在呼和浩特的历史上留下辉煌的一页。抗救会员可歌可泣的故事将会代代传诵。他们高尚的民族气节，伟大的爱国主义精神将永远激励着后人。中华不可侮，振兴中华是世代中国人的心声。

"人市儿"改天换地

这是一块极不起眼的地方，可是它的名声却很大。百十年来，民间一直流传着它的轶闻故事，关涉它的文章也屡见不鲜。它，就是"人市儿"。

"人市儿"在今天玉泉区通顺街与通顺南、北街交叉的十字儿周围一带。

"人市儿"这个名称起于清代，是呼和浩特地区尽人皆知的地方。清代光绪二十三年（1897年）沈潜编纂的《归化城厅志》里的"归化城街道图"中就标有"人市"这个地名。

那里为什么叫"人市儿"？因为是雇用长短工、丫环和老妈子（保姆）的地方，即买卖劳动力的市场，所以叫作"人市儿"。

"人市儿"曾经很热闹，这与其周围的建筑有关。它东面不远是鼎鼎有名的明代万历年间修建的大召；南面有康熙年间建成的弘庆召；西面是清顺治十八年（1661年）兴建的曾经拥有上千名喇嘛的朋苏召；北面靠近清康熙年间建成的乃莫齐召。这些召庙不仅建筑显赫，而且祭祀活动也很兴盛。这就给商人们带来了商机。所以"人市儿"一带商业和服务性行业的店铺日渐增多，同时出现了密集的住宅。早在清末民初，方圆不过几十丈的"人市儿"，就有门脸不大的杂货铺十几家，还有车马大店、客货栈、粮店等。

"人市儿"十字儿西侧不远的路南有一家车马大店，叫"潘大龙店"。店门开在通顺街，店院入深近百米，南墙直达另一条东西向横街——公义店街，面积约十亩八分（合7190多平方米），能停放"二饼子牛车"或"马车"二百多辆，能住三百多客人。从潘大龙建店，传到中华人民共和国成立前的潘才元已经是第六代，约一百五十年。这个店的规模之大，历史之久，在归化城也是屈指可数的。潘大龙店西面，还有福巨店（俗称"三老虎店"）和天义店（俗称"小娥子店"）。这两家车马店，虽然建店时间没有潘大龙店那么长，但是规模都和潘大龙店不相上下，也是很可观的。

"人市儿"东面不远有双全当、裕盛当两家当铺。还有德和堂（在今东尚义街南口，已成居民住宅）、泰和堂两家中药铺。还有义顺斋烧卖馆和莜面馆等。此外，还有卖马肉、卖杂碎、卖荞面饸饹、卖油炸糕等小吃喝的一二十家。

"人市儿"西北不远，有民国初年开设的"吉星里"妓女院。那一带俗称"西河湾"，颇有名气。

此外，"人市儿"附近卖小吃喝的摊铺林立。这些小摊点，一年四季露天设立锅灶，街道上空烟雾弥漫。那时，进城办事的农牧民、衣衫褴褛的提吼叫卖者、披着麻袋片讨吃要饭的、打砖叫街的……人群熙熙攘攘，一片嘈杂，这种状况一直持续到1949年中华人民共和国成立以后。可以说那里是"归化城"最脏、最乱、最吵闹的地方。

在"人市儿"出出入入的多数是穷苦人，三教九流无所不有。于是，一些破破烂烂的留人小店便应运而生，这些小店多数集中在"人市儿"的北面，即通顺北街一带。留人小店里尽住着些贫穷人，其中还有一些"打砖的"和"叫街嚎城"的乞丐。他们多数是残疾人或孤独的老年人。

"叫街的"多在夜间行动。他们沿街串巷，高喊着："行好积德的老爷太太们"，"行好积德的婶子大娘们"，"行行好哇！""归化城"人也称他们为"叫夜的"或"嚎城的"。有些肢体残缺者，赤身裸臂，寒冬腊月也只是披着一条破毯子或烂麻袋片，跪爬在"人市儿"一带的街旁路边，用一只烂鞋或破砖头扑打着自己的胸脯或头部，呼喊着向路人乞讨。他们被人们叫作"打砖的"。

"归化城"的居民向来以厚道著称。旧时民间流传一句话："土默川隆胜庄，穷人的好地方。"老"归化城"的买卖人不管是丰年还

"人市儿"西口旧貌

是灾年，遇有乞丐上门，特别是年老体弱的乞丐来要饭，一般都会给些钱物的。这样做，既是为了避免讨吃要饭的求爷爷告奶奶的嘈杂声和不必要的纠缠，以免发生不愉快的事情，同时也是为了行善积德给后辈儿孙造福。

那时，新商号开市或春节、中秋，以及其他喜庆日子，商号、富人要请鼓匠来奏乐庆贺。此时，若有乞丐上门讨要，为显示慷慨大方，主人家更是加倍施舍。这样，乞讨者绕大街走串一圈，足够维持好几天的生活。讨要来的零钱还可以就近在"人市儿"卖小吃的小铺、小摊上改善一下生活，解解馋。这样单独行乞，要比进济生院受约束强得多。

济生院，俗称"大官店"，是乞丐们的庇寒所。它在"人市儿"的北面，原乃莫齐召小学即其旧址（现已拆建成"汇豪天下"住宅楼），它是由地方捐款办起来的。清末民初，每年阴历十月初一，"济生院"开始收容流浪在"归化城"街头的老弱残疾、无依无靠的乞丐。因为它是庇寒所的性质，所以到第二年清明节前后就要动员乞丐们出院各自谋生。但是有的人是搀扶着来院的，病死在院内的事时有发生。他们死后被用"二人杠"

舁（yú，本地方言，抬的意思）着扔到孤魂滩了事。

据老年人们回忆：民国初年，暴发传染病，"大官店"死人太多，一时抬不出去，寒冬腊月就垛在原乃莫齐召小学的前院里。在正常情况下，济生院死了人还给一副薄板棺材，人们叫它"狗碰头"。意思是说这种棺材野狗用头一碰就能撞烂，把尸体拉出来吃掉。就是给这么一副棺材，也要死人感恩。和死人一起入殓的还有四个木碗、一把笤帚。院方的管理人员还念念有词地说："来世里变驴变马，报答行好积德的先生们！"这是在告诉死者的灵魂，你在济生院既不交店钱，也不收饭费，死了还挣了个棺材，来世"转生"以后，不要忘记报答慈善团体的先生们！

"大官店"一度收容人员过多，夜间只能"挤束而坐，不能舒展而睡"（引自旧志书），可见条件太差了。此外，进入"大官店"，就必须遵守店里的规章制度。这就限制了这些人已经习染成性的自由散漫的习惯。所以能走能串的乞丐不愿意进"大官店"。俗话说："讨吃三年，给个知县都不干。"这话虽然有点太夸张了，不过，它从一个侧面反映出"归化城"的人确实厚道，是一处养活穷人的好地方。也反映出了这些人懒散的心态。

在"大官店"（济生院）东南几十米处还有个"二官店"。它仅仅有三间土房，里边却有一盘大炕，所以也叫作"大炕店"。《归化城厅志》的地图上，也标注着这个地方，只是把"大炕"二字误写成了"大杭"。

"大官店"的经费由官府拨给，而"二官店"则没有经费来源。它除了募捐，就是靠店内的几个人掩埋尸体等挣些小钱。

清末民初，归化城郊土匪如毛，官府抓住土匪就在孤魂滩杀掉。著名的土匪头子张老大、小白狼、飞毛腿等就是那时被处死的。这些人的衣着很讲究。夏天被杀者，穿着绫罗绸缎；冬季处死的，穿着狐狼皮衣。行刑前的挖坑和执行后的掩埋等，官府都交给"二官店"的人去办。这样，他们不仅能得到官方给的酬金，还能剥取死者的衣物去卖。此外，街头发现的无名死尸，也由他们拉出去掩埋，同样会得到些报酬。

"二官店"是收留无家可归的病人的地方。在那缺医少药的年代，一个无依无靠之人，怎能得到良好的治疗？不管抬来的，还是挽扶来的，不分青红皂白，一律认为是"撇着了"（受了风寒的意思，即感冒），也不管三七二十一，就给盖上一床大"盖窝"（被子）发汗。那"盖窝"很大，很厚，也很重。结果有的病人被连压带捂很快就死掉了。人们说："上了大炕（二官店），九死一生。"

"人市儿"不仅仅是雇佣劳动力的市场，那里确实曾经买卖过人口。这正应了有的人所说，人市儿是卖人的地方。

1929年，绥远遭受特大旱灾，赤地千里，颗粒无收。成群的饥民拖儿带女涌进归化城，住在"人市儿"附近的留人店内。灾民仅有的一点盘费花完以后，到了山穷水尽的地步，住在川行店的人贩子就上门了。他们对这些逃难饥民中的女孩评头品足，根据面貌长相，给上几十两银子或一百多块银圆买下，然后带到山西转手出卖给大户人家当婢女或童养媳。年龄较大的就卖到妓女院当妓女。三十多年前，通顺街、东尚义街、大召一带，还有遭受过这种苦难的妇女，她们多数是从山西返回后，定居下来的。那时，她们都已经是年逾古稀的老年人了。

"人市儿"招雇长短工、买卖人口多在它的东西街，即今通顺街。"人市儿"十字路口以北的二百多米的街道，除了"大官店"（济生院）、"二官店"，还有鞭干店、荣华店、玉升店、三和店、朝阳店等大大小小十来家留人小店。这些店的规模很小，房屋很少，一般都有阁楼、暗楼。

这一带经常居住着数百名无业贫民。其中有不少"提吆的"（叫卖的小贩）。这些人多是从估衣铺或当铺拿一件下号的衣物到"人市儿"去叫卖。边走边喊"谁要我这双鞋""谁要我这条裤子"……他们漫无边际的要价，只要有人搭讪就和你纠缠不休。长时间的讨价还价，总要设法卖出他手中的货。他们漫天要价，买主常常要吃亏。民间说，"'人市儿'的买卖拦腰打"，就是说他们要谎很大。这部分人多是破产的"老旧城"，在"人市儿"老相识多，在当铺、估衣铺有熟人。他们不需要什么本钱，纯属空中取水。用他们的话说："买卖做的个赔赔挣挣"，反正想方设法卖出货去，要打闹上饭钱和店钱。他们过着"今日有酒今日醉"的潦倒生活。

除了"提吆的"，"人市儿"街面上还有"黑刁"（刁，本地方言，意指强取别人东西），就是偷炭的。归化城在相当长的时间里，取暖、做饭都烧城西老虎沟的煤和河炭。1921年，京包铁路通车，归化城市场才出现了包头炭（"白花炭"）和山西大同的口泉炭。当时拉炭的车多数住在"人市儿"西边的潘大龙店、三老虎店，最多有几百辆拉炭车。

此外，"人市儿"南边还有一个很大的煤炭店，叫作公义店。那时，有一些无家可归的青壮年就跟在炭车后，手提破麻袋，趁车倌不注意，就从车上拿几块。有时他们也帮着车倌推车卸炭，车倌也会送给他几块炭作报酬。这些人连刁带抢搞到百八十斤炭，就拿到"人市儿"卖小吃喝的摊子上去换饭吃。人们把这些人叫作"黑刁"。

总之，"人市儿"是旧归化城贫穷落后的一个缩影。那里记载着旧社会劳动人民的苦难史。

中华人民共和国成立后，党和政府十分关注"人市儿"一带的穷苦大众。1950年，在中共归绥市委和市人民政府的领导下，由市民政局、市妇联、市劳动局和第三、第四区区政府开始医治旧社会遗留给"人市儿"一带劳动人民身上的血泪伤痕。

1950年7月26日，政府封闭了"人市儿"西北方的吉星里妓女院。依法惩办了有罪恶、有民愤的老板和老鸨。成百名妇女爬出了火坑。政府把染有吸食鸦片、料面（海洛因）等嗜好的妓女送到财神庙戒烟所戒除嗜好，然后将年轻人分配到麻袋厂劳动就业。还给她们介绍对象，帮助她们成家立业。后来，当年的妓女，大部分人儿孙满堂，过着幸福美满的生活。有的妓女，在党和妇联组织的帮助下，政治思想觉悟提高得很快，被人民群众选为居委会的干部，成为街道工作的骨干。

1951年政府成立了劳动队。把住在"人市儿"南北街大炕店和留人小店内的讨吃的、叫街的、嚎城的、打砖的、小偷小摸盗墓的以及无家可归的无业游民二百多人送进劳动队，让他们学习瓦工手艺和饲养等技术，培养他们正常的生活习惯和劳动能力。经过一段时间的培养教育，绝大部分人成了自食其力的劳动者。

为了改变"人市儿"那种饮食摊点露天设灶浓烟弥漫，乱设摊点堵塞交通等有损城市观瞻的脏乱状况，归绥市第三区政府（玉泉区人民政府的前身）和第三公安分局整

"人市儿"西口新建的滨河公园

顿了"人市儿"的市容市貌。在其西北的桥头街开辟了一个新市场，人们叫它"小市场"。还在那里搭起戏台，组织散落在民间的"二人台"艺人演戏、唱新歌。把"人市儿"的商贩、游人和进城办事的农牧民吸引到那个宽阔的市场。

1956年1月，呼和浩特市完成了资本主义工商业的社会主义改造。"人市儿"的手工业者和小商小贩也都参加了公私合营。当时，"人市儿"商业、服务业网点布局比较合理，各行各业应有尽有。后来，"人市儿"十字儿的东、西、南、北街先后修了高级的黑色（沥青）路面。过去的脏、乱、杂面貌得到彻底改变。

20世纪七八十年代，"人市儿"十字儿周围还有食品公司、蔬菜公司、饮食服务公司等下设的各类小商店，为周边居民提供着便捷的服务。它仍然是那一带的一块较繁华的小商业区。

为给居民创造更好的生活环境，改变附近缺少公园绿地的状况，1982年玉泉区政府在"人市儿"西口外辟建了一处小游园。那是一块沿扎达盖河东岸的狭长绿地。园内有六角凉亭1座、蘑菇形小亭3座，喷泉假山1处，辅以花坛、草坪、绿树、曲径，颇为幽雅。它的面积仅2500多平方米，小虽小，在当时玉泉区的三四块公共绿地中还是最大的。后来，它被命名为"滨河公园"，原全国人民代表大会常务委员会副委员长布赫为它题写了园名；当时的中共玉泉区区委副书记李杰还亲自撰写"建园记"，为它勒石树碑。

"人市儿"，这旧归绥著名的贫苦人出入的脏、乱、杂的地方，早已改天换地，没了旧容颜。

玉泉览胜

HUASHUONEIMENGGUyuquanqu

玉 泉 览 胜

YUQUANLANSHENG

玉泉区是呼和浩特市的发祥地，建城440多年。素有"召庙浩特"之称。这里融合了北方少数民族特别是蒙古族的历史与宗教文化，形成了独具特色的多元文化体系。

造型独特的五塔

十多年前，五塔寺的殿宇还没恢复修建，只有那座塔。它美不胜收，驰名海内外。

你看，蓝蓝的天空，飘浮着朵朵白云，苍松翠柏之中，金碧辉煌的金刚座舍利宝塔高耸入云。金刚座上的五座玲珑小塔，更是秀丽挺拔。无论是近看还是远看，这座塔使人常看常新，久看不厌。看着它，令人心旷神怡，心清气爽，犹如置身于人间仙境。

中国古塔，"有楼阁式塔、密檐式塔、亭阁式塔、花塔、覆钵式塔、金刚宝座式塔、过街塔及塔门、宝箧印经塔等等"（引自古建筑学家罗哲文《中国古塔》）。呼和浩特的这座五塔，是金刚宝座式塔。

金刚宝座式塔，从佛教意义上讲，属于密宗的塔，它是供奉金刚界五部主佛舍利的塔。据佛经讲，

金刚界有五部，每部有一位部主，是为主要的佛。这五位主佛，"中为大日如来佛、东为阿閦佛、南为宝生佛、西为阿弥陀佛、北为不空成就佛"。这五位部主又各有各的坐骑，分别是狮子、象、马、孔雀和金翅鸟王。这些坐骑在宝塔上都留有印迹。

人们俗称这座金刚座舍利宝塔为"五塔"，蒙古语翻译为"塔木·索布日嘎""塔奔索博尔嘎"等，还曾经写作："塔布·斯普尔罕"。人们又笼统地叫它"五塔

旧时五塔寺山门

寺"。它在玉泉区五塔寺后街，是呼和浩特市较早的全国重点文物保护单位。

五塔寺，本名叫"慈灯寺"。它始建于清雍正五年（1727年），雍正十年（1732年）竣工。当初，该寺占地面积很大，三重院落，十分壮丽。金刚座舍利宝塔，仅仅是殿宇后面的一座建筑物。

当年，慈灯寺香火极盛，大有宗教活动中心之势。每年除夕，各个召庙的喇嘛都要到这里聚会举行佛事活动。届时，各召庙选出精干喇嘛，穿上华丽的服装，扮成二十八宿、十二地支等神话人物，来到寺前广场，举办大型跳查玛活动。在人山人海的群众围观中，在响彻天空的锣鼓、笙管声伴奏下，喇嘛们尽情地舞着、跳着，以此禳

灾祈福，庆贺丰收，并期盼着来年风调雨顺，太平安康。这一活动，通宵达旦，声势浩大，场面十分壮观，给春节带来了喜庆和欢乐。此外，在农历十月二十五日黄教创始人宗喀巴的诞辰日，也要举办这样的活动。其声势之大，与除夕相比毫不逊色。

原先，五塔四周建有玲珑矮墙，墙内每隔不远放置一盏铁铸的莲花灯。每年元宵节放灯时，莲灯尽燃，光辉闪闪，宛若繁星。它寓意着佛光普照，是呼和浩特市的一大景观。

清光绪十二年（1886年），召内活佛圆寂，没再寻认"呼毕勒罕"。此后没有了活佛，它便开始萧条，失去繁华，逐渐荒圮，庙院毁坏，最终只剩下了这座宝塔。

金刚座舍利宝塔

金刚座浮雕

这座金刚座舍利宝塔，地面上高16.5米，由塔基、金刚座和宝塔组成。塔基高0.83米，用青砖砌筑，白石包边。金刚座建在塔基之上，高7.82米。座上矗立着五座小塔。中央的塔七层，四隅小塔略矮，都是五层。

金刚座的下层是束腰须弥座，四周有佛教吉祥物和五方佛坐骑的浮雕。再往上，分作七层，每层都有绿色琉璃瓦挑檐，檐下嵌着佛龛，每龛一佛，共计1119尊佛像。这些佛像，形态各异，栩栩如生。顶上五座宝塔塔身上，亦饰有佛像、菩萨和菩提树等浮雕，也是光彩照人。

人们形容这座有着千佛雕塑、琉璃瓦装饰的五塔，常常会用到"金碧辉煌"。其实，它的佛像曾经用黄金装饰过，金光闪闪，耀人眼目。清光绪十九年（1893年），一位来过归化城的俄国旅行家记述："无论是佛像的外形，还是塔门旁的笔墨题词，都可证明这些佛像以前是贴过金的。"可惜，随着岁月的流逝，金箔已被剥光。五塔寺给人们留下了一个又一个的谜。

建召之谜

民间传说，五塔寺与呼和浩特新城是同一个时期建筑的，所以又把它（即慈灯寺）叫作"新召"。

早年，人们认为归化城（即呼和浩特旧城）是块风水宝地，自明万历三年（1575年）建城，到清代雍正年间的一百五十多年中，国泰民安，人民过着幸福美满的日子。清代，"归化城"已经成为土默特地区的商业中心，犹如早年开封大相国寺一般繁华。突然，清政府要在距此2500米的东北方建一座新城，还要派一品封疆大吏坐镇驻守。当地士绅总觉得不是滋味，公开反对又没有理由，于是就借助宗教，用修建寺庙的方法，来镇镇新城，勿使风水跑掉。这就是建筑五塔寺的由来。

这不过是传说而已。其实，五塔寺要比新城早建成十多年。只有寺后的金刚座舍利宝塔，大约是和新城同一时期先后建成的。

雍正五年（1727年），小召喇嘛阳察尔济呼毕勒罕担任归化城副札萨克达喇嘛时，因为年班到北京，他呈请清政府建了这座召庙。十多年后的乾隆初年才建了新城。它们根本不是同期所建。雍正十年（1732年），此庙被清廷命名为"慈灯寺"。阳察尔济活佛，只"转世"三代。三世活佛去世后，寺中已无佛爷，喇嘛们又回到了小召。此后，该庙逐渐衰败，最终只剩下了这座孤零零的金刚座舍利宝塔。

鼻子之谜

呼和浩特的五塔称作金刚座舍利宝塔，其名含意深广。据记载，佛祖成道之处无坚不摧，谓之"金刚"之地。此塔冠名"金刚座"，喻佛教圣地犹如金刚般坚固。"舍利"是佛祖或高僧大德的骨灰。"宝塔"，指佛塔是聚宝之所，存有宝物。

慈灯寺早年的巍峨大殿，众多的建筑物早已经荡然无存。唯独五塔历经二百多年的风风雨雨，肖然独存，没有愧对"金刚"二字。可是金刚座上的五座小塔，有些佛像的鼻子却不翼而飞。这又是怎么回事呢？

原来，古印度佛教中，有生殖崇拜之说，其中说鼻子是男性的象征。旧时代，人们重男轻女。于是，有的人家妇女怀孕之时，为了要个儿子传宗接代，他们就偷偷地把佛像的鼻子"请"回了家中，烧香磕头供起来。

后来，随着时代的变迁，人们的观念也在转变。现代人认为，生男生女都一样，儿子、女儿都是自己身上掉下来的亲骨肉。这样，为生儿子而去请鼻子的习俗逐渐消失了。此外，文物保护的力度加大，鼻子就不再丢失了。

鼻子真是这样失去的吗？笔者未曾考察。但是，在民间确实有这样的一个传说。

佛足之谜

中国古塔的构造，一般都是由地下的地宫与地面上的基座、塔身和塔刹组成。地宫大多深埋地下，用以埋藏舍利和陪葬器物。

呼和浩特的这座五塔，名称上冠有"舍利"字样，又是雕有1600多尊佛像的千佛塔，人们推断应该藏有舍利。

谁的舍利呢？佛祖舍利当年分送到亚洲八国，其中也有中国。在960万平方千米的广袤土地上，能来到呼和浩特吗？五塔地宫未曾发掘，到底有没有舍利？如果有，又会是谁的？这些都还是未知之谜，不过，关于佛祖的传说却有很多。

金刚座上的五座小塔是金刚界五部主佛的舍利塔，故代表着密宗金刚界的五方主佛，他们是密宗信奉的最高的五位神佛。中央小塔正面须弥腰的正中，镶嵌着一块方方正正的汉白玉，分外引人注目。

石上，一双硕大的脚印，在花纹簇拥下格外醒目，那就是有名的"佛足石"。相传，佛祖释迦牟尼讲经传法时，执着投入，久久地站在那里，留下了弥足珍贵的脚印。唐三藏去西天取经时，从古印度请回来了这双佛足印。它象征着佛的足迹遍天下。

当你要攀登五塔时，券门下部的八个仙女雕塑，就会映入眼帘。仙女一手托着供品，高高举起，她们在给谁上供呢？原来，释迦牟尼是迦毗罗卫国的王子，他是净饭王的儿子。据说，他出生七天母亲就去世了。净饭王把他送给他姨母去抚养，并给派去32名宫女。佛祖圆寂后，人们就仿照宫女托盘送用品的形象，雕塑了这八名仙女，用以纪念佛祖。

石刻之谜

五塔北面，与它相距二米的院墙上，嵌着三幅石刻图。从东往西，依次是"蒙古文天文图""须弥山分布图"和"六道轮回图"。其中，后两幅是图释和宣扬佛教教义的，很精美。天文图则更为珍贵。截至目前，它是我国发现的唯一用蒙古文字标出星座名称的天文图，具有很高的科学研究价值。

传说这幅图是明安图绘制的。明安图（？—1765年），字静庵，

蒙古族，是我国清代数学家和天文学家，曾经担任过钦天监监正。他是一位蒙汉兼通的著名学者，又从事着天文工作，而且他生活在雍正、乾隆年间，所以，人们推断"蒙古文天文图"石刻的底图出自他的手笔，绝对不是空穴来风。

石刻天文图呈圆形，直径1.445米，由八块汉白玉石料拼制而成，是一幅以北极为圆心的盖天图。图中有五个同心圆，分别是"天北极圈""夏至圈""天赤道圈""冬至圈"和"天南极圈"。图中还绘有十二生肖、二十四节气、二十八宿等，总共绘制出1550多颗星星。图中，星名等采用蒙古文标注，数字一律是藏码。经过学者验证，这幅二百多年前的石刻图，与现代天文图相比，误差很小。它充分证明了我国天文学的成就与蒙古族科学家的聪明才智。

金刚座舍利宝塔，属于密宗塔。它是仿照印度佛陀伽耶金刚座宝塔的形式建造的，但是有较大的改进，充分体现着中国古代建筑的风格。国内金刚座式的宝塔屈指可数，其中只有北京真觉寺的五塔与这座塔外形相似。但相比之下，呼和浩特的五塔，稍显精美，略胜一筹。它融汉、蒙、藏文化艺术于一体，是我国古建筑的精品。

复建的慈灯寺院

　　1961年，我国学界的一些著名人物来内蒙古参观、访问和考察。人们参观过五塔寺后，回到宾馆还称赞不已。建筑大师梁思成先生说："五塔寺的成就，与北京的名刹古寺相比，毫无逊色！"这打动了没去游览的叶圣陶（曾任全国政协副主席）等先生的心。于是，他们再次驱车来到五塔寺。攀登五塔时，叶先生不由地赞叹道："好极了！"梁思成教授和文学家吴组缃也是赞不绝口。梁思成先生还拿尺子丈量了塔的长、宽以及各部分的尺寸，还拍摄了全景和细部照片，然后才恋恋不舍地离去。可见我们的这座五塔是太有魅力啦！来呼和浩特的中外游客大都要光临这处胜地。这里曾经接待过外国元首级贵宾，使它名扬海外，成了一些外宾向往的地方。

　　如今，五塔前面，由荒废的寺院演变出来的低矮平房已经被拆除，修建了寺前广场。广场的北面五塔之南，又恢复性地新建了二重大殿和六座偏殿。五塔寺已经成为国家3A级景区，年接待游客5万余人次。寺前广场是人们休憩的好场所。那里，终日人群熙熙攘攘。清晨，人们打太极、跳街舞，一派盎然生机；过后，消闲的男男女女，在明媚的阳光照耀下，又聚在一起打扑克、下象棋、摆龙门阵，热闹非凡；傍晚，消遣散步者络绎不绝，一派祥和。现在的五塔寺，再也不是几年前被低矮平房围绕着的一座孤零零的塔啦！

流芳千古昭君墓

从玉泉区南茶坊南口出发，沿昭君路南行，四周一马平川。在9千米处，一座土丘，拔地而起，突现眼前。它，就是驰名中外的昭君墓。

昭君墓呈覆斗状，高约33米，底面积约13000平方米。它由汉代人夯土筑成，至今已有2000多年的历史。它是中国最大的汉墓之一。

早年，昭君墓附近没有什么建筑物。它矗立在土默川平原上，十分显眼。从城南来呼和浩特，首先映入眼帘的，就是挺拔巍峨的昭君墓。它几乎成了呼和浩特的一处标志物。

昭君墓，芳草萋萋，林木葱茏，远远望去，黛色朦胧，如诗如画，故又被称为"青冢"；蒙古语则叫它"特木尔乌尔琥"，汉意为"铁垒"。

王昭君为了民族友好的事业，远嫁塞外，受到崇敬。她的美名世代相传，青冢也成了人们凭吊昭君的圣地。两千多年来，关于王昭君和昭君墓的传说层出不穷。

仙女下凡王昭君

美若天仙，沉鱼落雁，闭月羞花……似乎一切词汇都无法表达王昭君的美。她人美，心灵更美。于是民间传说，王昭君就是从天上下凡的仙女。为了汉匈的民族和好，为了造福百姓，她来到了人间。

她与匈奴的呼韩邪单于结为夫妻，远走塞外。来到黑河边，时值隆冬，朔风怒号，飞沙走石，无法前进。这时，她款款弹起怀中的琵琶，顿时出现了奇迹，风停了，沙止了，彩霞当空，祥云万里；接着，草绿了，花开了，冰融了，雪化了，山也绿了，水也清了。随行的匈奴和汉朝

昔日青冢

今日昭君墓

人民，高兴地定居在黑河岸边，过上了幸福美满的生活。

勤劳善良的王昭君，为了让更多的人过上好日子，她和单于走遍了阴山前后、大漠南北。用她的宝物，造福人民。她头上的一把金簪子，只要轻轻一划，地上就会出现清澈的河流和如茵的草地。她的一把金剪刀，用锦缎能剪出各种牲畜，草原就涌现出成群的马、牛、羊和骆驼。她的锦囊里有谷物种子，只要一撒，便会长出绿油油的庄稼。她的琵琶一弹，就会招来会唱歌的百灵鸟和喜鹊、布谷鸟……

就这样，王昭君走到哪里，哪里就会出现肥美的水草，成群的牛羊。人们就能过上安居乐业的好日子。

过了几十年，王昭君完成了为人民造福的愿望，悄悄地离开了人间。第二天，人们发现她生活过的黑河岸边，平地壅起一座小山，上面祥云缭绕，原来是她踏着彩云返回了天宫。

这，仅仅是美丽的传说。其实，历史上确实有过一位伟大的女性——王昭君。

胡汉和亲识见高

王昭君，姓王，名嫱，字昭君。西晋时，因为避讳晋文帝司马昭的昭字，改"昭"为"明"，故又有"明君""明妃"之称。她是西汉南郡秭归人，也就是今天的湖北兴山县人。如今，在兴山县城南郊宝坪村，还有"昭君故里"遗存。其附近有很多有关昭君的遗迹，如昭君井、昭君台、珍珠潭、昭君寨、妃台山、梳妆台、望月楼、昭君亭、昭君坊等等。昭君生长的宝坪，又被叫作昭君村。

昭君十七岁时，以良家之女选入宫中为"待诏"。当时，西汉王朝与北方的匈奴战事频仍，人民饱受战乱之苦，盼望着和平。这时匈奴首领呼韩邪单于因内部争斗两次南下，求助汉室。他受到礼遇，得到帮助。平定内乱后，他第三次来到长安，会见了汉元帝，表示谢恩，并向元帝求婚，要娶汉氏女子为妻。把谁嫁给他呢？踌躇不决之际，王昭君听到消息后挺身而出，自愿出塞。远嫁到异邦他乡的匈奴部落，风俗不同，语言不通，而且北方天寒地冻，没有房屋，要居住毡帐。一切的一切，与宫中无法相

昭君塑像

比。一个弱女子，没有非凡的胆识和百倍的勇气，是难以做出这样果敢的决定的。王昭君可敬、可佩。在泱泱大中华，上下五千年的历史中，昭君出塞留下了浓重的一笔。出塞的故事已经流传了两千多年，并将流芳千古。

据说，王昭君美貌绝伦，可是深居后宫，从来没和元帝见过面。这是为什么呢？

原来，汉元帝后宫嫔妃众多。就叫毛延寿等画工把她们都画了出来，看见哪个漂亮，招人喜欢，就召见哪个。于是后宫贿赂成风，宫人纷纷行贿画工，以便把自己画得美一些。唯独王昭君为人耿直，不随波逐流，没有收买画工。结果她被丑化了，一直没有得到汉元帝的召见。

据《后汉书》记载，昭君自愿出塞充当和亲使者。临行前，元帝召见。发现她"丰容靓饰，光明汉宫"，竟是后宫第一大美人。"帝见大惊，意欲留之，而难于失信"，只好把她嫁给了呼韩邪单于。元帝一怒之下，把毛延寿等画工斩首示众，暴尸街头。

单于娶得年轻美貌的妻子，夫妇相携相依，远出边塞，回到匈奴。此后60年间，"边城晏闭，牛马布野，三世无犬吠之警，黎庶亡

干戈之役"。

出现这样民族友好、和睦相处的太平盛世，王昭君功不可没。于是，昭君出塞的故事传为千古佳话。

昭君千古墓犹新

民间传说，昭君是天上下凡的仙女。她给人们创造了水肥草美的环境后，悄然返回天宫。她走后，人们发现她生活过的黑河岸边矗立起一座小土山，那就是昭君的坟墓。

此后，昭君坟就没断过香火。人们还说，它是仙女之墓，每年都在长高增大。所以，经过两千多年的水土流失。虽然没有人填坟加土，它却是一点也没有变低、减小。

还有一种传说，昭君出塞和亲，汉、匈停止了战争，人民过上了和平、安宁的日子。人们都很崇敬、感激这位异族他方的和平使者。她去世后，人们悲痛万分。为了纪念她，人们就用衣襟兜上土，给她建起了坟墓。附近的人来了，远方的牧民也乘着快马赶来了。就这样，你一包、我一包，黄土和着泪水堆起了山一样的墓冢。

神奇的昭君墓出现了。它变幻莫测。早晨，在晨曦中远眺昭君墓，就好像一座葱葱茏茏苍翠的山峰；中午，烈日照耀下，昭君墓就像一口古朴的大钟；黄昏，在晚霞的照映下，远远看去，它就像一只硕大美丽的香蘑。这就是民间所说的，昭君墓一日三变——"晨如峰，午如钟、酉如蕨（一种口味鲜美的蘑菇）"。

昭君已经逝去两千多年，汉代人积土筑成的丰碑——昭君墓，仍然屹立在土默川平原，它生机勃勃地在昭示着：只有民族友好团结，才能安居乐业，振兴中华。

娘娘洞里显神灵

据说，昭君返回天宫以后，仍然在保佑着这方土地上的人民。

昭君墓上有个娘娘洞，就是昭君娘娘显灵造福人民的地方。旧时，人们有个灾灾病病，只要到那里烧香、祷告，就能消灾，就能讨到药物，治疗疾病。

从前，有一家人要娶媳妇。筹划办宴席，缺桌椅，少板凳，东家借西家找，盘子、碟子、碗还不够。无奈之下，到娘娘洞祷告一番，诉诉苦衷。不料，出现了奇迹，第二天，娘娘洞前摆出了桌椅板凳、锅碗瓢勺，家具、炊具一应俱全。用完，擦抹洗涮干净，送回洞前，就又被收了回去。

这件事传开以后，四周的老百姓，遇有婚丧嫁娶，摆宴席，就再也不用愁了。只要头一天写出打算摆几桌宴席，请多少人，缺什么用品。到娘娘洞前祷告一番，焚烧了纸条。第二天肯定能得到所需物件。

家具在使用中，或者用完刷洗时，难免有个磕磕碰碰，打碎的、磕破的，时有发生。昭君娘娘从不怪罪。再借时，仍然是崭新物品，旧家具不会再拿出来。

一来二去，人们都知道娘娘洞里有取之不尽的家具。有一户贪心的人家，打起了坏主意。他们办完了宴席，把东西扣留下来，没有送回去，想据为己有。后来的日子里，人们再也借不来用物了。这话传到那家人的耳朵里，他们想：管你借来借不来，反正我有了。害怕乡亲们知道他们的劣行，就悄悄地把家具藏到了地窖里。

过了一个月，又有人去求借宴席用品。娘娘洞里飞出一张纸条。上面写着"人心无足蛇吞象，盘碗不归再借难"。这时，人们才恍然大悟。原来是有人贪占了用具。前些日子，娘娘不借碗碟，是个警告，想唤醒那家人的良心，让他们

送回来。他们执迷不悟，只好关闭了这条路。

那家人家听到纸条的事，还在庆幸自己落下一套家具。喜滋滋地来到地窖一看，傻了眼，家具已不翼而飞。他们追悔莫及。

从此，娘娘洞里再也借不出东西了。

桃花世代颂昭君

在前后桃花村一带，还有一种传说。人们说：自古以来，凡成就大事业者，必定要受到磨难。唐僧西天取经，还经受了九九八十一难。王昭君虽是仙女下凡，也难免受苦受难。作为凡人，她自愿出塞和亲，远离中原，历尽千辛万苦，不觉产生伤感。

一日，王昭君来到黑河南岸。虽然已经冬尽春来，这里仍然冰天雪地，朔风怒号，飞沙走石。眼望茫茫沙漠，有着七情六欲的凡人王昭君，悲从中来，潸然泪下，她回忆起自己的过去。从南国美丽的香

昭君博物院单于大帐

溪岸边，被召入宫中。不料，遭遇奸臣谋害，打入冷宫，孤苦伶仃。远嫁匈奴，环境又这样恶劣……想着，想着，痛哭失声。突然，出现了奇迹。风停了，沙住了，山青了，草绿了，传来一股沁人心脾的花香。她止住泪水一看，粉红色的桃花开遍了原野，沙漠变成了土肥水美的平原。从此，人们就管这一带叫作"桃花"。它就是今天玉泉区的桃花村——昭君墓所在的地方。

桃花的人们说，昭君给他们带来肥沃的土地，美好的生活。桃花人世世代代传颂着昭君和亲的佳话。在桃花，王昭君的传说和故事几天几夜也讲不完。

哪止是桃花，自汉代以后，唐代、宋代……直到今天，中华民族一直在歌颂着这位伟大的女性——王昭君，也赞扬着昭君墓。文人墨客来凭吊，诗文碑刻代代有；百姓去朝拜，焚香又叩头。以昭君为题材的诗词歌赋、小说戏曲、书丹绘画，还有民风、民俗……已经形成"昭君文化"，在中华文化中占有重要的一席之地。近年，呼和浩特的"昭君文化节"办得红红火火，一年胜似一年。

经过近年整修、扩建，如今的昭君墓，占地近200亩。以墓体为中心，前有神道、牌楼、石雕、铜像，后有草亭和百米碑廊，其中不乏艺术珍品。园内柳绿松青，花团锦簇，景色迷人，成了驰名中外的旅游胜地。现在，它已更名为"昭君博物院"，是国家4A级旅游景区。院内主要景点有昭君墓、匈奴文化博物馆、藏墨苑书画厅、单于大帐、和亲宫、历代诗文碑廊等。

不朽的王昭君，不朽的昭君墓。用现代著名历史学家翦伯赞的话讲："在大青山脚下，只有一个古迹是永远不会废弃的，那就是被称为青冢的昭君墓。因为在内蒙古人民心中，王昭君已经不是一个人物，而是一个象征，一个民族团结的象征；昭君墓也不是一个坟墓，而是一座民族友好的历史纪念塔。"而且，它必将继续谱写各民族团结奋进的新篇章。

著名的古刹大召

呼和浩特市素有"召城"之称，众多寺庙之中，大召最负盛名。它始建于明万历七年（1579年），蒙古语称"伊克召"，意为大庙（"伊克"汉意"大"，"召"为庙），汉名"弘慈寺""无量寺"。

它位于玉泉区大召前街北端，占地约3万平方米。其建筑布局别具一格。它的中路，沿中轴线自南而北，有牌楼、山门、天王殿、菩提

大召银佛与龙雕

过殿、经堂、佛殿、藏经楼（俗称九间楼）及东、西配殿。其经堂、佛殿毗连一体，黄琉璃瓦盖顶，金碧辉煌，庄严肃穆。经堂是喇嘛诵经的地方。佛殿正中，约3米高的银制释迦牟尼佛像端坐在莲花台上。佛前两根通天柱上，一对高约10米的金色蟠龙，工艺精湛，气势磅礴。银佛两侧是燃灯佛、弥勒佛，还有黄教创始人宗喀巴、达赖三世、班禅四世等，个个工艺精细、栩栩如生。寺内壁画，绘有佛教传说故事，场面恢宏，引人入胜。

大召是国家级重点文物保护单位，它在呼和浩特的历史、政治、经济、文化发展中，有着深远的影响，占有举足轻重的地位。民间流传着许多关于大召的传说和故事。

召庙城市孰先后

过去，人们认为呼和浩特城建于明万历九年（1581年）。而这一

大召壁画

大召山门夜景

年，大召早已建成，所以，人们说呼和浩特是先有的召庙，而后才有城池。

明代，蒙古土默特部驻牧呼和浩特地区。当初，主要信奉原始宗教萨满教，后来渐渐传入黄教喇嘛教。有一年，土默特部首领阿勒坦汗得了腿疼病，请萨满医治。萨满竟让他剥开活人的肚子，把腿伸进去取暖，用来治疗腿疾。而精通藏医的黄教喇嘛阻止说，不用杀人，就可以治好你的腿病。阿勒坦汗答应后，果然被治好了。这对黄教的传入和最终战胜萨满及红教起了一定的作用。

明万历六年（1578年），阿勒坦汗在青海会见达赖三世，许愿要用宝石、金银装饰释迦牟尼佛像。他返回呼和浩特后即动工兴建大召。万历八年（1580年），大召工程告竣。正殿释迦牟尼佛像用白银铸成。因此，大召又有"银佛寺"之称。史书上有"克归化城、夺银佛寺"的说法。"寺"能与"城"相提并论，可见大召地位是多么的显要。

早先人们推断归化城建于万历九年（1581年），而万历八年已经有了大召。这引起了人们的疑问。于是就"召与城孰先后"，20世纪在史学界展开了考究和争论。对大召而言，不论孰先孰后，都足以说明其历史久远，影响巨大。

康熙三宝庙中留

史料记载，康熙中期，康熙帝御驾亲征噶尔丹部，曾经驻跸归化城（今呼和浩特旧城）。于是留下不少"圣迹"和一些传说。

据说，康熙在大召后院藏经楼住过，藏经楼是九开间二层小楼，俗称九间楼。康熙皇帝给庙里留下了三件（套）物品：一口宝刀、一把龙凤孔雀伞、一套珍珠八宝灯。

宝刀青光闪闪，寒气袭人，锋利无比。这稀世之宝，已被博物馆珍藏保护起来。龙凤孔雀伞和珍珠八宝灯仍陈列在大召寺的大殿中。

龙凤孔雀伞，是把奇特的伞。伞面由孔雀毛覆盖，故称孔雀伞。它是皇帝御用之伞，皇帝乃真龙天子，持伞人既不能与天子并行，更不能同处伞下。制造者别具匠心，一改直棍伞把的做法。这柄伞把，上撑伞面，接着扭了一个弯，这样打伞的人就可以在皇帝的侧后方，为皇帝撑伞，突显出天子的尊贵和至高无上的地位。

珍珠八宝灯，一共八盏，紫檀木质地，镂空雕花，珍珠装饰。这套灯是难得的艺术精品，高悬在大召的殿堂上，仍然那样雍容华贵。

微服私访月明楼

相传康熙住在大召九间楼内，似睡非睡之中，忽见一人飞马从面前闪过，他便疾声喝问，"谁？"冥冥之中听到"我乃二弟云长"。

"你是谁的二弟？你看我，我是谁？"

"你是大哥——圣上刘玄德。"

"那三弟翼德和小弟子龙呢？"

"三弟在山西某县当县令。小弟子龙在月明楼当堂倌。"

康熙对月明楼已有耳闻，本欲前往探访。这南柯一梦，更增强了他的意念。于是装扮成商人，到了月明楼。

月明楼离大召不远，是座豪华的酒楼兼戏馆子。当时二楼戏台上，梨园弟子正在演出。康熙点两个小菜，欣赏了一会儿戏剧。酒足饭饱，意欲结账。店主——恶霸安三泰，见他穿着华贵，是个外乡富贾，顿起歹意，想要讹诈，强行索要饭费八两三钱银子。并唆使手下人，口出狂言，不给钱就剥衣服，扣留马匹。正在危难之际，堂倌儿刘三看不惯主人的敲诈恶行，挺身而出，护住了康熙，并且提出，用自己一年的工钱，替客人付款，才平息了事端。传说刘三就是赵子龙转世的。后来他被召回京城，官封四品。

这个故事流传久远。据说，乾隆年间，有人根据这个题材，绘制了一幅画——《月明楼》。画卷长3.5米，宽1.3米。它再现了清代归化城大戏馆子的面貌。楼内悬挂着各式各样的灯笼，装饰华丽气派。喝茶、饮酒、看戏者，身着长袍马褂的居多，还有头戴红缨帽的官员，短衣襟小打扮者寥寥无几。画中人物刻画细腻，生动形象。康熙身穿红色长袍，在底层大堂里，进退两难。堂倌儿刘三站在他左面，正在仗义执言。安三泰撸胳膊挽袖子，凶相毕露。几个狂徒，有的赤裸背膀，正欲大打出手；有的怒目攥拳，跃跃欲试。食客们，有的拦挡狂徒，进行劝阻；有的莫名其妙，露出惊诧的目光；有的凑在一起，谈兴正浓，尚不知晓这突发事

件……一百多个人物，衣着不同，神态各异，人各一面，生动传神。

《月明楼》不仅记述了这个传闻，还真实地反映了康熙年间的民间风俗，大有《清明上河图》的风范，是一件不可多得的艺术珍品，一直受到青睐。现在，《月明楼》原画已被珍藏。后人按原样又临摹一幅，陈列在大召，供人观赏。

风调雨顺四天王

大召天王殿内矗立着四尊天王的站像。他们分别是南方增长天王、东方持国天王、北方多闻天王和西方广目天王。他们又被称作"风、调、雨、顺"四大天王，每尊还对应着一句带"地"字的成语。南方持剑者为"风"，曰"开天辟地"；东方怀抱琵琶者为"调"，对应"惊天动地"；北方

大召雪景

手举一伞者为"雨"，曰"遮天盖地"；西方持蛇者为"顺"，对应"钻天入地"。

大召的四大天王，与其他庙宇的又有不同。每尊都高抬一只脚，悬空而立。相传他们是须弥山的四大天王。当年明太祖朱元璋穷困潦倒，落魄为僧。他是一名小和尚，打扫殿堂时，四大天王双脚着地，很难洒扫，怎么也扫不干净。朱元璋自言自语地说：天王要是抬起一只脚多好啊。霎时，奇迹出现了！每尊天王都抬起了一只脚。朱元璋笑呵呵地扫完地，扬长而去，竟忘记请天王们放下脚。结果，四大天王遵从"真龙天子"之命，高抬起一只脚，没得到放下的许可，就永远"金鸡独立"式地站到今天。

多数寺庙的四大天王，抬着的脚下都踩着些妖魔鬼怪。而大召寺内天王的那只脚下却空空如也。原来，因为大召寺庙的等级高，后来成为"帝庙"，那些妖魔鬼怪都已修成正果，得道升天而去。

银佛蟠龙宝物多

大召佛殿正中，供奉着释迦牟尼佛像。两米多高的释迦牟尼，端坐在莲花宝座上，慈眉善目，丹唇微启，栩栩如生。整尊佛像由一吨多白银铸成，高约三米，是稀世之宝。因此，大召又别称"银佛寺"。在明朝，佛像落成时，西藏的三世达赖喇嘛专程赶来，为银佛举行了"开光法会"。银佛所罩之伞，并非一般绸布所制，而是一把孔雀羽毛做的"孔雀伞"。

释迦牟尼佛像之前，有两根露明通天柱，上面盘绕着"二龙戏珠"的巨型雕塑，每条龙高十米有余。金龙腾空而起，吞云吐雾，活灵活现，简直就像两条自天而降的神龙。据说，蟠龙是用纸精、黏土和料浆石为原料精制而成，工艺精细考究，是大召众多文物中的精品。而且，这样把龙雕到佛前，亦为少见，也是大召一绝。

大召的文物珍宝数不胜数。佛殿上方高悬的"万人镜"，康熙的"万岁龙牌"，乾隆皇帝所赐鎏金财神，明、清两代遗存的法器、面具、雕塑、壁画等等，都是珍贵的历史文物，艺术珍宝。

无论是大召的三绝——银佛、龙雕、壁画，还是其他众多的文物，都真实地记载着历史，展现出各族劳动人民的聪明才智。

大召是呼和浩特建成最早的寺庙，也是保存较好的召庙之一。它以历史悠久，影响深远，作用巨大著称于世。现在是国家3A级景区，既是喇嘛教圣地，又是旅游观光的好地方。无论春夏秋冬，寺院内终日香烟缭绕，进香客和观光者络绎不绝。

壮丽的席力图召

呼和浩特素有"召城"的美称，在众多的召庙中，席力图召又被称之为"召城瑰宝"。它坐落在玉泉区石头巷北端，坐北朝南，在东西横街的路北。它建筑恢宏，面积广阔，历史久远。一百二十多年前俄国旅行家波兹德涅耶夫参观完各召庙后说："现在无论是从召内喇嘛的数量，还是从召内建筑物的数量来说，它都无可争辩地是呼和浩特所有召庙中最大的一座。"

明万历年间，席力图召还是一座小庙，其后的四百多年，经过数度扩建、修缮，逐步形成建筑绚丽、气势雄浑的大寺庙。现在，它拥有建筑面积约五千平方米，占地面积一万三千多平方米，大小院落数处。

召前有一座高大的过街牌楼与山门对峙，牌楼是三孔四柱七楼式。底层由四座石墩围护着木柱形成三洞孔道；上面的两层，上三下四排列着七个飞檐斗拱式的楼顶，顶面一律以绿琉璃瓦铺饰。整座牌楼，华丽典雅，气度不凡。

山门，即召的正门，系歇山顶式建筑，面阔三间。它的两侧各有一拱形门与之毗连。山门内设天王殿，四大天王分列东、西两边。

过了山门，是召的前院。院的南部，邻近拱门处，东有钟楼，西有鼓楼；院两侧，建有齐整的东、西厢房；院北面是菩提过殿。

过殿五开间，也是歇山顶式，檐前有廊，外露明柱，殿两侧各有

席力图召大经堂

一垂花门。过殿檐下，悬挂着一块清代古匾，上书"阴山古刹"四个遒劲的大字，标示着该召的地位与身价。

穿过菩提过殿，是宽敞的第二重院落。一进院，巍峨的大经堂立刻跃入眼帘。这里是寺院的中心，举行大型法会的地方。院中偏南有东西对称的两座碑亭，亭内各立一通三米高的石碑。院子东、西两侧建有古朴的廊房。

原先，大经堂后面有宏伟的大佛殿和九间楼。可惜，在1943年被一场大火烧毁了。

第二进院落的东、西两面都有套院。东面的"塔院"里矗立着一座华丽的白塔。其北还有一处院子，早年有乃春庙的两座殿宇，现已废圮。

西侧的院落，有两座佛殿，它是席力图召最早的主体建筑物。前面是古佛殿，面阔、进深都是三间。殿内分隔为佛堂和经堂。佛堂在后，其正中供奉着三世佛，两边有八大弟子，两侧八大药师。殿的四壁，有绿度母救八难神话故事的彩色绘画。古佛殿后面是甘珠尔殿，面阔五间，以墙体分隔为三殿；中殿三间供奉着佛祖释迦牟尼，八大药师分列两边；西殿供有护法神；东殿供着宗喀巴塑像。

大经堂西侧有一个边门，连接着另一处院落——佛爷府，也就是席力图召的呼图克图住宅，是一处方方整整的四合院。

在这一万多平方米的土地上，在这一重重院落、大院套小院的古建筑群中，留下许多建筑精品和艺术奇葩，也留下不少传说故事。

席力图召的活佛

"席力图"是"法座""首席"的意思。本召敢称"首席""法座"那可是有来历的，并不是妄自尊大。

这话说起来可就长了，它还和达赖喇嘛有着千丝万缕的联系。达赖大师可谓藏传佛教转世活佛中的第一大活佛，他的影响可是太大了。而席力图召的第一世呼图克图希体图噶布鸠却抱过四世达赖云丹嘉措，还当过他的老师，坐过达赖的法座。这还了得？难道还不能称"首席"吗？

原来，明万历六年（1578年）阿勒坦汗去青海拜见达赖三世返回时，希体图噶布鸠随同他来到呼和浩特。他精通藏、蒙、汉三种文字，又熟悉经典。他把藏文《般若经》译成蒙古文，这对喇嘛教在内蒙古的传播和发展具有重要意义。由于他的重大贡献，三世达赖索南嘉措对其颇为器重，并赐法号"班迪达固什绰尔济"。万历十三年

（1585年），三世达赖来呼和浩特给阿勒坦汗举行隆重的祈祷仪式，并为大召举办"开光"典礼，希体图噶布鸠参加了所有的重要活动。

万历十六年（1588年），三世达赖喇嘛应明朝皇帝的邀请去北京，不幸病逝于途中。根据他的遗嘱，经过一系列宗教程序寻认了转世者——达赖四世。他是个蒙古人，是阿勒坦汗的孙子松木尔台吉的小儿子。三世达赖的管家班觉嘉措给他起了个藏名"云丹嘉措"。他是到目前为止诸世达赖喇嘛中唯一的一位蒙古族。被寻认后，他就师从希体图噶布鸠在席力图召学习经典。举行坐床典礼时，也是由这位经师抱着他坐上了达赖的"法座"。万历三十年（1602年），四世达赖返藏时，他还亲自护送同行，到了西藏。从西藏回来以后，他主持的这座寺庙就正式被叫作"席力图召"，并且进行了扩建和改建，建成了汉藏混合式建筑。从此，席力图召经堂大殿的外观就与呼和浩特其他召庙都不一样了。

明崇祯九年（1636年），著名的高僧、学者、翻译家、席力图召的奠基人希体图噶布鸠圆寂。崇祯十一年，寻找确认了二世席力图呼图克图——阿旺罗桑嘉措。

经过四百多年的变迁，呼和浩

十一世席力图呼图克图

特城区其他召庙已经先后没有了活佛。而席力图召则不然，截至2014年10月13日，它是呼和浩特唯一有活佛的召庙。2014年10月13日第十一世呼图克图——卡尔文·吉米希日布·扎木苏圆寂。他是青海省贵南县人，1943年2月11日出生在一户贫苦牧民家中。他的父亲叫耿太，母亲叫丽牧，他降生后起名叫强巴。

十世席力图呼图克图1941年圆寂后，就要按规矩寻找他的转世者。寻认转世灵童的佛教仪规：一是前世活佛圆寂时面对的方向；二是求佛降旨，暗示转生的地方；三是活佛的师傅祈祷后观海寻图，将海中显示的情景绘制成图，按图像所示，沿着活佛圆寂指示的方向去寻找。寻访到灵童之后，还要让他们辨认法器、遗物，最后再确定转世身份。

1946年，席力图召派出二十多人组成的高级代表团到青海，去寻找和确认十世呼图克图的"转世"。他们按照寻认规矩做了大量工作，把八十余名羊年（1943年）出生的儿童登记造册，经过反复筛选、考察，最后集中到两个人身上，一个是小强巴，一个是比他稍大一点的多吉。当时人们都认为多吉的可能性大，因为多吉的母亲是十世席力图呼图克图的妹妹，而强巴家境贫寒，又没有这样的背景。不料，多吉被抱到十世呼图克图坐过的法座上，竟吓得便了座上；而两岁多的小强巴毫无惧色，坐在法座上，喜滋滋地抓起十世的遗物玩耍起来。人们惊叹不已，认为强巴与佛祖有缘，被确认为席力图十一世呼图克图。第二天举行了坐床仪式，前来朝拜、进香的达官贵人、僧侣、群众有三千六百多人。他7岁在塔尔寺受戒，按规矩法名要由黄教领袖赐予，正好十世班禅额尔德尼也在寺中，就亲切地会见了他，并赐其法名"吉米希日布·扎木苏"。

历经半个多世纪的风风雨雨，扎木苏呼图克图一直活跃在呼和浩特，他乐观开朗，和蔼可亲。他在寺庙中学过佛学和哲学；在国家普通学校受过教育，学过汉语和蒙古文；在内蒙古医学院学过蒙医学。他曾经担任过二十多年呼和浩特市政协副主席，还在自治区和市两级

佛教协会担任着领导职务，他的工作和社会活动非常繁忙，但是，他还要忙里偷闲地为求医者诊病解除痛苦，他一直在普度着众生。他生前多次说过："作为佛教界的高级神职人员，受到广大信教群众的尊敬和爱戴，就应该给国家、给广大信教群众多做一些力所能及的好事。佛教讲普度众生，我认为'众生'里最主要的是人，最好的'普度'办法就是教育信教的群众爱国守法、勤劳、和睦相处，做到了这些，也应该认为是'普度'。所以，我现在最大的愿望是做好佛事、法事之外，还要做好广大信教群众的工作。"

席力图召的建筑

呼和浩特有史以来的第一位活

席力图召御碑亭

席力图召长寿塔

佛是席力图召的一世席力图呼图克图；法脉沿袭，活佛转世到21世纪的，还是席力图召。就这一点来讲，它当之无愧是呼和浩特之最。不仅如此，它的建筑与各召庙相比也毫不逊色。它的一些建筑物也是呼和浩特唯一的或者是最好的。

经堂 它坐落在一米五高的白石铺面的台基上，巍峨壮观。它的面阔、进深都是九间，故称作九九八十一间大经堂。但正面突出抱厦七间，上有阁楼五间。四周墙体是藏式墙壁，正面以蓝色琉璃砖镶面，杂以黄色和绿色琉璃砖组成绚丽多彩的图案；墙体上还嵌着一个个藏式小窗。

经堂殿顶藏汉合璧，巧妙结合，前面是藏式平顶，后面是中原式的歇山顶。平顶中央立着一个直径三米的鎏金法轮，两旁配有"角端"（俗称独角兽）、法幢等饰物。后面高耸的歇山脊上，正中有鎏金宝塔一座，旁有祥龙、脊兽等装饰。整个殿顶，绿琉璃瓦覆面，在金光闪闪饰件的陪衬下，愈显艳丽辉煌。

宽大的殿内，有序地矗立着64根方形明柱，每根柱体都包裹着彩色图案挂毯。柱的顶端、顶棚、横梁、栏板以及四壁绘有彩色图案和佛教故事图画。殿的后部是佛堂，正中供奉着释迦牟尼塑像，十方佛、度母、菩萨等分列两旁。

白塔 由于席力图召的七世和八世呼图克图年幼早夭，所以在清代乾隆末年或嘉庆初年建了这座塔，内供长寿佛，以祈活佛大寿，故称此塔为"长寿佛塔"；又因塔由汉白玉砌筑而成，塔身呈白色，所以又俗称其为"白塔"。此塔高15米，基座正方形，用汉白玉石条砌成，边长10.66米，高1.6米，正面有阶梯可以攀登，顶面四周有护栏。基座上是雕刻精美的须弥座，座顶外闪，腰部内收，顶部四周向外突出呈凌空状，四个角各由一石雕龙柱支撑，分外俏丽。须弥座之上有四层石台逐渐内收，上置覆钵形塔身，其正面有一精致的拱形佛龛。龛内有长寿佛塑像一尊。塔身上是高耸入云的塔刹，在其十三相轮之上覆有金光闪闪的伞盖和一对硕大的耳饰，盖顶有鎏金的日、月二轮。此塔通体洁白，辅以彩绘，异常精美。古建筑专家罗哲文称赞：它是"石制覆钵式塔中极为高大而精美的作品"。

御碑亭 大经堂前，有东西对称的两座精致小亭，它们是形制一样的六角攒尖亭，六根立柱撑着六角，六角飞檐柔和上翘，给人以美的享受。立柱顶端及飞檐下的横梁，绘制着五彩的各式图纹，它们与红彤彤的立柱相辅相成，更显艳丽。亭内各立一通高达三米的石碑，以蒙、藏、满、汉四种文字记述着康熙帝亲征噶尔丹的事迹，被称作"纪功碑"。过去小召庙中也立着两通纪功碑。据说，小召的碑在先，席力图召的在后。康熙三十五年（1696年），康熙平叛归来，四世席力图呼图克图为之举行了"皇图永固，万寿无疆"大法会，康熙也给庙里赠赐了匾额、宝幡、经卷等。康熙四十二年（1703年），康熙帝再次来到呼和浩特，

驻跸席力图召，四世席力图呼图克图，请求仿照小召的碑文，也要在本召勒石建碑，所以，两召碑文略有不同。如今，小召已被拆除，本召的两通石碑仍立庙中，就更加珍贵了。

号称"第一观音庙"

四十多年前，玉泉区石羊桥西路（现名为鄂尔多斯大街）路北，有一个小小的牛奶场，它是伊利集团的发祥地。伊利集团成立于斯，从那里起飞，腾越千山万水，成了中国巨型乳业集团。另一乳业巨子，蒙牛集团的创始人，也曾经在那里工作过多年，从那里起步，而后冲出内蒙古，走向了世界。那里，可真是块不同寻常的宝地。

那块伊利集团总部旧址的西侧有条巷子，叫作泉源巷。此巷中部有座观音庙（亦称观音寺）。早

观音庙旧寺

观音庙新寺

观音庙夜景

年，以庙为中心，巷的南、北两段分别用庙命名了不同的街名。北面，正对庙门的街巷，叫作观音庙巷。南段，从庙门往西，沿着庙的西墙向南去的街道，叫作观音庙南街。1975年整顿街道门牌时，受地名"革命化"的影响，将二街合并，更名为"泉源巷"。命名的根据，是街的南头有一口自流井。时过境迁，那井已消失得无影无踪，只有"泉源"二字不精准地揭示着那里曾经有过井（这也得知情人来给您破解）。

这座观音庙的建筑规模和占地面积，都无法与几座较大的喇嘛召庙相比，但也并非等闲之庙。人们说，此地"汉庙十三座，首座观音庙"。

当年，观音庙在"汉庙"中首屈一指。如今，又成了市区内唯一保留下来的汉传佛教庙宇。庙内终日青烟缭绕，香客、游人不断，诵经声不绝于耳。时不时地举办的庙会和法事活动，更是人潮如涌，摩肩接踵。

卖水之人建寺庙

此庙建于清代乾隆年间，距现在已经有二百多年。第一代当家和尚，也就是创建者，法号叫具足。关于具足建庙还有一段传说。

二百多年以前，观音庙附近有一口甜水井，附近的人家都吃这井的水。井远离居民住户，应运而生了一种职业——卖水人。他们靠卖苦力，给人们挑水，挣个分分文文，糊口度日。其中有位老实厚道的卖水人，很受买水人家的欢迎。不料，他患了眼病。一个穷苦之人，哪里请得起医生大夫，就是偏方土法的凑合。为了生计，他每天还得艰难地给人们挑水。病一天天地在加重。

有一天中午，他在井附近的一棵大榆树下歇歇脚，坐着坐着竟打了个盹儿。忽见一白衣大士来到眼前，对他说在这又有灵泉，又有树木的风水宝地，为什么不建庙，不供佛呢？修建庙宇，供奉神佛，弘扬佛法，你的眼病自然就会好了。

醒来后，他对三两知己一讲，大家都说，这是观音菩萨点化你呢。于是他倾全部积蓄，又求亲友资助些财物，搭建了座茅庵，供起观音菩萨，这就是最初的观音庙。接着他又说服家里人，前往关帝庙剃度出了家。师傅能某依辈分赐他法名"具足"，他就住在新建的观音庙内礼佛唪经，成了观音寺开山祖师。

具足和尚宁心静养，再加他师傅能某精通医道为他精心调理，眼病慢慢地就好了。人们觉得观音寺很有灵气，正所谓"千处祈求千处应，苦海常作渡人舟"，于是香火渐渐兴盛起来，逐渐成了此地十三座汉传佛教寺庙的龙头老大。

历二百余年沧桑，市区内其他几座汉传佛教寺庙已不复存在，这座观音寺却法脉沿袭，香火延续，寺院还有扩大。其精美的清代建筑已成为珍贵文物，2006年9月，观音寺被升格为内蒙古自治区重点文物保护单位。

单数各代寺兴旺

具足和尚是临济宗刹刹派的第24代"具"字辈和尚。尽管历来是"铁打的寺庙，流水的僧"，这座观音庙里的和尚也是来来往往，常有流动，但是有缘分常住的当家和尚，或曰方丈，或曰住持，一直都还是临济宗刹刹派的传人。

刹刹派老祖师留下行辈40个字："智慧普音闻，广权德志弘、善开清净道，微妙法源宗，通达能具演，性海湛然澄，戒定真如意，周隆继祖灯。"观音庙的住持已经传了七代，依次分别是：具足、演善、性铠、海瑞、湛祥、然俊、澄还。期间也有过师兄弟先后为当家和尚，主持庙务的情况。现在的住持澄还是刹刹派的第30代和尚。

有一种传闻，观音庙的历代住持中，每逢单数辈比较兴旺，庙宇的发展也比较大。第一代具足和尚，创建寺庙，奠定了发展基础，功不可没。

第三代性铠老和尚，文学修养较高，精通教理，且擅长医道，一

75

生为人治疗疾病、解除痛苦，广行善事。1920年，性铠老和尚传过具足大戒，北方高僧云集呼和浩特观音寺，盛况空前。

相传，清宣统三年（1911年）性铠老和尚已年逾古稀。但是他不顾年事已高，把年仅六岁的徒孙湛祥收留在身边严加教诲。在他的言传身教下，终于使湛祥和尚成就正因，博学多才，教理圆融，并且精通医术。湛祥青年时代专攻戒律，一生中多次开设戒场。北方不少出家人都是在呼和浩特观音寺受的具足戒。尤其是1936年那次传具足戒，规模宏大，因缘殊胜，求戒者来自四面八方，使本观音寺名声大震。据说，五台山黛螺顶的如宝和尚就是在呼和浩特观音寺受的戒。

湛祥和尚，号真如，是本寺的第五代传人。他俗姓魏，山西左云县人，生于清代光绪三十一年（1905年）。他6岁出家，自幼聪慧，学习佛法进步很快，终于成了一代名僧。民国年间，他曾经代表中国佛教界出国传法，到过朝鲜等地传过具足戒。

湛祥和尚富有民族气节，在抗日战争期间，曾经掩护过地下工作者。有一次，几位领导同志，化装成香客，来寺里开会。突然，几名荷枪实弹的鬼子兵来到寺前。

这时，湛祥和尚临危不惧，灵机一动，身披红袈裟临门而立，高声诵起经来。几位地下工作者，也佯做居士，低声附和着。鬼子没有看出什么破绽，在庙内转了几圈，悻悻而去。

熬过了抗日战争，经历了解放战争，中华人民共和国成立以后，湛祥老和尚作为宗教界代表，曾经担任过政协呼和浩特市委员会第一届和第二届两届政协委员，参与了本市的政治协商、民主监督和参政议政工作。1966年农历十一月十九日，湛祥圆寂，终年62岁。

第七代住持澄还和尚，赶上了改革开放的好年代，观音寺又有了新起色。

传说归传说，其他各代住持也各有建树。第二代住持演善和尚，广收徒众，施财济贫，深受公众敬佩。清同治四年，他还募集善款重修山门、增建廊房和围墙，使观音寺大有发展。

第四代住持海瑞和尚，勤修净行，护法护寺，甘于奉献，深受人们钦佩。

第六代住持然俊和尚，少年出家，毕生致力于佛教事业。他虽历经坎坷，却矢志不移。20世纪60年代的"文化大革命"期间，他被逐出了山门。1983年，他上书中国佛教协会会长赵朴初，使这一宗教场所得以恢复。1988年，在各级政府帮助下，他主持重修了寺院，恢复了宗教活动。

近年寺庙有发展

具足建寺仅数椽的一间小庙，其后香火日盛，不断扩建、重修，规模渐大。仅有文字记载可查的，在清代就修建过四次，分别是道光二十五年（1845年）、咸丰六年（1856年）、同治四年（1865年）和光绪二年（1876年）。之后，又经过百十年的变迁，成了现在的式样。它是坐南朝北的寺院，因而被称为"倒座观音寺"。庙的山门外，一座小照壁护着寺院。其后（南）是四柱三间三楼式的牌楼式山门。院内的主体建筑物——佛殿，建在高台之上，前有月台，尤为壮观。其东、西各有一座配殿，两殿之北各有禅房一排。早年，佛殿之南还有戒坛等建筑物。

"文化大革命"期间，庙院曾经被居民占用，直到20世纪80年代末，落实宗教政策，住户才逐渐迁出。然后整修殿宇，又恢复了宗教活动。

前些年，修习佛教的在家居士渐渐地多了起来，据说有数万之众。每当举行法事、法会，成千上万的人涌向观音寺，不用说寺庙内人多得拥挤不堪，就连泉源巷街道都被人堵得水泄不通。住持澄还和尚不无焦虑地说，真怕出点事。有点儿什么情况，人都疏散不开。

为了开辟活动场所，20世纪90年代，在居士和各界的资助下，由澄还师傅主持，在大青山脚下的乌素图村买了20亩土地，辟建了"观音寺安养院"。2002年，首期工程竣工，已经建成戒坛、天王殿和禅房等。

此后，观音寺便有了上、下院。上院为市区内的观音巷祖寺，下院为东乌素图村的新寺。

下院虽然比较宽敞，也能兴办法会，但毕竟远离城区，交通不是很方便，泉源巷观音寺内仍然是法事繁盛，人潮如涌。

上院祖寺占地面积仅1300平方米，建筑物又占用了不少土地，院落很狭隘。几年前旧城区改造到观音庙一带，给其带来扩展的机遇。2006年9月，呼和浩特市政府多次召开"观音寺修缮恢复"研讨会，决定在旧庙之南扩建观音寺，并且恢复一些失去的建筑。

现扩建工程业已完成，新寺院坐北向南，紧紧依靠着祖寺旧庙，占地面积约为旧寺院的十倍，大约一万三千平方米。沿中轴线自南而北为山门、天王殿、圆通宝殿、大雄宝殿，两侧分列钟楼、鼓楼、方丈室、藏经阁等建筑物，殿宇错落有致，金碧辉煌，宏伟壮观。

观音寺举办法事、法会的日期，主要有农历二月十九日观音圣诞日、六月十九日观音成道日、九月十九日观音出家日，另外还有四月四日文殊诞辰、四月八日释迦牟尼诞辰、十一月十七日弥陀佛诞辰、腊月初八释迦牟尼成道日、正月初一弥勒佛诞辰，等等。每个月的初一和十五，有的居士也要亲往寺中，礼佛和诵经。

观音寺上、下两院内居住的和尚，除本寺的"澄"字辈和"戒"字辈和尚之外，尚有来自远方的江西和尚与附近的包头、卓资山等地的和尚。澄还住持讲："无论出家人，还是在家居士，大家有一个共同的心愿，就是要爱国爱教，多做利教利民的好事、善事。人与人要和睦相处，要保护生态，爱护环境。但愿'晨钟暮鼓警醒世间名利客，经声佛号唤回苦海迷路人'，让我们大家共同营造一个和谐、安定的环境，人人都能幸福安康的生活。"

俏丽的小召牌楼

玉泉区小召前街北口，有一片人们休闲活动的场地，其中心矗立着小召牌楼。小召牌楼，斗拱、柱架式建筑，系三间四柱三楼式，宽10.2米，高9.37米。它虽然没有席力图召前的过街牌楼那么高大，但也玲珑俏丽，是研究呼和浩特宗教、绘画、雕刻和建筑艺术的宝贵实物，已经被确定为重点文物保护单位加以保护。这座历经数百年的古代建筑，是小召往日辉煌和震动青城、红火热闹的"小召晾甲日"的重要历史见证物。

小召坐落在小召前街北口东西向横街的路北，寺庙正对着南去的小召前街。其寺名为崇福寺，蒙古语俗名"巴圪召"（"巴圪"，小的意思），即"小召"。其名为"小"，实则不小。旧时所讲的呼和浩特"三大寺"，指的是黄教喇嘛庙中的无量寺（大召）、延寿寺（席力图召）和崇福寺，其中崇福寺就是小召。在"七大召、八小召、七十二座免名召"中，小召也属于"七大"之数，并不在"八小"之列，更不是免名召。

当年，小召寺庙的建筑规模和另外几座较大的召庙大致相似，也是庙前的牌楼与山门对峙，庙内经堂、佛殿、配殿、九间楼俱全。就连召前形成的街道布局也与大召、席力图召完全一样，都是庙的正前方有一条南去的主街，两旁各有一条横街伸向东、西。

小召在历史上曾经煊赫一时，

小召牌楼

位于大召之上。但是，后来它逐渐衰败下来。终于因为庙产不丰，喇嘛稀少，庙宇失修，建筑物也被渐渐地拆除或改作他用。最终，只剩下了庙前的这座牌楼被保护下来。

别看它的遗物不多，但影响却是深远的。以它命名的街道就有小召前街，小召后街，小召夹道巷和小召头、二、三道巷六条之多；还有用它命名的街道办事处、派出所和学校等等。关于小召的传说故事也在代代相传。

小召晾甲震青城

当年显赫的小召香火很盛，佛事不断，经常举办大型宗教活动。上溯到一百二十多年前，清光绪十九年（1893年）来过归化城的一位俄国旅行家参观过小召以后

说："它已经相当破败了"，"不过毫无疑问的是，巴噶（或写作'圪'）召从前是一个很不错的地方，而且还得到过清朝皇帝的垂青。康熙曾经数次到过呼和浩特，每次都到这个召来，后来他在召内立了两块石碑，记载他同噶尔丹的战争。这两块碑立在院中，在巴噶（圪）召正殿两侧，并各有一座碑亭，这两座亭子都是八根柱子，上面是弯翘的中国式屋顶。"当时，"巴噶（圪）召内的呼拉尔一年举行四次，即每年正月、四月、六月和九月各举行一次。"

这一系列的活动中，小召有一项特殊的活动——就是人们所说的"小召晾甲日"，这是其他召庙所没有的。据俄国旅行家的记载，

小召牌楼旧貌

"康熙皇帝作战的盔甲至今还都保存在巴嘎（圪）召内，每当六月十二日巴嘎（圪）召举行的特别隆重的呼拉尔时，就陈列出来"。

早年，"小召晾甲日"妇孺皆知，但是时间不是六月十二日，而是正月十五日，这可能是一百多年前的俄国人记录有误，或者是经过历代变迁，"晾甲"的时间改变了。

据说，每年正月十五日小召晾甲，热闹非凡，可谓呼和浩特一大盛事。小召因为得到皇帝恩宠，帝王诸多物品留赠寺中，感到莫大光荣，展示出来以示夸耀。而老百姓难得一见皇帝的"圣物"，也都想一饱眼福，看看珍稀宝物。所以，每到"晾甲"，小召一带人山人海，摩肩接踵。既有活动，就会有相应的红火。届时，做小买卖的，卖吃喝的，耍把戏卖艺的……布满街头，叫卖声、欢呼声此起彼伏。这给元宵佳节增添了喜庆气氛。不要说城里的居民，就连土默川十里八乡的农牧民都赶着车、骑着马，甚至步颠涌向小召来看热闹。

这么吸引人的"圣物"是怎么来的呢？

原来，康熙三十五年（1696年）皇帝御驾亲征，统率三路大军征剿噶尔丹。小召住持托音二世随同康熙在中路军行动，他为康熙出谋划策并帮助做宗教宣传工作。这年十月康熙凯旋班师路过呼和浩特，把随身的一些物品留给小召，以示嘉奖。其中有金线绣龙坐褥一件、金线靠背一件、绣花枕两个、弓一张、大小箭各五支、全套甲胄一副、虎皮座一个、豹皮座两个，还有腰刀、鞍辔等。这些物品，被小召喇嘛视为珍宝，世代妥善保管，每年小心翼翼地向人们展示一次，以示不忘皇恩浩荡。日伪统治时期，曾经把这些宝物运往日本展览过一次，运回时已有损坏，银嵌珠宝有的已残缺不全，实在是可惜、可恨。现在，这些历史文物已被博物馆珍藏。

前面提到的那两块石碑，刻有藏、蒙、满、汉四种文字，记述了征讨噶尔丹取得胜利的战争过程，对小召喇嘛多有赞美之意。现在，这两通碑都保存在内蒙古博物馆内。但是，您要想了解碑文的内容，不一定非得去博物馆，近在咫尺的席力图召院内矗立着两通"纪功碑"，其文与小召那两通碑的碑文大体相同。

小召寺庙兴与衰

清顺治十年（1653年），小召前街来了一位年事已高的喇嘛，他搭毡帐而居。一天，一位官员来会见了他。喇嘛指着面前的那座小寺庙问："此召系何人所建？"

官员答："此召乃阿勒坦汗之孙俄木布洪台吉所建。"

他叹惜说："此召颓坏已甚，为何不重修呢？"

"修召容易，但是没有孚众望的喇嘛住在这里。"

"应该重修此召，将来总有一天会找到好的喇嘛。"

这位官员是土默特都统古禄格。那位喇嘛是一世内齐托音呼图克图，是一位在内蒙古佛教史上颇具影响的高僧。他于明嘉靖三十六年（1557年）出生在土尔扈特部落的一个台吉之家。他年轻时，背着父母到遥远的西藏日喀则扎什伦布寺出家，拜班禅为师。后来，班禅大师告诉他，你的缘分在东方。他尊从师命东行，到呼和浩特的大青山中闭关修行三十五年，获得惊人的法力和神通。而后他又东赴科尔沁布教弘法，曾经被清太宗皇太极邀请到沈阳，受到热情款待。返回科尔沁后，十个旗的台吉捐助他修建了白音和硕寺，他的声望更大了。不幸的是，他得罪了一名有势力的喇嘛，被无端控告，说他讲错了经。五世达赖喇嘛指派人审理后，做出决定：把内齐托音流放去呼和浩特，不能再住在白音和硕寺。于是，他来到此地，这才发生了上面古禄格与他会见的那一幕。他们所谈的寺庙，就是后来跃居三大寺之一的小召。

小召是明天启三年（1623年）由俄木布建的一座小庙，到清代顺

小召寺院旧貌

治年间已经破败失修，在内齐托音的劝说下，古禄格于顺治十年重修了此庙。不久，一世内齐托音被邀去科尔沁为宾图王福晋治病。当年十月他在东蒙圆寂，终年97岁。他生前的用品仍然存留在小召。

二十多年后的康熙十八年（1679年），他的"转世"——二世内齐托音才被认定，请到小召坐床。二世阿木多·库利清贵是科尔沁明安部鄂齐尔台吉的儿子，生于一世内齐托音圆寂十八年后的康熙十年（1671年）。据说，他能认得内齐托音一世留在小召的遗物，被确认为"转世者"。他到小召坐床时，呼和浩特各大召庙都前往送礼和祝贺，参加坐床典礼的僧俗人士万余名，给小召带来了生机。不久，他到北京朝见了康熙皇帝，还得到了两位科尔沁籍皇太后的接见，太后还赠赐给他哈达、念珠等物品，这进一步提高了二世内齐托

音呼图克图和小召的地位。

其后，二世内齐托音呼图克图的事业如初升的太阳，节节高升。康熙二十九年（1690年）他进京朝见康熙帝，被册封为札萨克喇嘛，赏赐度牒15张。康熙三十年（1691年），他应邀参加了康熙皇帝主持的多伦诺尔会盟，得到与著名的喀尔喀蒙古活佛哲布尊丹巴同等的待遇；甚至参加大会时，让他坐在了康熙的左面（满洲人以左为贵），而把哲布尊丹巴安排到了右侧。康熙三十四年（1695年），他奉康熙之命进藏联络五世班禅大师，圆满完成使命，得到嘉奖。康熙三十五年（1696年）康熙再次征讨噶尔丹，他奉旨伴驾亲征，又一次立功，康熙给小召留下一批"圣物"做纪念，以示褒奖。康熙三十七年（1698年），他被委任为呼和浩特掌印札萨克达喇嘛，成了主宰呼和浩特召庙的首脑。小召的地位也就一下子凌驾于大召之上。

二世内齐托音任呼和浩特掌印札萨克达喇嘛期间，做了不少实事。他扩建了小召和席力图召，还动用小召庙仓的财产修缮了大召，把大召殿顶换成了黄琉璃瓦，据说每块瓦三钱银子，共花费白银五千两。此后，大召成了只供"万岁金牌"，不住活佛的"帝庙"。他

还整肃召庙，制定规章制度，颁布戒律，不许喇嘛喝酒和从事商业活动，要求喇嘛严格遵守国家法律和宗教戒律，他还整顿了召庙周围的社会秩序。这一系列措施，使黄教得到发展，呼和浩特喇嘛增多，庙产充裕，又新建了一些召庙。

二世内齐托音呼图克图时代，小召达到巅峰。其后，历代内齐托音呼图克图经常住在内蒙古东部地区，使小召日渐衰落。

乾隆二十九年（1764年），六世席力图呼图克图被清廷任命为呼和浩特掌印札萨克达喇嘛，席力图召取代了小召寺庙权力中心的地位。小召每况愈下，颓败下来。一位俄国旅行家看到，光绪十九年（1893年），"巴噶（圪）召的喇嘛总共60人，但在呼和浩特住的并不很多。他们大都分散在草原和农村。留在呼和浩特的那些人也不住在召内，而是住城里自己的房子或租用的房子"。这种缺乏管理的情况下，其建筑日益破损。

中华人民共和国成立后，人民政府修葺过小召，但是后来由于它不再是宗教活动场所，从使用实效出发，忽略了文物价值，它的殿宇等旧建筑物逐渐被拆除。唯独小召牌楼是一例外，当年人们围绕牌楼建筑房屋，在小召前街北段形成以牌楼为中心的街心岛。"岛"内既有住户，也有商业网点；它们和街两侧的饭馆、商铺组成居民区中的一处小小闹市。20世纪80年代，在市政府支持下，玉泉区把这个孤岛的房屋拆除，使牌楼重见天日，再现风采。在这块空地上，植树、种花、铺草坪，为附近的居民营造出一片休憩活动的场所，构成小召前街一景，成了小召前的一个新亮点。

医师庙乃莫齐召

"乃莫齐"是蒙古语的音译，翻译成汉语是医生、大夫的意思。"乃莫齐召"译成汉语就是"医师庙"。早年，它在玉泉区通顺北街北口，坐北朝南。后来，庙的前部废圮，其他建筑物把它和通顺北街阻断，其遗存殿宇西临乃莫齐召夹道巷。

乃莫齐召建于清康熙八年（1669年），由绰尔济达赖喇嘛所建。康熙三十四年（1695年），鄂木布·扎木苏活佛修缮了乃莫齐召，竣工后被清廷赐名"隆寿

乃莫齐召旧貌

83

修建后的大殿

寺"。据说清嘉庆十年（1805年）该召被大火烧毁，后来又重新修建起来。

乃莫齐召的建筑规模比较宏大，有三重院落，也是山门、过殿、大殿、配殿应有尽有，寺前部还有一座藏经塔。当年召内有喇嘛五十多名、庙丁六十余人，设札萨克喇嘛一名，达喇嘛一名。它在呼和浩特市的"七大召、八小召、七十二座免名召"中，位居前列，属七大召之一。

召名有来历

据说，在清代有一位王公的福晋（有的说是格格）患病，很久没有治好，全府上下急得团团转。名医、好大夫请了个遍，甚至到很远的盟旗去接来医生治疗，也无济于事。病情不但没有减轻，反而日日加重。王公正在绝望地准备后事，听说来了一位游方喇嘛会看病，王公家人赶快把他请到府上。经过他一番精心医治，病人竟奇迹般地好了起来。王公家拿出金银钱财酬谢他，他不要。给他珠宝玉器，也不收。送他马牛羊骆驼，还是不接纳。王爷没办法了，无可奈何地问："知恩必须报，给你金银财宝、成群的牲畜你都不要。莫非想要我的王位？"喇嘛连连摇摇头说："不敢，不敢。王爷非要给报酬，就请花钱建个召庙吧，以便弘扬佛法，普度众生。"

按照喇嘛的要求，真的建起了

一座寺庙。为了不忘治病救人的大恩大德，人们就把它叫作了"乃莫齐召"，也就是"医师庙"。

乃莫齐召是绰尔济达赖主持修建的。达赖是否精通医术？如果懂医，是不是救治过王公贵族家的人？史料上没有记载，口头传说也没提及达赖其名。人们只是笼统地说喇嘛医生为王公家治好病人，王公家出资盖了这个召庙。

不论传说是真是假，许多喇嘛都懂得医疗技术却是无可争辩的事实。黄教传入呼和浩特，并且站住脚，得到发展，还与此有点关联。相传，阿勒坦汗得了腿疼病就是喇嘛治好的，于是这位大汗坚定了支持黄教的信念。很多高僧医术精湛，成为救死扶伤的名医，其事迹和方剂留传下来的也不少见。远的不说，二三十年前闻名于呼和浩特和乌兰察布草原的蒙医大夫萨拉布，就是喇嘛出身。他七岁进召庙当喇嘛，后来潜心学习蒙医学，终于成了一代名医，治愈过很多疑难病症。他在玉泉区医院任副院长兼蒙医科主任时，诊室可谓门庭若市，患者不断，不仅数百里外的农牧民远道赶来求医，就连内蒙古自治区的领导同志请他看病的也不在少数。人们习惯地昵称他为"喇嘛大夫"。

当年，提起"喇嘛大夫"，可以说是无人不知、无人不晓。现在，连他带出来的徒弟，大多数都已经成为蒙医骨干，活跃在医疗战线上，为人解除病痛。

召前的旧事

乃莫齐召扬名呼和浩特，因为它是"七大召"之一。该寺之前的"官店""大炕"亦闻名遐迩，那是因为它们不同凡响的经历。

"官店"是民间对它的俗称，其本名叫"济生店"或"济生院"。它坐落在乃莫齐召庙前方偏西，原玉泉区乃莫齐召小学即其旧址。

"济生店"是收留无家可归、街头流浪者的地方。早在清光绪三年（1877年），它就已经建成。当时，只有七间土房。大约在光绪五、六年间，还制定过《济生院章程》。光绪十年（1884年），在原院落之西，又增建一处院子，新建房屋十一间。据说，东、西两院可以收容贫民五百人。扩建以后，于光绪十一年三月二十五日还立了一通石碑，名曰《归绥道更定济生店章程示谕碑》，碑高五尺，宽二尺四寸。

这处收容机构，名义官办，实则主要由乡耆会馆（相当于后世的商会）管理。名号时而称"院"，时而叫"店"，管理也不十分严格。起初规定每年农历九月二十日

大殿内的佛像

开始收留贫民，到第二年二月底关门闭店；后来又改成每年霜降之日起，至翌年谷雨前一天止，收养贫民六个月。但又规定，撤店以后，有年老体弱又没钱住旅店的，或者遇到风雪阴雨天，仍然可以收留没住处的人暂时居住。所以，济生店常年不能关门，院内终日有蓬头垢面、衣衫褴褛的人聚在那里。只不过是冬春季节人多，其他时间居住者少一些。

济生店管理人员的多少，随季节而变。在夏季"撤店"期间，只留两名看店人，看守店院，收留少数乞讨者暂住。冬春开店时期，店里收养的人较多，而且还给这些挣

扎在饥饿线上的人每天提供两顿粥饭。这时店内工作人员也会相应增加。届时，雇用写账人一名，伙夫八名。写账人要把入店者的姓名、籍贯、年龄、是否残废或有无疾病等逐项登记造册，以便按人数领取粥米。

光绪十九年（1893年），济生店又增购了三处破旧院落，连同原有房屋一律拆除，重新扩建成前、后两个院子，每院新盖房屋十七间。当年基本竣工，到十二月就收留了四百八十多人。这些人多数没有衣服，只是用破布子、碎毡片、烂羊皮……拿绳子捆绑在身上，借以遮挡风寒。

这些贫苦的乞丐，衣不遮体，食不果腹，冻馁而死的事时有发生，疾病就更不用说了。当局为了防止传染病发生，就在"官店"的东面、乃莫齐召前设立一个隔离病号的地方——"大炕"。那里的房屋很简陋，屋子里有面对面的两盘大炕，所以得了这么个名号。人们说："讨吃子，有了病就抬到那儿。上了'大炕'九死一生，很难活下来。"

大炕死了人，或是街头出现无主死尸，乡耆、地保就雇"灰堆"给舁到"梦楼当""上架"寄存。

"灰堆"是一种无业游民。他们靠舁死人挣几文钱，或者剥取死尸的衣服卖几个钱，来糊口混日子。

济生店还有一个特殊规定，每个月初二和十六两天往出放讨吃子。这些乞丐每天半饥不饱地喝两顿粥，勉强维持着生命，出来乞讨还多少可以改善改善生活，他们巴不得能出来。此外，每到年关，他们也纷纷走出店门沿街讨要。除夕之夜，在稀稀落落的爆竹声中，乞丐们拉着长调、凄楚地高唱着："升官发财的老爷们——行行好吧——"此时，正是阖家团聚之际，听者怜悯和厌烦之感俱生，不得不施舍，赶快打发他走开，这一奇特的情景，被人们称作"叫街号城"。

历史早已翻开新的一页。"官店""大炕""梦楼当""灰堆""叫街号城"，已经成为历史陈迹。只有在茶余饭后，人们谈到乃莫齐召一带的往事时，才偶尔提及这些悲凉的词汇。

召内办报纸

乃莫齐召这座宗教寺院内，还曾经住过报社，在呼和浩特报业史上留下了一点点痕迹。

呼和浩特最早的报纸，是创建于1913年的《归绥日报》。它与后来成立在乃莫齐召内的"绥报"社有着渊源关系。

《归绥日报》由王定圻创办。他是清末民初绥远地区的一位名人。他早年就读于呼和浩特古丰书院，后来考入太原优级师范，学生时代参加革命，加入了同盟会。辛亥革命后，委任他当"塞北关监督"。面对这人们公认的肥差，他却表示不愿当官，不爱钱财，一心要办教育，启迪教育后人。结果，他回到母校——归绥中学（其前身即古丰书院）当了校长。与此同时，他还办起报纸，要唤起民众与反动势力做斗争。

后来，王定圻当选为国会议员。他去北京开会期间，人们喜爱的《归绥日报》因为管理不善而停刊。他在议会选举大总统时，以犀利而巧妙的方法与窃国大盗袁世凯进行了斗争。他在选票上写下"衰世凯"三个大字。

袁世凯下令解散国会后，王定圻从北京返回，又着手重组报社，办起《一报》。报社在城东南的小召头道巷，他每天都要从城西北的归绥中学骑马到社里，与同志们一道操持社内事务。报社的"访员"（新闻记者）也是骑着高头大马，奔走在新、旧两城之间和附近农村进行采访。《一报》办得生气勃勃，很受欢迎。

1915年12月，袁世凯公然宣布称帝，引起人民的强烈反抗。王定圻秘密组织反袁起义，不料事机泄露被捕。1916年1月13日，年仅29岁的王定圻被杀害在孤魂滩。布告称其"勾结乱党，图谋不轨，供认不讳，执行枪决"。《一报》随之停刊。

当年五月份，贾康侯和张焕亭以《一报》为基础，在乃莫齐召院内创建《绥报》社，再次出版报纸。

贾、张二人都是原《一报》的记者。贾康侯毕业于归绥中学二班，与王定圻是校友，并且他们还是连襟，有着亲戚关系。张焕亭与

修建后乃莫齐召外貌

王定圻的关系就更近了。他们本来是弟兄，张焕亭过继给舅父家以后才改姓为张。他也肄业于归绥中学。在王定圻被害四个月之后，他的这两位报业同事、中学校友和亲戚，就使用《一报》社的机器，继续出版《绥报》。一年后，贾康侯另谋职业，张焕亭又把报社改组为《青山报》社，结束了《绥报》的历史。

从《归绥日报》到《青山报》，可谓一脉相承。它们开创了呼和浩特报业先河，产生过一定的影响。

乃莫齐召既有过宗教的辉煌，又曾经被借用办过最早的报纸；召前的那些慈善机构，也有着许许多多悲凄的故事。不过，这些都已经成为往事。如今，它的佛堂、经堂大殿仍然矗立在那里，被定为呼和浩特市重点文物保护单位，成了珍贵的历史见证物。

神奇的玉泉井

玉泉井是呼和浩特的一处名胜，它甘甜的泉水曾经养育了这一方居民。其水已经干涸40年，但它的影响却远远没有休止。因它而得名的有一个县级区——"玉泉区"。还有玉泉一巷、二巷等地名。《呼和浩特晚报》的副刊也曾经冠名"玉泉"。民间还流传着一句歇后语："站在蜈蚣坝瞭玉泉井——远水不解近渴"，足见它在人们心目中的地位。

玉泉井在大召前街中段偏北，夹在大召前街这条"Y"形街道的上面两斜竖之间，俯视着南去的那一长竖。现在，井的周围已改建成宽敞、漂亮的广场。

经近年修复，玉泉井井台高于地面二尺有余。它呈长"凸"字形，南端窄而短，有一个井口；北部长且宽，有两组汲水口，每组四孔，共八个取水口。

如今供人观赏的这一方小天地，当年却颇有些来头。

御马刨地涌灵泉

相传，有一年，康熙大帝征伐噶尔丹部凯旋。途经本地，长途跋涉，人困马乏，又加烈日炎炎，口渴难耐。在这急需人喝马饮之时，四周却没有任何水源地。康熙帝默念着，现在有股水多好啊！不料，坐下御马似有灵性，昂首长嘶，跃起上身，前蹄奋力向下一刨，一股泉水喷涌而出。顿时人欢马跃，一片欢腾，解了燃眉之急。

自此，这股水四时不竭，在二百多年的岁月里，养育着周边各族人民。因为它是御马刨地涌现的灵泉，所以人们叫它"御泉"。"御"与"玉"谐音，又加泉水甘

玉泉井前

甜，有人称之为玉液琼浆，逐渐被人改为"玉泉"。

20世纪70年代，由于地下水位下降，于1976年2月26日，玉泉井东侧塌陷，泉水枯竭。因为"玉泉"在人们心中难以泯灭，尽管泉水没有了，还是基本依照原样修复了玉泉井，供人观览。

石头旗杆木头庙

玉泉涌现以后，人们利用这股泉水修建了"玉泉井"。井台高出地面将近一米，是个南北长的梯形。南面窄，北面宽。泉眼在南端，其上筑井，井的上面建有一座木结构的小庙，泉眼的井筒子深约7米。小庙宽约2.5米，进深2米，高约3米。庙的北边，南北排列着两组汲水口。每组四个孔，呈正方形排列。两口井形制相同，深3米多，井底呈锅底状。两眼井上的八个取水口，高出井台50厘米左右，井口由青石凿成。再往北，在井台的北端，矗立着两根石制旗杆。早先的旗杆基座上刻着"御泉社"三个字，为建井的行社

组织留下了永久的纪念。

玉泉井的独特建筑，至今人们记忆犹新。"石头旗杆木头庙"，名扬呼和浩特地区，是一大景观。过去，每年正月十五，街道的"兴旺社"还要请鼓乐班在玉泉井吹奏红火一天，以祈泉水旺盛，滋养人民。届时喜气洋洋，热火朝天。

熙熙攘攘汲水忙

玉泉水从南端庙里的井中泉眼涌出。旧时水量充沛，时而泉水涌至井口，但从不外溢。庙中的

20世纪七八十年代玉泉井旧貌

呼和浩特名胜——玉泉井

井水，不间断地流入北面第一口井里。虽然人们不停地从四个取水孔中汲水，但水还会不住地上涨。当水位超过两米时，水又会从石孔中流入最北面那组井中。人们传讲：玉泉井的水，天旱不减，雨涝不增。无论春夏秋冬，泉水充盈，故史志书籍称其"四时不竭"。

玉泉的水不是一般的水，它甘甜可口，泡茶味道纯正。民间说，用玉泉水泡茶可以醒酒，甚至有玉泉井水去百病之说。离井较远的人家，把玉泉水当成奢侈品。不少人家备两口水缸，一口专盛玉泉水，另一个装就近的水。只有稀客来了，才敬上玉泉水沏的茶。妇女坐月子，才能用玉泉水熬粥。居家常用的是从就近挑来的"普通"水。

人们钟爱玉泉井的水，于是这里从早到晚汲水的人络绎不绝。井台周围，各色各样的水桶排着长龙，担水的人，三三两两地聚在一起摆着龙门阵；八个取水孔，大大小小的水兜上下飞舞，这热闹的场面，构成一道奇特的风景线。商铺、茶馆都很知趣，白天他们很少和居民住户去"抢水"。每当夜深人静，茶馆、店铺的水车、水桶才穿梭往来于玉泉井，汲取第二天的饮食用水。像这样昼夜忙碌的井，古往今来不曾多见。繁忙的玉泉井，给这里带来了生机和繁荣。

九边一泉传神匾

传说，当年御马奋蹄刨地，甘泉涌现，康熙皇帝喝过泉水，高声赞叹：真乃九边第一泉也！

九边，指辽东、宣府、大同、延绥、宁夏、甘肃、蓟州、偏头（太原）、固原这九处地方。康熙称赞玉泉的水是北部沿边最好的泉水，那仅仅是口感。其实，经过科学检测，它的水质也确属一流。

优质的玉泉水，不仅养育着一方人民，它和北面的大召，还给这一带带来了繁荣昌盛。早在清代，围绕着大召、玉泉井就形成了繁华的市井，被誉为呼和浩特的"小天桥"。

名泉名井，吸引着文人墨客。20世纪20年代初，塞外诗人组织的"吟边诗社"就曾以"九边第一泉"为题，向社内外人士征集诗稿，唱和吟诵，盛极一时。

早于这次吟诗盛事，在清代光绪二十九年，修葺大召和玉泉井后，四百二十三家商户，有感于玉泉井的声誉，请大盛魁的师爷王用桢题写了《九边第一泉》的匾额。相传，这块匾是用棉花绑在木棍上所书，称之为"棉书"，具有很高的艺术欣赏价值。匾中落款的一百五十八个字，简略地叙述了玉泉井的传说，有较高的史料价值。匾中心，"九边第一泉"五个大字，飘逸遒劲，似水流动，真可谓传神之笔。这块匾用柏木制成，高90厘米，宽3米有余，厚6厘米多，已是稀世之宝。现在，有一块仿制品悬挂在大召的山门檐下，供人观赏。

如今，当您站在高高的玉泉井台上，仰望着大召山门上"九边第一泉"那五个"流动"着的大字，一定会带给您无限的遐思。仿佛耳边又响起了御马的嘶鸣和刨地的铿锵声；灵泉的淙淙流淌声又萦回在耳畔。昨日"小天桥"的繁华虽已逝去，但新的繁荣昌盛就在眼前。

土默特议事厅

呼和浩特不但寺庙林立，素有"召城"美誉，它的官府衙门之多，也不亚于一般城镇。它拥有上自一品封疆大吏的"将军衙署"，还有下至七品芝麻官的县衙门。而且，这里"蒙汉分治，旗县并存"，其他地方，只要一个官府就可以管理所有的老百姓，而这里却要分设官衙，分别管着不同民族的人民。这就又增加了一重机构。

此地官署众多，保留下来的却寥寥无几。新城鼓楼立交桥下的将军衙署，历代沿用办公，被完好地保存了下来。近年，迁出原驻机关，辟建成博物馆，供人观览。

另一处，就是"土默特议事厅"，它的旧建筑物仍有存留。它

土默特议事厅鸟瞰图

是清代土默特旗的旧衙署。但它与一般的封建官府有许多不同之处。其称谓就没有什么"府""署"之类的官衙意味，而是叫作"议事厅"。其制度更是别具一格。

议事制的由来

清代，蒙古族各部落的盟旗，大都是王公世袭制。唯独呼和浩特地区的土默特部执行着议会式的集体领导制度。

这是怎么回事呢？

其实，原先蒙古土默特部与其他蒙古部落的政治制度没有什么两样，也是王位世袭制。阿勒坦汗之前，以"汗"位相传。阿勒坦汗与明朝交好，于隆庆五年（1571年）被封为"顺义王"，其后也子孙相袭。第四代顺义王是博硕克图汗。

他去世后，其子俄木布执掌了土默特部。后来他归顺了后金（清朝前身），不久以谋叛罪名被清廷削职为民，自此废除王位，土默特部就再也没有王爷了。康熙中叶，俄木布遗孀领着儿子晋见皇帝，为俄木布鸣冤，其子被授予了"台吉"头衔，子孙世袭，但没有争回王位。

清初，将土默特分为左、右两翼，各设都统一人，为世袭职。后来又把两翼合设一名都统，子孙相袭。传到雍正、乾隆年间，土默特都统是丹津。丹津之后，又被停止了世袭。都统一职改由清政府直接委任。以后，土默特部的世袭职务，就只剩下一些闲散的"公"和"台吉"了。他们只享受爵位待遇，不参与旗政。在都统之下，设有十二参领议事厅，是具体办事机构，掌管着旗里的政务。

土默特旗的行政组织，是由旗的军事建制演变来的。全旗设十二个甲浪，左右两翼各有六个。每甲浪辖五个苏木，共六十个苏木。苏木的领导人叫佐领，分为勋旧佐领、世管佐领和公中佐领。全旗六十个佐领中，"勋旧""世管"和"公中"各占一半。勋旧佐领和世管佐领是世袭制，代代相传，拥有一个苏木；公中佐领不能袭位，举荐产生。每五个苏木组成一甲浪，从五个佐领中选出一人为"参领"（仍兼佐领），蒙古语称之为"嘎拉达"。呼和浩特市回民区有条"伊嘎拉达巷"，就是因为有一位名叫伊精阿的参领在这条巷内居住过，人们就以其名的第一个字——"伊"和他的官职"嘎拉达"命名了这条街巷。

参领是三品官。土默特旗历任参领中，多数是公中佐领升任的，勋旧佐领、世管佐领升上来的很少。因为他们祖辈相袭，领有一个苏木，不愁衣食，进取心远远不如公中佐领。十二位参领是集体负责制，重大事项必须经过全体会议讨论，并且一致同意才能通过；如果有一个人坚决不同意，就不能形成决议。十二参领中，共同推举出二人，分别为"户司官房"和"兵司

议事厅门楣（上书"土默特旗务衙署"）

官房"，他们分别负责着民政和军事方面的工作。同时他们二人也肩负着召集人的职责。十二参领集体办公、议事的地方，就是"土默特议事厅"。

议事厅的形制

土默特议事厅旧址，在今玉泉区议事厅巷西口路北，是个坐北朝南的院落，它西临繁华的大北街，北墙靠近城门，它的正门到北城门也不过一百多米的距离，交通十分便捷。

议事厅建于清代雍正十三年（1735年）。起初，大门朝西，面临主干道——大北街。清道光四年（1824年），把门挪到南面，成了通常所见的坐北向南的衙门。它南北长100米，东西宽24米。院基高出周围地面45厘米，要登三步台阶才能进院。大门阔三间，其正前方（南面）有照壁一座，护着庭院。本是一个大院，却被匠心独具地虚构成三进之院。前部是由一座小牌楼隔成的两进大院。牌楼朝南矗立在院中，东西两侧并未封死，只是一道象征性的分界线。牌楼以里（北面）是衙门的中心，院北居中有一座五间的大厅，正中三间是参领们的议事厅，东面一间是银库，西面一间是武器库。大厅偏南，院的东西两侧，各有五间厢房，东为

户司，西是兵司。紧挨户司往北又有三间东房，是管理财务的机构，它正好与大厅东偏的银库相对。

牌楼以南，是衙署的头进院落，有东、西厢房各三间。它们分别紧贴着里院的户司和兵司。虽然房屋紧连，却以牌楼分隔成两院。隔在外院的东、西厢房，分别被不太高的墙围成独立的小院。东面驻有前锋营，西面是衙门公务人员的宿舍。相对的小院之间，是大门和牌楼间的过道。

在议事大厅之北，还有个小后院。它的通道不在整个院子的中轴线上，而是在大厅的侧面。后院有东房三间，与户司在一条线上，紧靠着财务机构。这里是印房，许许多多的公务都在这儿办理，所以是衙门里人员最多的场所。在院子最北边，有一栋坐北朝南的小二楼，是存放文书档案的地方。

上述是清代光绪年间议事厅的建筑布局。十二位参领就是在这里集体办公，商讨和处理着旗内事务。这种集体秉政制度，一直沿袭到民国初年。1914年，设"总管公署"，20世纪30年代更名为"土默特特别旗政府"，土默特旗的官府才逐渐趋于通常的政府模式。这处议事厅，一直是旗政府所在地。

中华人民共和国成立以后，

重点文物保护单位——土默特议事厅

结束了封建的"旗县并存、蒙汉分治"的制度，行政区划亦有变更。后来，土默特旗人民政府迁出市区，其旧址也几易单位。20世纪70年代，向阳区革命委员会（今玉泉区人民政府的前身）占用该院，在那里办公多年。当时，它基本保持着旧面貌。大厅，东、西厢房和院子尽北边的小二楼仍然存在。只是前面大院中的牌楼、前锋营驻地和公务人员宿舍门前的矮墙早已拆除，在它们空出的地面上，又建起了两排砖木结构的正房。

区革命委员会迁出后，玉泉区人民法院、司法局、公证处、律师事务所等单位还进驻过这个院落。后来，玉泉区的各单位都已经搬出此院。这古老的议事厅大院，已经被定为重点文物保护单位。

如今，数度修缮，几经改建的议事厅，院当中后建的两排平房已经拆除，议事大厅、东厢房仍在，其梁架结构和外形，依然是清代建筑旧容颜。大门虽已陈旧，但仍是明柱挑檐，古雅的建筑风韵犹存。门外的街巷，被冠名为"议事厅巷"，更是永久地记载着历史上那不同凡响的官府和其特殊的制度。

古迹寻踪

HUASHUONEIMENGGUyuquanqu

古迹寻踪

GUJIXUNZONG

呼和浩特市是座双子城，由建于明万历三年（1575年）的归化城和建于清乾隆二年（1737年）的绥远城组成。当地人俗称先建的归化城为"旧城"，后建的绥远城为"新城"。

革命遗址西小院

呼和浩特素有"召城"之称。它的"七大召、八小召、七十二座免名召"，许多都在玉泉区境内。

众多的寺庙中，巧尔齐召排名在前十五位，是"八小召"之一，它位于玉泉区西五十家街的路北。

巧尔齐召，汉意为"三藏法师庙"，建于清顺治十年（1653年）。它是席力图呼图克图的弟子达尔罕卓尔济自己化缘兴建的，不是官方投资建筑的庙宇。

当年，巧尔齐召也曾经煊赫一时，殿宇恢宏。但随着时间的推

中共绥远工委旧址

搬迁到异地的"西小院"

移，经过多次变故，它逐渐衰败下来。到20世纪80年代，旧建筑物仅仅保存下了天王殿、五间楼和西小院。

巧尔齐召虽然也曾经辉煌过,但它既不是众多寺庙中建得最早的，也不是建筑最宏伟的，可它却是中华人民共和国成立后内蒙古自治区的第一批重点文物保护单位。

这是为什么呢？因为中国共产党早期组织在这里留下过足迹。

绥远工委的战斗

中国共产党成立之初，就十分关注蒙古民族问题，李大钊和中共北京地区的党组织，一直热情关心着在北京蒙藏学校就读的蒙古族青年学生。邓中夏、赵世炎等还深入到学校，宣传马克思主义革命理论，发展社会主义青年团组织，组建团支部。乌兰夫、奎璧、吉雅泰、多松年、李裕智等一批先进蒙古族青年先后加入了青年团，后来又都转为中共党员。

为了在内蒙古地区播撒革命火种，开展革命工作，1925年初成立了中共热河、察哈尔、绥远和包头四个工作委员会。中共北方区委派吉雅泰来归绥，担任中国共产党绥远特别区工委书记，组织领导革命活动。

那时，巧尔齐召已经失去往日的辉煌，不再是香火缭绕、人群熙攘的宗教活动中心。那里既不喧闹，又不是门可罗雀、无人问津之地，是理想的工作场所。

当时，处在国共第一次合作时期。中共北方区委正在帮助孙中山组建绥远国民党组织。于是在巧尔齐召挂出了中国国民党绥远特别区党部的牌子。吉雅泰以国民党区党部执行委员的身份参与筹建工作，实际从事着中共的地下活动。

中共绥远特别区工委驻在巧尔齐召西小院内。西小院，门楼坐西向东，院内有正房和南房，房屋并不金碧辉煌，是青砖扣瓦的清代建筑，古朴而典雅。正房东面的一间是宿舍，西厅是办公室，南房作伙房。许许多多的共产党员、革命者、农牧民协会的会员都曾经在那里生活和工作过，其中有内蒙古早期中共党员乌兰夫、多松年、吉雅泰、杨植霖等。巧尔齐召正殿的后楼也常常被革命者当作活动的阵地。归绥、包头、察哈尔、热河等地的党组织，都曾经在那里召开过会议。吉雅泰他们这些本地人，还利用人员关系广、地面熟的优势，以走亲访友的名义，活动在土默川地区，宣传革命道理，发展革命组织。在农村组织农民协会，在城市组建工会、办工人夜校。一时间，反帝爱国活动如火如荼地开展了起来。

1925年，"五卅"惨案发生后，消息传到归绥，各族爱国青年无比愤怒。中共绥远工委决定抓住时机发动一次反帝爱国斗争。6月上旬，由绥远学联出面组织了声势浩大的声援"五卅"大会，有两千多名学生、工人、市民参加了声援会。会上，学联负责人讲述了"五卅"惨案的经过，揭露了英、日帝国主义的罪行。与会群众群情激愤，口号声此起彼伏，"严惩凶手""为死难者报仇""打倒帝国主义"的怒吼声响彻天空。会后，发出声援上海受难者的通电，并举行了规模空前的示威游行。

接着，学生罢课，深入到大街小巷，广泛宣传，并且进行募捐。罢课三天，募捐到一千多块银圆，寄往上海市学生联合会，表达了北疆各族人民对上海工人和学生的同情与支援。

这是绥远工委成立后组织的第一次大规模的反帝爱国斗争，在塞外北疆引起了巨大的震动。

1927年3月28日，"工委"又联合各界，成功地发动了震惊中外的"孤魂滩事件"。它被誉为"塞外春雷"，载入了史册。（本书《名垂青史孤魂滩》，对这一事件有专门记述）

"四一二"反革命政变后，党的组织转入地下，终止了这个阵地的工作。

"特支"的地下斗争

1927年4月12日之后，绥远地区的国民党右派公开反共。他们于6月成立"清党委员会"，开始逮捕和通缉共产党员，中共绥远地区的党组织遭到破坏。但是，共产党的活动仍在继续。8月，党中央派郑卫华、辛玺来绥传达党的"八七会议"精神，帮助恢复组织，但没有接上关系。9月，又从北平派来一位姓段的同志，找王建功了解情况。王是归绥人，曾入黄埔军校第四期和广州农民运动讲习所第六期学习，中华人民共和国成立后担任过内蒙古自治区民政厅党组书记、自治区党委委员、自治区政协副主席等职务。10月份，中共顺直省委派贾一中从宁夏到绥远考察形势和开展工作。贾一中又叫李子光，河北蓟县人，中华人民共和国成立后任过河北省委常委、副省长、政协副主席等职。

1927年10月，贾一中和王建功取得了联系。这时范建中也从河南返回，找到王建功。经中共顺直省委批准，他们三人在巧尔齐召西院召开会议成立了中共绥远特别支部，并且研究了恢复组织和活动计划等。然后，把会议情况用药水书写成密信，报给顺直省委。经省委批准，"特支"由王建功任书记、贾一中任组织委员、范建中任宣传委员，成员还有陈国奇、李达光、惠志诚等。"特支"机关设在巧尔齐召院内，惠志诚负责日常工作，常驻机关，其他人则分散活动。贾一中的公开职业是绥远警备第一师司令部文书。

"特支"成立后，首先抓了恢复基层组织的工作。他们分头去寻找、联络、考查已经失掉联系的党员。王建功负责联络被通缉而隐蔽的党员和铁路工人中的党员；范建中联络手工业工人中的党员；贾一中调查了解包头和临河地区党的组织情况。经过一番艰苦细致的工作，在归绥先后组建了三个基层党支部——城市支部、手工业工人支部、归绥铁路工人支部。与包头支部、临河支部也接上了关系，接纳为"特支"的基层组织。"特支"的活动使人民感到共产党还在战斗，星星之火仍在闪耀。

1928年4月，形势更加严峻，王建功被通缉，经特支同意，他离开归绥，到察北去隐蔽。特支书记由贾一中接任。当时顺直省委也遭到破坏，特支与上级也失去了联系。9月，贾一中去北平寻找上级组织，途中曾到张家口与王建功会面，研究了归绥的工作。

同年10月，范建中被捕叛变，交代了他知道的情况，使许多共产党员遭到逮捕，归绥的三个基层支部被破坏。

1929年3月，王建功、贾一中先后返回归绥，准备开展工作。但是，由于叛徒监视和告密，贾一中下了火车刚刚走进表兄家门就被逮捕了。不久，王建功也在家中被捕。至此"特支"受到彻底破坏。

中共绥远特别支部仅仅存在一年多时间。但是，作为白色恐怖中第一个恢复组建的党组织，产生过重要的影响，它在呼和浩特革命史上留下了浓重的一笔。

后来，巧尔齐召寺院内办起了学校，庙宇逐步拆除，现在佛殿等旧有建筑物已经荡然无存。唯独西小院的门楼及院内的正房、西房一直存留到21世纪初。它那硬山式的建筑，青筒瓦的屋面，古朴典雅。小院虽然不大，中共绥远特别区工作委员会在此也很短暂，中共绥远特别支部在巧尔齐召活动也只有一年多时间，但是他们的影响却是巨大的。工委使内蒙古西部地区的蒙汉人民第一次听到党的声音和马列主义真理，播撒了革命的火种；"中共绥远特支"在白色恐怖中使人民感到了党还在身边，星星之火仍在燃烧。中共早期组织的活动，在内蒙古革命史上留下了光辉的一页，也使巧尔齐召光荣地成为内蒙古自治区公布的第一批重点文物保护单位。

前几年，在旧城区改造中，西小院被搬到台阁牧大西营的明清建筑博览园，按原样建起一座新的小院。

虽然已经不是原汁原味，但还是能唤起人们对往昔峥嵘岁月的回忆和对革命先辈的崇敬！

令人怀念的北门

呼和浩特是国务院第二批批准公布的历史文化名城。呼市之所以成为历史文化名城，主要是因为呼和浩特有着深厚的历史文化积淀和丰富的文物遗存。

北门是建于明代的归化城（呼和浩特旧城）的北城门。它本该是这座历史文化名城的象征，却不幸被拆除了。它于1958年消失在呼和浩特人的目光中。

今天说到北门，呼和浩特的大多数人都知道是指那里。但是见过北门的人不是很多。20世纪60年代后出生的人不可能见过，就是在50年代出生的人的记忆中，也是或有或无。只有60岁以上的老人，曾经从这个城门出入，留下了较深的印象。

呼和浩特是双子城，由建于明万历三年（1575年）的归化城，和建于清乾隆二年（1737年）的绥远城组成。当地人俗称先建的归化城为"旧城"，后建的绥远城为"新城"。北门，是指旧城的北城门楼。这个巍峨的古城门楼耸立塞上近四百年后，于1958年被拆除了。

北门消失至今，呼和浩特人怅然感慨："唉，北门要是保留到今

旧城北门城楼

天就好了！"

　　但是，当年为何要拆除北门，拆北门的前后又经历了什么？呼市多数人不得而知。

　　拂开拆除北门落定的尘埃，我们寻问1958年前后的呼和浩特。

　　1956年春，呼和浩特市的中山路，新城东、西街，路两边零零落落长着些老杨树。路上行人不多，有时能看到几辆自行车匆匆走过。放学的孩子排队走在路边。他们衣服都打着补丁，男生戴着帽子，女生梳着双辫。他们边走边朝骑自行车的人投去羡慕的眼光。

　　新建成的本市最大的商店——

　　联营商店门口，一棵快死了的老杨树上拴着两峰骆驼，许是主人进商店买东西去了。路上，偶尔有一辆老式公共汽车开过去，"突突"声中留下一路尘土混合着燃油的味道。

　　引人注目的是，这时有一台英式吉普车开过来，车上坐着一位苏联女人。

　　英式吉普在北门前停下来，身穿西式呢衣的苏联女人走下来。她抬头望着巍巍的北城门楼，眼神中似乎透着敬仰和无奈。良久，然后用坚定的语气，对同行的呼和浩特市建设局副局长崔维嶽、李工程师、韩科长、翻译人员哇啦哇啦讲着。围观的市民不知她讲了什么，她讲的是俄语。

　　接着苏联女人又驱车去看了新城的鼓楼和东、西、南、北四城门。这位苏联女人所到之处，必指手画脚，哇啦哇啦一番。

　　原来这位金发碧眼的苏联女人叫玛娜霍娃，是受我国聘请派来为呼和浩特市搞城市规划的苏联专家。

　　事后，这位苏联专家提出：城市道路狭窄，不畅通。旧城北门、新城鼓楼和四城门都要拆除。

　　可是，据时任呼市建设局副局长、担任过自治区人大常委会副主任的崔维嶽讲，那时呼和浩特市的远景规划，城市人口才30—35万。

早知要拆，真该登临城门，去领略其雄姿，记其建构。

呼市老城建、地方文史专家孙秀川先生历多年考据，为我们记录了这座北门。这可能是目前最详尽、可靠、完备的一份北门史料。

归化城，明万历三年(1575年)所建。城市坐北朝南，是座城垣建筑雄伟的四方城。有南、北两座威严城门，对峙耸立。城门呈拱券形，宽4余米，高6余米；城台青砖砌筑，高10米，长30米，宽25米，城楼二层(城墙为女儿墙、裙墙城台为雉堞)；一楼阁式建筑，上下楼面宽各五间，明柱回廊，飞挑重檐，四角起翘；二楼飞檐，雀替托梁，浮雕彩绘很是绚丽；楹围四周，环回廊可巡城角，全城一览无余。楼顶为歇山九脊式，铺青瓦，楼阁通高30米，是当时归化城最高的建筑。

城墙高而厚，其高2.4丈，底宽如高，顶宽2丈余，青砖包砌；女儿墙高3.5尺，雉堞高4尺，周长1200米。城垣四角，各筑阁楼、角楼一座；明柱、回廊、顶为歇山九脊重檐，显得挺拔独秀。

东、西城垣望楼各一座，城内南北通衢大街，路西有顺义王府的宫殿式大院，路东与顺义王府对面为十二土默特参领集体议事大厅。

北城门、南城门各有砖砌马道，拾级而上可巡城。北城门外有大型广场到御公桥(和合桥)，有护城桥；城东毗邻沼泽草滩，城南大街通召区。

城南也有护城河、护城桥；城西临河，城外护城河环绕。

从北门照片上看到，在城楼顶有一小巧的亭式建筑。它是城门建成300余年后加筑的。但对此建筑物是什么，为什么又在城门建成后加此建筑物，有诸多说法。据内蒙古图书馆李西樵老师讲，此建筑是于光绪年间，贻谷任绥远城将军时主持修筑的，是一座"四面时钟"。

城垣建筑规模虽小，但布局严整，筑有8个楼阁(我国内地为城楼，而非阁楼)，整个建筑艺术精美，风格独特，自明代以来为蒙古地方首创。

1958年初，要拆除北门已趋定局。时任呼和浩特市市长的阮慕韩去找了市建设局副局长崔维嶽。

崔老回忆："阮市长找我，是让我就拆北门的事，征求一下时任副市长荣祥的意见。"（征求荣祥的意见，因荣祥是当地蒙古族干部、曾任土默特旗总管，是参加绥远和平起义的签字人，是有重要影响的爱国人士和文化人士。）

当时，荣祥听完崔维嶽的来意后，反问崔："你们为什么要拆北门?"荣祥表现出不解和生气的样子。后来荣祥"唉"了一声说：既已决定了，拆就拆吧。

此后，呼和浩特市拆除北门的意见向上级做了汇报，得到批准后，很快实施了拆除，时间约在1958年6月。

今天反思，当年拆除北门的原因，主要是影响交通，潜层的原因认为北门是封建传统建筑。

今天看来有意味的是，参加拆除北门的人，除了工程队，还动员了各单位职工义务劳动。就这样，雄踞塞上三百几十年，保留至今必是重点文物的北门，在轰轰烈烈、干劲冲天的义务劳动中消失了！

那些日子，北门口天天尘土飞扬，砖瓦碎地，梁木断裂之声不绝于耳。

拆除时，城门楼上原供奉有一尊"九猪一佛"青铜铸像，据说此像是镇水之物。抬起佛像，发现佛座下还有珍珠、玛瑙、红线等物。

后来，那尊"九猪一佛"青铜铸像，在鼓乐的吹吹打打声中，被移放于席力图召。只是城楼上还住有一位四十岁左右的道人，从此不知在何处栖身。

没了北门，是呼和浩特永远的憾事！

旧城南、北两文庙

提起文庙，国人并不陌生。文庙，就是孔庙，是供奉伟大的思想家、政治家、教育家孔老夫子的庙宇。旧时，但凡州、府、县都要建文庙。在中国，几乎每个城镇都有文庙。规模最大、名声最响的，首推孔子故里曲阜的孔庙；文庙周围形成繁华市井，名噪中外的，要数南京的夫子庙；建筑位置最高的，恐怕就是泰山之巅的孔庙了。

呼和浩特的文庙，没有那么大的规模，没有那么大的名声。但是，它却有它的独特之处。

一般城镇只有一座文庙，而呼和浩特城区却有三座。它们是：坐落在新城南街的八旗文庙和旧城文庙街的土默特文庙、杨家巷的县文庙。

一地三庙，是旧时呼和浩特地区民族分治、旗县并存的奇特产物。我们来看一看近在咫尺的、同在小小的归化城的土默特文庙和杨家巷文庙这两座文庙建成的缘由。

丹津虔诚建文庙

呼和浩特地处大青山山前平原，背山濒水，水草肥美，自古就是北方游牧民族生息繁衍的好地方。明代，蒙古土默特部驻牧这一带。阿勒坦汗主政以后，他对发展农业、建设城镇比较重视。于是，在他的主持下，于明万历三年，就

土默特文庙大成殿

是1575年建了一座城池，叫作"库库和屯"，意思是"青色的城"，明王朝命名为"归化城"，它就是呼和浩特旧城。经过一百多年的历史变迁。到了清代康熙年间，土默特已经分为左、右两翼。当时，土默特左翼都统是丹津。他是阿勒坦汗的后代，于康熙四十三年（1704年）袭任都统。

到了雍正元年，丹津已任都统近二十年。因为他政绩卓著，"为人敦厚，秉性忠诚，两旗土默特暨阖城商贾，以及乌兰察布属六旗蒙古，莫不感戴"（引自《敕建南文庙碑》）。于是，人们就要像对待伯大将军——费扬古那样给这位造福一方的父母官修建生祠，要像神一样地供奉他。

丹津觉得，自己是一个大活人，不愿意让人们当泥胎似的把他供起来。可是，这时工料具备，经费到位，业已开工，势不可挡。丹津胜人一筹，高瞻远瞩，打算效法内地，建文庙、设学校——用以培育人才。于是，他于雍正二年，也就是1724年"陈情奏请"，"将现建未成之祠堂，稍加展修，改为文庙"。经清王朝同意后，建立了这座文庙。这也是呼和浩特兴学建教的开始。

庙在归化城城南，文庙街的路北，坐北朝南。它的建筑虽然不是金碧辉煌，但也很有气派。庙的南端，临文庙街路北，有道木制栏杆。栏杆外面，栅栏门的东、西两侧各立一块石碑，上刻"文武官员到此下马"八个大字。栏杆对面，在文庙街路南有一座照壁，叫作

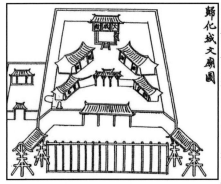

清代北文庙图（原载《归化城厅志》）

"万仞宫墙"。进到栏杆里面，是一片空旷地带，东、西两面筑有围墙，北面是庙的正门。空地中间，有个人工开挖的水池，池上架一座通向庙门的南北向石桥，叫作"泮桥"，老百姓叫它"状元桥"。泮桥东、西各有一座小亭，叫作"东斋"和"西斋"。西侧院墙，有一个月亮门，连通着"启运书院"。

上面说的这些，仅仅是庙前的附属建筑物。庙的正门在泮桥之北，分为左、中、右三个门。中门叫作"泮宫"，是座三间大的门楼。中间红大门，门两边各立一通高大的石碑。泮宫东面的门——左门，叫"礼门"。礼门东面有三间大的祠堂，叫作"名宦祠"。泮宫西面的右门，叫作"义路"。义路西面是"乡贤祠"，也是三间。

穿过泮宫，才来到文庙的中心地带。正面是庙的主体建筑——大成殿，是供奉"大成至圣先师"孔

子的殿堂。大成殿前方的东、西两侧，各有三间大的配殿一座，分别称作"东庑"和"西庑"。两殿中，供着数十位先贤、先儒的牌位。

大成殿后面，还有一座三间大的后殿，叫"崇圣祠"。祠内供奉着孔老夫子的先人和他的得意门生颜回、曾子等人的牌位。崇圣祠东面，有一座六角小亭，亭内有一口水井，叫作"泮池"；崇圣祠的西面是祭器库。

阿道台再造文庙

杨家巷文庙比新城文庙早两年建成。它是光绪三年，也就是1877年，由归绥道台阿克达春修建的。比起土默特文庙它晚了一百五十多年。它是由原来的义学改建成的文庙，比较狭小。只有正殿三间，东、西庑各三间，戟门一座。至于崇圣祠、明伦堂、尊经阁等都没有地方可建。

它的规模虽小，但是大成殿和东西配殿俱全，只是少了后殿——崇圣祠和祭器库、泮桥、泮池等。在庙宇之前也有木制栏杆。在这神圣的地方，"文武官员到此下马"的警示碑更是不会少的。另外，它也有礼门、义路和名宦祠、乡贤祠，也有照壁——"万仞宫墙"，只是比土默特文庙的狭小一些。20世纪七八十年代，玉泉区杨家巷小

学占用着它的旧址。那时还有文庙的部分旧建筑物；校门对面杨家巷的路南还矗立着那座残败的照壁，它已经成了南面院落房屋的后墙。

文庙街早已经有一座文庙。杨家巷与它相距不过二三里地，到那里去祭祀也很方便，而且从雍正初年到光绪初年的150年间，归绥道台就一直去土默特文庙参加祭孔活动，那为什么又要建一座孔庙呢？

民间有一种传说，每年两次祭祀活动，归绥道台参加的时候，只能作陪祭。这执长一地的父母官心中总觉得不是滋味。所以，光绪二年阿克达春就任道台时，就向朝廷奏请要修建县文庙。得到批准以后，第二年阿克达春道台就以义学的旧址建成了这座庙宇。于是，出现了巴掌大的一座小城拥有两座文庙的奇特现象。

杨家巷文庙是因为这种缘故修建的吗？现在已经无法考证。

自从建成这座文庙，因为它与土默特文庙同在归化城，一个在北，一个在南，它便被叫成了北文庙，土默特文庙就成了南文庙。还以行政主管和被管理的民族来分，把杨家巷的文庙叫县文庙和汉文庙；把文庙街的文庙叫作土默特文庙和蒙文庙。它们与新城的八旗文庙（满文庙）在呼和浩特构成了三

足鼎立之势，在国内也实在少见。

如今，县文庙旧建筑物已经拆除罄尽，其旧址并入了呼和浩特第二职业中等专业学校，建了教学实训幼儿园。土默特文庙也只剩下一座孤零零的大成殿，仍然矗立在原地，融入了土默特学校；它成了能见证将近三百年历史的稀有文物，被保护了起来。

清真南寺的今昔

呼和浩特清真南寺在旧城西门外，扎达盖河东岸，位于今玉泉区西河沿街路东，俗称"南学"。因其创建年代较早并较为独特而引人注目。

据记载，清真南寺建于清同治年间，那时是颇简陋的三间土西房。后经风雨侵蚀，摇摇欲坠。清光绪年间，清真南寺穆斯林乡老傅宏昌在兴隆巷有九间房屋，造型考究，租给别人开"源泉茂"当铺。基督教来绥传道，看准了这处房屋，于是转租下来改为教堂。义和团运动开始，人们奋起反抗外国教会，有人扬言要把这个教堂烧了。傅家有位读书人叫傅明，听到此讯，出面交涉，愤怒的人们才允许他们将房子拆除。拆除后，九间房子的木料等运回傅家，堆积如山。

后来，傅宏昌和杨发勇、梁善魁、杨喜等人商议，决定建一座新

清真南寺外貌

南寺，地址改在傅宏昌的北院（原寺在傅的南院）。工程所需的木料傅家包了，经费从各地的穆斯林中"写乜贴"募捐。清光绪二十五年（1899年），清真南寺破土动工。不料刚开工，土默川周边大旱，黄河将近断流。这场自然灾害也影响到归化城，清真南寺的工程被迫停工。灾情过后开始动工，光绪二十八年（1902年）春竣工，建大殿七间，水房两间。1929年重修水房一次。1940年，修建教长室两间。中华人民共和国成立初期又修建教室两间，其规模基本与20世纪中期的面目一样。

"文化大革命"期间，这座庄重、肃穆的寺院，被破坏得伤痕累累，破落不堪。1986年8月，呼和浩特市玉泉区人民政府正式批准恢复清真南寺。之后，在有关部门和广大穆斯林的支持下，对清真南寺进行了全面修缮，并于1988年新建简易二楼，约八十平方米。一楼东侧为男沐浴室，西侧为女沐浴室；二楼为海立凡宿舍。

重修后的大殿仍然保持着中国传统建筑的风格，砖木结构，卷棚殿顶，飞檐斗拱，雕梁画栋，纤巧秀丽。椽头上白漆彩绘"明星赶月"。殿门的横梁上书阿拉伯文《古兰经》经文。殿内用三合板装修，窑殿后墙上书"真主独一"的经文，窑殿门楣上书阿拉伯文"太思米叶"（阿拉伯语音译，即"奉普慈特慈安拉之名"一语）。大殿后墙左、右侧各书《古兰经》的有关经文。殿中有两根柱子，每根柱子上书五个安拉的尊名。窑殿北侧放置一个小巧简易的敏拜尔，其上方正中书有伊斯兰经文。1997年重建寺门，棕色瓷砖贴面，门头上书

清真南寺正门

2009年前清真南寺旧貌

"南寺"，在其二字之间书阿拉伯文"太思米叶"。门内侧有一处一般匾额大小的地方用白瓷砖贴面，其中间烧制成扇面，扇面上用汉文写着：必须近贤，坚决远奸。中间书有阿拉伯语经文。

2009年，因城市改造的需要，呼和浩特清真南寺旧建筑被拆除，在原址不远处重建了新南寺，建起面积3500平方米的三层建筑。建筑投资约660万元，由呼和浩特市政府、玉泉区政府投资，回民区政府赞助和穆斯林捐助。

呼和浩特市清真南寺与滨河公园比邻，是玉泉区辖区内唯一一座伊斯兰教寺院。玉泉区是青城佛教庙宇较为集中的地区，自古这个地区的宗教界人士就相互尊重，已成传统。

乡耆驻地三贤庙

三四十年前，从呼和浩特旧城大什字（即大北街、大南街、大西街、大东街四条街道相交的十字处）向南望去，一座小二楼当街而立，遮挡着人们的视线。如果您沿着大南街向南走去，不到半里地就来到楼前，才发现街道还是通畅的，这里是大南街的一个折点，它斜向西南而去。在楼的东侧另有一条街巷，斜向东南不远拐向了东方。这两条街道，好似裤子的两条腿分叉着，于是这一带得了个"皮裤裆"的名号。当年，大南街是呼和浩特最繁华热闹的地方，皮裤裆店铺林立，车水马龙，遐迩闻名。

皮裤裆东去的那条小巷，东西长不足200米，宽度仅仅3.8米。但是，它沟通着西面的大南街和东面的小东街，而且一出东口就是著名的"大观园"（建于清代乾隆年间，起初称作"庆乐园"，后来改称"嘉乐会馆""宴春园""燕美园"）剧场。这条既短又窄的小巷，给人们带来不少便捷。

小巷西部路北，有一座庙宇叫"三贤庙"，是供祀桃园三结义的刘备、关羽、张飞的寺庙，所以也叫"三义庙"。它建于清代康熙年间。巷因庙得名——"三贤庙巷"。1975年整顿街道门牌时，在"革命化"的影响下，它那百年老街名更改成"小东街西巷"，可是老百姓却一直以旧名称呼它。20世纪80年代地名普查时，又恢复了它三贤庙巷的称谓。可见三贤庙的影响是多么的深远。

该庙名声虽响，规模却不大，只有山门，正殿，东、西配殿和耳房。建庙之初只供刘（备）、关（羽）、张（飞）三贤，后来渐次增祀观音菩萨、孙真人、井神、仓神等，成了供有佛教、道教神灵的混合神庙。过去，庙中香火颇盛，从农历正月初三至九月，庙会连台，颇为热闹。中华人民共和国成立后，祭祀活动停止，庙院逐渐变为民居。20世纪80年代尚存东、西配殿各五间，山门亦在。

这三贤庙在呼和浩特市还是颇有影响的。

贤庙内驻会馆

自明代万历三年（1575年）建成呼和浩特旧城——归化城，这里一天天繁盛起来，逐渐成为一座繁华的商业城市。人们说："南京到北京，红火不过的归化城。"

这热闹的归化城，五行八作齐全，商业、服务业应有尽有。各个行业为了维护自己的利益和协调内部关系，就结起了行社。最早有十二行之说，后来十二行演变成十五社。

从史料文字记载中，我们不仅能查考到十五个社的名称和它们所属的行业，还可以看出它们包罗不了的众多的行当和多种经营项目。于是，又有了三十个小社。其实，呼和浩特并不只这四十五个行社。《归化城厅志》说："归化城市廛森列，梵宇如林，商贾踵事增华，有名之社一百二十。"

归化城结社很有特色。有的社由经营内容截然不同的店铺联合组成。如"聚锦社"就是由粮店、布店和经营纸张的店铺联合结成的社；"仙翁社"则是戏园子和饭馆合组的。相反，有的行业结社时又分得很细。比如，同是经营皮张的，竟按狐狼皮、羔羊皮、老羊皮分别组成"衡义社""荣丰社""威镇社"三个社，而且它们都在十五个大社之列。从这一点就可以看出呼和浩特的皮毛业自古以来就是非常发达的。

旧时，各行业还分别供祀着不同的神佛。如从事金、银、铜、铁、锡的炉工供奉太上老君；木工供鲁班；裁剪缝纫的匠人供祀轩辕黄帝；画匠供吴道子；造纸的供奉蔡伦；书役供酂侯（萧何）；靴匠供孙膑……为了方便供祀神仙，也为了有个活动的场所，这些行社多数设在寺庙院内。各行社还经常举行祭祀酬神的赛社活动，演社戏，闹红火。当时归化城的赛社活动四时不绝，很是热闹。人们一年四季都可以不花一分钱，就能看到这种"野台子戏"。

那时设在三贤庙院内的有"诚敬社"（旅店业的伙夫们结的社）、"宝丰社"等。这宝丰社可不是等闲之社，它是银钱行业各个钱庄、银号、票号的结社，在本地的经济生活中起着举足轻重的作用。当时各商家的大宗交易，不可能搬动巨额银钱，这就要通过钱庄、票号进行转账结算；如果买卖双方在不同的庄号开户，还得经过宝丰社进行交割。这样，宝丰社就成了金融活动中心，影响着全市的经济贸易。

此外，在归化城影响力很大，有权有势的"乡耆会馆"也驻在三贤庙内。

何谓乡耆会馆？

乡耆会馆是在行社的基础上产生的。那时，各行社设总领一人，副总领一至三人不等。正、副总领或推举产生或轮流担任，总领们主持着社内事务。多数行社，每年都要调整一次组织——更换总领。

清代，在众总领中，选出四人为"乡耆"，组成"乡耆会馆"。再在四人中推举出一人主持工作。乡耆会馆相当于后世的商会。它虽然不是官府衙门，却是颇有权势的机构。不仅各商业行社的"公议条规"要经"乡耆"审定，甚至连一些"词讼事件"官府都会交给乡耆会馆去处理。有些慈善事业也要让他们去操持办理。它在归化城的社会发展中，起过重要的作用。

乡耆会馆办慈善

说起慈善事业来，封建统治者为了笼络民心，也提倡办善举事业，建立救贫济穷机构。其机构大致可分为赈济、收养、教育、医疗、殡葬等几类。赈济多在灾年，其机构亦不常设；教育设有"义学""平民学校"等；医疗也有"平民医院""牛痘局"；殡葬，在清代设有"义地"多处，可以埋葬死去的贫苦之人；收养机构有"养济院""济生店"和"育婴堂"三处，它们由乡耆会馆管理。

养济院是最早的收养孤贫机构，由归化城都统丹津、同知永恒遵旨设立，建于清乾隆元年（1736年），其址在西龙王庙路南。它是由原来把总衙门的营房改建而成的，当初只有旧房屋三十多间，额定收养病残无依靠的人一百名。其经费由土默特副都统从牲畜税项下支付。拨款的办法是，归化厅将所需米、布、炭款的银两数详细列表报副都统，然后副都统将款拨给"乡耆会馆"经管。养济院内设院头一人，管理具体事务，每年给他发七两二钱银子的工钱。

据《重修养济院牌坊序碑》记载，在道光十年（1830年）和光绪六年（1880年）还分别重修过养济院。但是，进入民国以后，其经费由土默特旗总管支给，后来土默特旗经费紧张，拨款渐渐难以保证。到20世纪30年代，养济院已经是"牌坊墙垣摧毁殆尽，仅留破屋数椽而已"。

20世纪80年代，一位久居养济院附近的李姓八旬老翁讲述了他所见到的景况：养济院只有几间破烂不堪的北房，房的南面不远处有一座破败得不成样子的牌楼，既没

院墙，更没有院门。养济院内住的人，多数是瞎子和拐子等残疾人。这些人寄居在那里，没有人管理，更无人供给衣食。常常看见他们成群结队地外出乞食；有时候还一帮儿一伙儿地背着破铺盖、烂铁锅往外走，显然是远走他乡去乞讨。

80年代，养济院早已人去院空，遗迹无存。它的上级管理机构——乡耆会馆，也成了历史旧事。只有乡耆会馆的驻地——三贤庙，20世纪八九十年代还有旧建筑物存留，有关部门还曾经想把它定为呼和浩特市重点文物保护单位予以保护，可是，后来在城区改造时，还是把它拆除了。但是，三贤庙、乡耆会馆在呼和浩特的历史上还是留下了印迹。

供奉活人费公祠

通常，寺庙、祠堂里供的是神话传说的人物，或影响巨大、已经逝去的历史真人，供活人的比较少。家祠，也只供故去的先人。

在呼和浩特，却有一座供奉活人的小庙，叫费公祠，即"费襄壮公祠"。民间也叫它"白大将军庙"或"白大将军祠堂"。它建于清代康熙三十七年（1698年），是一处小四合院，有正殿、厢房和耳房。殿内主供费大将军——费扬古。当年建祠时，他年过五十，刚

拆往异地重建的费公祠

刚从归绥调回京师，还健在人间。

费公祠坐落在今玉泉区大召前街东侧的财神庙巷(此巷曾称玉泉二巷)。过去，每年农历三月十三日开始，一些行社、商号就到庙中祭祀，同时举办庙会。届时，卖小吃喝的、耍小玩意的、做小买卖的、进香的香客从四面八方涌来，人头攒动，热闹非凡。

时过境迁，数十年前停止了祭祀活动，停办了庙会，庙宇逐渐荒芜，改作民居。但是，关于这座祠堂和被供奉者的故事还一直在流传。

白大将军的传说

有这样一则故事，早在一百二十多年前，一位来过呼和浩特的俄国人就听说过，并且在他写的《蒙古及蒙古人》一书中记载了

下来。

"据说，康熙在讨伐噶尔丹时，来到呼和浩特，他曾顺便也参观了朋苏克召，当时伊拉古克撒呼图克图就住在这里。康熙在大批随行武官的陪同下来见呼图克图，向他施了常礼，而呼图克图却连站也没想站起来。康熙的一个随行武官白将军见他对皇帝如此不恭，大怒，立即拔出自己的宝剑杀死了呼图克图。这一行为引起了呼图克图的沙比纳尔们可怕的暴动。有些故事说，他们立刻就抓住了白将军，将他杀死，并撕成了碎块；另一些故事说，白将军不愿落到蒙古人手中，就自杀了。"他死后，人们把他神化了，并且为他建了一座庙，说是白大将军庙。

关于白大将军，有很多传说，说法也不尽相同。曾经担任过呼和浩特市副市长、内蒙古文史馆馆长的"塞外文豪"荣祥老先生在《土默特沿革》中讲：康熙"曾到各大召庙拈香礼佛，各召的活佛喇嘛都奉迎维谨，没出问题，只有朋苏克的呼图克图活佛正依教规封斋持戒，闭关坐静，在这个时期他是用哈达封住嘴，不饮不食，不言不动，不睡眠，不到斋满时不和外界任何人接触。因此，康熙帝到寺时，全寺各级喇嘛都出迎，只有本寺活佛没露面，康熙帝本人是懂得这种宗教规矩的，但他的领兵护驾大将军费扬古却认为这喇嘛有心与皇帝抗礼，犯大不敬罪，就登时把他杀了。随即引起喇嘛们的暴动，费扬古被围自刎死"。

传说终归是传说，故事中的主人公白大将军——费扬古确有其人，是真实的历史人物，而事情却不是那么回事。

费扬古其人其事

费扬古，满族，满洲正白旗人，顺治二年（1645年）出生在一个贵族家庭，其父系内大臣、三等伯爵。费扬古早年参加过平定吴三桂的叛变，转战在湖南、江西一带，立有战功，遂升领侍卫内大臣、列议政大臣。康熙二十九年

（1690年），他以参赞军务参加了讨伐噶尔丹叛乱。康熙三十四年被任为抚远大将军。康熙三十五年，随康熙皇帝西征，任西路军主将，在昭莫多战役中，彻底挫败噶尔丹主力，从而闻名朝野。康熙三十六年，他被调回京师，诏命晋一等公，仍领侍卫内大臣。康熙四十年（1701年）费扬古病逝，被谥"襄壮"，其子辰泰袭一等侯。他患病时，康熙皇帝曾亲自慰问，赏赐颇多。

费扬古英勇善战，还能与士卒同甘共苦，驻防归化城（今呼和浩特前身）时，留下不少传说故事。

他刚刚调到归化的时候，有一天有一位百姓扭着一个士兵来告状，说那个兵调戏了他妻子。费扬古问："你妻子被奸污了没有？"那个人说"只是戏弄了，还没奸污"。费扬古听完，解下自己的腰刀，送给那位百姓，并说："我刚来此地，刚刚建营，现在杀人不吉利。这把刀你拿去，他再敢到你家捣乱，你就杀了他。"费扬古的一番话，使两个人心服口服，连连叩头称谢。后来，那个士兵在征伐噶尔丹的战斗中，舍生忘死，成了英勇杀敌、冲锋陷阵的勇士。

民间还流传着一则费扬古街头断案故事。有一年，城北乌素图村蒙古族青年云二娃到城里来卖

酸毛杏。为什么不等杏熟了再来卖呢？原来，他只有位年迈的母亲，母子相依为命，家贫如洗，种着两棵杏树。这年杏还没熟透，老妈妈生了重病，只好摘下来卖酸毛杏，卖了钱好抓药。二娃卖杏时，旧城有名的无赖鬼三毛来到跟前，一边假装挑杏，一边往衣兜里装。二娃抓住他胳膊责问为什么要偷杏。鬼三毛自知理亏，便猛地用头向二娃撞去，想乘机逃走。不料摔了个大马趴，打碎了眼镜。正在吵闹着让二娃赔眼镜时，费扬古巡街来到跟前。经过询问，一看云二娃是个老实巴交的庄稼人，讲的是实话。而鬼三毛诡称二娃不让挑杏还打人，打了他祖传眼镜，说得颠三倒四，破绽重重。这时费扬古已经心中有数。于是，对二娃说："他鼻青脸肿面带伤，宝贝眼镜也打碎了，让你赔你又没钱。我买下你剩下的全部杏，你拿我的条子去广德堂药铺取钱，再回来赔眼镜。"鬼三毛听了这话，连声称谢："大人明断，大人明断。"二娃虽然心中不服，但村里人进城见了大官也不敢言语。费扬古到街旁店铺借了纸墨笔砚写了两张纸条。叠起来后，把一张交给云二娃，叫他快去快回拿上钱好赔眼镜。另一张交给鬼三毛，告诉他站在这儿等二娃，等二娃回

来再打开纸条看，这张纸条儿是收钱的凭证。云二娃到了广德堂，店掌柜拿过纸条一看，是费大将军的手书，上面写着："二娃为母治病，卖杏遭人讹诈。掌柜行好送药，快让孝子回家。"掌柜按照吩咐抓好药，让二娃赶快回家。鬼三毛呢？左等不见二娃，右等不见二娃，觉得有些蹊跷，打开纸条一看，只见上面写道："三毛无耻偷杏，还讹人赔眼镜，让你大街示众，今后改邪归正！"这时鬼三毛才恍然大悟，灰溜溜地逃走了。

费扬古驻防归化城，立即加强了社会治安工作。原先，有些当地兵丁出入街巷店铺时，强行索要商店摊贩的货物，还常常打骂侮辱买卖人。为制止这种不良行为，便在大街小巷广泛张贴布告、公布纪律，声明如有违犯者，将严惩不贷。在扫除恶习的同时，严厉打击各种扰乱社会的势力。从而，使归化城出现了社会秩序稳定，四方商贾云集的繁荣景象。正像碑文所述，"鸡犬不惊，贸易交错，兵无匮饷乏怨，民鲜输挽之苦……无论官兵军卒咸被仁风而遵纪律焉"。

费扬古的战斗故事也有很多，最著名的是昭莫多战役。康熙三十五年二月（1696年3月），康熙第二次御驾亲征噶尔丹，分三路

进军，费扬古出师西路，翻越了陡峭难行的阴山山脉，穿越了浩瀚的沙漠和无垠的蒙古大草原，经过七十多天的艰难行军，深入到了不毛之地，后勤供给也出现了问题。就在这危急之际，偏偏与噶尔丹的万余名叛军相遇。叛军得知清军粮草不济，愈发骄横不可一世。面对强敌，费扬古临危不惧。他布下了埋伏圈，只派出少许疲惫兵卒，攻向敌阵，诱敌深入。噶尔丹击溃了清军的进攻，以为初战告捷，喜不自禁，指挥一万多人马铺天盖地般向前冲去。当他们进入埋伏圈，接近清军阵地时，费扬古一声令下，千炮轰鸣，万箭齐发，清兵像下山猛虎般冲入敌阵。经过三个多时辰的激战，杀敌三千，俘获数百，缴获牲畜、庐帐、器械无数。这一战消灭了噶尔丹的主力，取得了平叛战争的决定性胜利。随同费扬古参加昭莫多战役的土默特都统、副都统，还从战利品中选出七十九门长炮，运回了归化城。

费扬古十四岁袭得三等伯爵，其后从军，转战南北，平吴三桂，征噶尔丹，战功卓著。驻归化城时，人们以爵位称其为"伯大将军"。本地人把"伯"读作"bai"（二声），久而久之就成了"白大将军"。

他为官一任，使归化城社会安定，经济繁荣，得到老百姓的欢迎。据说，康熙三十六年（1697年）他奉命调回京城。离开归化城时，将军府前人山人海，万人空巷为之送行。第二年，商铺、百姓捐资捐款，建了费大将军生祠。他还活着，就被当作神灵供了起来。老百姓依惯例称祠堂为"伯大将军庙"，其时他已不是"伯"爵，回到京师后就晋升成了"公爵"。

三百多年过去了，20年前，在现代城市中，费公祠遗留下来的建筑物，已经显得那么低矮、那么古旧。而古老的故事一代一代地传下来，却似平常讲常新并不那么陈旧。传讲中透露出了人们希冀社会安宁、生活幸福的心愿。

前些年，在旧城区改造中，费公祠被拆除了。不过，它并没有完全销声匿迹，而是被异地保护了起来。它的旧建筑材料被搬到台阁牧大西营的明清建筑博览园中，人们又依原样建起一座新的"费公祠"。如今，明清建筑博览园尚未建成对外开放。但是，一些怀旧的老旧城人，就开始跋涉数十里地去那里观瞻心仪的"白（伯）大将军庙"啦！

玉泉城区关帝庙

关公是位影响巨大的历史人物。他姓关，名羽，字云长，是蜀汉的一员大将。他随刘备起兵，战败后，于建安五年（200年）被曹操俘获。曹操将他待为上宾，受到特殊的礼遇，被封为汉寿亭侯。但是，他对刘备忠心耿耿，最终还是回到了刘备的身边。他的忠、勇、义被广泛传诵，是家喻户晓、尽人皆知的人物，赞美他的文学艺术作品不胜枚举。他还被尊称为公（关公）或帝（关帝），当作神灵供了起来。

旧时代，供奉武圣人关公的庙宇和供文圣——孔子的庙宇遍布华夏大地。那时的归化城，因民族分治而奇特地出现了三座文庙。关帝庙亦不逊色，竟有七座之多，其中新城两座，旧城五座。依现行的行政区划，旧城西茶坊、北茶坊和东茶坊的关帝庙均在回民区境内，玉泉区就只剩下两座了。现将其记述于下。

南茶坊关帝庙　该庙在归化城的南门外，今玉泉区南茶坊街路东玉泉区蒙中医院即其旧址。它是清康熙年间由山西介休人捐资所建。初期是座小庙，后来不断扩建，规模越来越大。其主要建筑有山门，过殿，正殿，东、西配殿和厢房等。据《归绥县志》记载，"内置大刀一（把），乾隆年置"，是比较珍贵的文物。建庙之初，只供祀

关圣帝君及有关陪祀者。后来行社进庙活动，祭祀增多，又增祀了其他神圣，先后添祀了释迦佛（如来佛）、轩辕黄帝、老君、瘟神以及一些行业的祖师爷，吴道子、罗真人等。于是，这座关老爷庙形成兼容并包的多神寺庙，成了归化城供神最多的较大庙宇。

当年，这里的庙会也很频繁。归化城十五大行社之一的聚锦社（粮店、布庄、纸张店等组成）和三十家小社中的六合社（磨面匠）、义合社（靴匠）、公义社（钉鞋匠）、净发社（剃头的结成的社）、金炉社（铜铁匠）、吴真社（画匠），以及一些同乡会结的社——太原社、晋阳社、上党社、榆次社等，纷纷来庙祭祀。每年从农历二月到十月，祭赛不断，社戏、红火连台。

20世纪60年代，庙东土地被征用，建成南茶坊小学。学校与关帝庙仅一墙之隔。那时寺庙被一家食品厂占用。直至80年代，旧建筑还

搬迁到台阁牧的关帝庙

有正殿五间，过殿三间，东、西配殿各三间。虽然神像已经消失，但建筑物基本完好，有的墙壁上还有依稀的壁画痕迹。后来，食品厂搬走，玉泉区公安分局迁入；玉泉区分局迁走以后，又进驻了医院。现在，它的旧建筑物已经拆除罄尽。

小东街关帝庙　这座庙在小东街中部，原玉泉区文化馆即其旧址。它是清雍正五年（1727年），由土默特旗参领等蒙古族官员施舍土地、捐助资金修建的。寺庙原来建有山门，大殿，东、西配殿，东、西厢房等。初期是专门供奉关帝的庙宇。后来，由于仙翁社（归化城十五大社之一，由戏园、饭馆联合组成）、马王社等常常在此活动，又增祀了火神、马神、酒神、金龙四大王和观音大士等。

清代，归化城很小，小东街已在城垣之外。此庙虽然也在城外，但它离城很近，渐渐成了旧城建成区的中心，很方便人们的祭祀。又加关帝备受蒙古族和汉族人民的敬重，所以蒙、汉官员及蒙汉民众来此祭拜者甚多。故此，该庙香火一直很盛。各行社的祭赛活动轮番举办，从每年农历二月开始，一直持续到秋末，庙会连台。

后来祭祀活动停止了，庙宇渐渐废圮。1950年，私立大众完小（玉泉区小东街小学的前身）进驻该院。1977年玉泉区撤销小东街小学，改建成了玉泉区文化馆和玉泉区少年之家。当年，院内仅存有两间西房是原庙宇的厢房，其他寺庙建筑物均已拆除。如今，那里已经成了住宅区，旧建筑物早已经踪迹全无；小东街关帝庙只存活在人们茶余饭后的口头中。

现在，在玉泉区城区，再也见不到关帝庙的身影了。小东街关帝庙已踪影全无，南茶坊关帝庙虽有踪迹，也远离了故地。21世纪初，在旧城区改造时，为了异地保护文物古迹，在台阁牧大西营，建起一处数百亩的明清建筑博览园。南茶坊关帝庙有幸被搬到了那里。搬迁时，在拆除旧庙之前，先将各殿的木构件分别编号标识，迁到新址再按原样搭建框架，以保证不走样。墙体的砖、屋顶的瓦，也基本都是原寺庙的材料。现在，您到数十里外的台阁牧大西营观瞻"南茶坊关帝庙"，它虽然不是原址、原汁原味，但是它的五间正殿、三间过殿以及东、西配殿，还是有着原来的模样。

寺中有寺三官庙

20世纪末，旧城曾经有一座与众不同的庙宇建筑群，它就是三官庙，占地五亩。它和一般寺院建筑布局不同，没有中轴线，而且它集儒、佛、道多教于一个大院。

三官庙位于三官庙街26号。临街有大门一间，硬山顶有脊有兽饰。院门朝向东南方向，门外的街道，因此庙被命名为"三官庙街"。1975年受地名"革命化"的影响，街名被更改为"三关街"。

庙门并不显赫，进入庙门却别有洞天。门内是一个东西长的大院。紧贴院的南墙建有两座古戏台（西面的戏台于20世纪50年代末被拆除建了车库）；院北是寺庙建筑。

大院东侧正北是一处独立的高出地平面的大型四合院。它是这片建筑群的主体建筑——三官庙。三官庙往西又有几个独立的庙宇，依次是鲁班庙、圣母庙和西北角的观音庙（边宁古寺）。这几座庙都是独门独院。

三官庙建于清顺治年，起初是座蒙古家庙。这个寺院高出平地一米多，它院套院，结构十分严谨。它的门前有青砖台阶十一阶，门两侧蹲着一对青石狮。寺院内有正殿三楹，东、西侧耳房各两间，还有东、西厢房各五间，房前设有游廊，月亮门。中华人民共和国成立后，这个庙院被改建成三官庙街小学，还在院内增建了校舍三十多间。1980年，学校撤销改建成玉泉区民族幼儿园。

三官庙是供祀三官之庙，三官即天官、地官、水官。民间传说：尧帝为天官、舜帝为地官、大禹为水官。天官最大，是紫微大帝，民间印有"天官赐福"的年画。画中，天官穿大红袍，手持如意，面

从三官庙街迁到台阁牧的边宁古寺

异地保护的三官庙

目慈祥，一派富贵像。有这耳熟能详的年画，人们对天官比较熟悉。道教有"天官赐福，地官赦罪，水官解厄"的说道。

鲁班庙在三官庙西侧，有正殿三间，东、西厢房各三间，与正殿对峙的是一座硬山式砖砌的山门。门内上五步台阶，是一座木制牌楼，没有彩绘，只涂桐油，呈原木色。牌楼三间四柱三楼歇山式。牌楼上七、下五，斗拱相叠，精雕细刻。牌楼由八根戗柱前后支撑。其中门为香客进出通道，两侧门中间各竖一通汉白玉石碑，其中一块刻有三官庙的修筑年代（碑文落款"燕京朱斌大清顺治五年"）。这座牌楼造型奇特，遇有风吹或有人攀爬，就会发出响声并且晃动，实属罕见。它是我国古代牌楼的杰作。

关于鲁班庙牌楼上部能晃动，还有一种传说。据说，当年建造牌楼时，底部及四柱已经定位，上部的卯榫都被锯断，已不能安装。这给木匠师傅们出了一道难题。原来是祖师爷想考验一下他的弟子们的手艺。木匠们马上找来工头，大家一起集思广益，商量下一步该怎么办。深思良久，一位老师傅拿着被锯断的卯件仔细琢磨，想出了办法。他们一天工夫就组装好上部。只是过后，盖顶铺瓦时，发现牌楼上有重量时就会来回晃个不停，是什么原因谁也说不清。晃动归晃动，工程不能停，等铺好瓦，油好漆，一座完整无缺的牌楼呈现在了众木匠的面前。它一没有倒塌，二没有倾斜，只是在大风的吹动下，或者有人站在牌楼上时，它会发出响声和晃动。就这样，三官庙晃动的牌楼历经三百多年的风风雨雨，一直屹立在那里，直至被有关部门人为拆除。

鲁班是木匠手艺人的祖师爷，故大殿内供祀着鲁班。鲁班，本姓公输，名般，因谐音"般"写作"班"。他是鲁国（在今山东）人，故被称作鲁班。他是春秋时鲁国木工名匠，是发明家，有丰富的木工建筑经验。旧时人赞曰："公输班，天下之巧工也。"民间传说河北赵州桥为他所建。其实不是，该桥系隋代李春修建。

鲁班庙山门前还有一对铁狮子，比大召（无量寺）的铁狮子还大，非常精致。由于正南方建有戏台，许多小孩爬在铁狮子背上看戏，或玩耍，经过长时间的摩擦，狮子背部、屁股上磨的明光锃亮。经过"文化大革命"，这对铁狮

子便不知去向了。昔日，每年六月二十日为鲁班庙会，这一天归化城所有木匠手艺人来鲁班庙祭祀烧香、拜师已成惯例。

圣母庙位于鲁班庙西侧，本城人称它"奶奶庙"或"娘娘庙"。正殿三间硬山顶，东、西厢房各三间，南有山门一间。大殿内祀奉"碧霞元君"。殿前立汉白玉石碑一通，石碑高一米多，阔六十多厘米。这块石碑与众不同，碑体呈八面棱形。碑上半部四周雕有力士像和半身狮、虎、豹、熊，石碑字迹阴刻，落款有捐款人姓名，碑尾刻有"顺治戊子己未"字样。

民间传说碧霞元君是"泰山天仙玉女"。殿内祀的碧霞元君怀抱一男婴。《玉女传》载："明帝时，一大善人叫石守道，夫人生一个女神童，天生丽质，聪明过人。三岁知人伦，七岁晓天文，会

迁往异地的鲁班庙

三官庙古戏台

法术。十四岁经曹伍长指点入泰山黄花洞修炼，后成道飞升，号为碧霞元君。"旧时，奶奶庙会在每年农历的三月十八日举办，这天前后的几天内都有妇女携带儿女前来进香，求愿，还愿，以求平安，该庙历来香火旺盛。

圣母庙的西北就是被称作边宁古寺的观音庙。这座汉传观音庙融于道、儒之中，实属罕见。观音庙大殿三楹，东、西厢房各三间。它的西厢房，后来增祀了关羽，故有人又称它是关老爷庙。每年农历二月十九、六月十九和九月十九，分别是观音菩萨的圣诞，成道日和出家日，周边城乡信男善女前来敬佛、烧香，朝拜观音菩萨，故观音庙历来香火旺盛。中华人民共和国成立后，先是呼和浩特市马戏团，后是呼和浩特市民间歌剧团在三官庙西的几座寺庙内办公和住宿。大院内建筑完好无损，整体保存了下来，就是在"文化大革命"中也没有遭到破坏。

近年，在旧城区改造中，这片寺中有寺的古建筑群被整体拆迁，其旧址融入了新建成的"汇豪天下"住宅小区北区。原来的四座庙宇被拆除，将其旧材料搬迁到台阁牧大西营，又依旧样建起了新的三官庙、圣母庙、鲁班庙和边宁古寺；三官庙还又住进了道人。不过这历史上紧邻的四座寺庙，不再是比邻相连，而是被分隔开来，在这新居——明清建筑博览园中，它们散落在不同的区域。

历史上玉泉之最

玉泉区——呼和浩特的发祥地，她拥有许许多多的全市之最。

建筑、设施之最

最早的城　市区内最早的城池——库库和屯（即归化城），于明万历三年（1575年）建成，在今玉泉区境内，历四百余年沧桑，发展成今天的塞外名城呼和浩特市。

最古的召庙　市内兴建最早的寺庙是大召，建成于1580年（明万历八年），距今已有436年的历史。现在建筑完好，庙内文物珍品甚多。

最早的街心游园　天义德是与大盛魁齐名的旅蒙商号，今呼和浩特市第二职业中专即其旧址。清道光元年（1821年），该商号在其门前建一座小型花园。花园濒临扎达盖河，内有一石雕绿色蟾蜍，口中喷水，横生妙趣。

最早的高级道路　1941年，大北街、大南街的土路铺筑成了水泥路，这条水泥路是全市较早的高级路面。当时全市的道路多为土路面或碎石路。

第一条排水暗沟　清光绪末年，大北街修筑了全市第一条排水暗沟。它南起议事厅巷西口之南，向北又折往西，通入了扎达盖河。这条沟由砖头和石条砌筑而成，全长460米。1921年，云华池澡堂、双瑞理发馆等，相继将污水管道接入这条暗沟。如今，这条排水沟早已废弃。但是它作为呼和浩特排污管道的鼻祖，被记入了史册。

最有名的井　玉泉井是呼和浩特地区最有名的水井之一。它在大召前街北口、著名的古刹——无量寺（即大召）之南。相传康熙皇帝的御马在此刨地涌出泉水，甘甜可口，称之为"御泉"（后谐音转化为"玉泉"）。人们就此泉筑井，即为玉泉井。这里的水，无愧于御马刨泉的美丽传说，据科学分析鉴定，玉泉井的水质确属呼市地区的优质水。旧时，饮用玉泉井的上乘水是件讲究事，故数里之外的居民也要舍近求远担取玉泉井水。来这里汲水的人流终日不绝，一条水桶组成的长龙，能排到深更半夜。

此外，玉泉区境内的名水井还有海窑井、四眼井等。它们都已干涸，踪影全无。但是，清泉街（海窑井原先在此街）、四眼井巷等地名记载着它们曾经在这里存在过。

商贸之最

最大的旅蒙商号　坐落在今玉泉区境内的归化城是土默特地区的商业贸易中心，独具特色的"旅蒙商"活动影响深远。大盛魁是驰名中外的旅蒙商巨号。它建于清代康熙年间，总柜在今玉泉区德胜街。

最早的眼镜店　本市最早的眼镜店是"亨佳利"和"亨得利"，它们开业于20世纪30年代，都在玉泉区的大北街。"亨佳利"是河北景县姚姓师傅所开。"亨得利"是太原、石家庄亨得利钟表眼镜店的分店。

著名的绸缎店　中华人民共和国成立前，归绥市(即呼和浩特市)有七大绸缎庄，它们是恒聚兴、增兴源、增盛魁、得铭号、忠义恒、元复永和祥源通。七家绸缎店集中在玉泉区大南街和大北街，互相竞争，带来了繁华的景象。

增兴源(后改称久瑞号)，又是经营蒙古族特需衣料的独家商店，在土默川地区影响更加深远。

唯一的笔店　过去，归化城只有一家笔店，叫作文元堂笔店。它在玉泉区小东街，建于1931年。它是前店后厂，自产自销的毛笔货真价实，在呼、包一带信誉很高。1946年，它还在包头建了分号，亦称文元堂笔店。

老字号广合益酱园　它开设于1914年，是天津来的张姓师傅创建的，地址在玉泉区大南街路西。后来又在大什字、大西街、大召西夹道和北门外开了四家联号，总计从业人员150名左右。它制作的各类酱和咸菜深受欢迎。

驰名京师的风味小吃　归化城(坐落在玉泉区)的烧卖历几百年，经久不衰。烧卖是用上等面粉擀成薄皮，衬垫淀粉碾压四边成荷叶状，包上鲜羊肉馅，捏成石榴样，上笼蒸熟而成。它晶莹透明，鲜嫩可口，是人们喜爱的地方小吃。早在清末，北京市面上就悬有"归化城烧卖"的市招，可见其影响之广。

传统糕点　具有百年历史的"刀切"，是呼和浩特的传统糕点之一。据说，当年慈禧太后很喜欢吃归化城的刀切。刀切是把和好的面擀开，再铺上酥，卷成卷，用刀切成片。然后把一片片美丽的花云状小片烤制成可口的糕点。制作刀切历史久、名气大的要数玉泉区大西街的晋三元（后更名德顺元，又改称德兴源）。1982年，呼和浩特市糕点厂生产的传统糕点——刀切再放异彩，被评为自治区食品工业的优质产品。

文化教育之最

最久的学校　土默特文庙在玉泉区文庙街，建于清雍正二年（1724年）。其后在庙西邻建土默特官学，它是市内最早的学校。该校历经近三百年的风风雨雨，现在已经发展成中小学一贯制的民族学校。它是呼和浩特地区历史最悠久的学校，因为培养了一批又一批的革命人才，该校被誉为内蒙古的"革命摇篮"。老一辈无产阶级革命家乌兰夫、奎璧和吉雅泰等都曾经在这所学校读过书。乌兰夫、奎璧等还在此校当过教师，并以教员的身份为掩护，从事着党的地下工作。

第一所学院 1925年3月，西北边防督办冯玉祥在今玉泉区恒昌店巷创办"五族学院"，这是呼和浩特最早的综合性学院。创建时，有过一个远大的目标，打算办成从小学到大学一贯制的学院。准备设"小学部""中学部""大学部""师范部"和"武术部"，实际只开办过小学、中学和师范部。内蒙古自治区原党委书记杨植霖同志为该校师范第一班的学生，在校期间，还组织领导过学生运动。

最早的师范学校 1922年10月28日，"绥远师范学校"诞生在今玉泉区境内文庙街。当时仅有两班学生。它规模虽小，却是本市师范教育之始。历经近百年的沧桑，如今它已经发展成高等学府——呼和浩特职业学院。

第一所职业学校 1924年8月，北平中国大学毕业生丘咸、赵堪，在文庙街创办"西北实业学校"，开创了绥远地区的职业教育先河。历数十年沧桑，它发展成内蒙古农业学校。

最早的女子学校 1914年7月，在今玉泉区境内创办了"归绥县立第一女子小学校"，它是本市最早的女子学校。初建时无固定校址，后来设在小东街，又迁到三贤庙巷，最后定址在恒昌店巷，始终没有离开过玉泉区地界。

最早的女子专科学校 1925年，绥远地区出现过一次教育大发展的局面。当局觉得女子教育没有发展，小学毕业的女学生又没有升学的地方；为了培养师资，发展女子教育，在今玉泉区恒昌店巷创办了"绥远区立第一女子师范学校"。

最早的企业办的学校 1923年，明善堂书局在旧城小东街创办私立明善学校，这是呼和浩特市内最早的企业办的学校。

最早的私立中学 1931年，"私立正风中学"在旧城南柴火市街建成，这是全市的第一所民办中学。后来它迁到了西顺城街，今呼和浩特第二职业中等专业学校即由其演变而来。

它的校址在日伪时期曾经被德王的伪蒙古军司令部占用。抗战胜利后，私立正风中学又在原址复校。中华人民共和国成立后改建成呼和浩特第四中学。后来，又改作第二职业中学。

名井之一的海窑井（曹建成绘）

最早的报纸 本市最早的报纸是《归绥日报》，1913年创刊于玉泉区的大南街。创办人是同盟会会员王定圻。该报停办后，王又在小召头道巷创办《一报》。直至1916年王定圻被杀害，报纸才停办。

最早的电影院 坐落在玉泉区的人民电影院是全市最早的影院。建于1926年，原称"民乐社"。后来其名称和用途多次变更。但直到20世纪50年代初，它一直是本市唯一的专营电影院。

最久的剧院 玉泉区境内小东街的大观园，遐迩闻名。它是呼和浩特城区内建得最早的、也是维持最久的剧院。在两个世纪的岁月里，那里终日锣鼓喧天，丝竹管弦之声不绝于耳；许多戏剧名家曾经在那里登台献过艺。它在呼和浩特历史上留下过浓墨重彩的一笔。它由阿勒坦汗的后裔、镇国公喇嘛扎布建于清乾隆年间，其后又几易其主。它初名"嘉乐会馆"，后又更名为"晏美园"，后又改称"大观园"，"文化大革命"时期还被"革命化"成了"反修剧场"。文史专家刘映元先生研究后，说它"先后称'嘉乐会馆'约一百年，叫'晏美园'五十二年，改为'大观园'三十九年，最后更名'反修剧场'四年"。历二百年沧桑，它于1971年被拆除。其址改建成晋剧团宿舍。

繁华市井

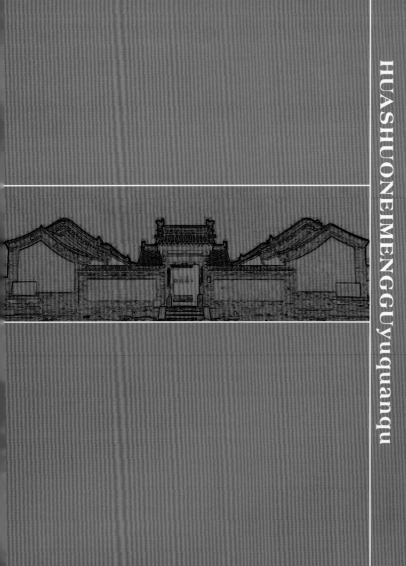

HUASHUONEIMENGGUyuquanqu

繁 华 市 井
F A N H U A S H I J I N G

历百余年变迁，如今玉泉区大召一带街市风韵犹存。它是全市唯一保留旧貌的传统商业区，被誉为"明清一条街"。它既有往日的辉煌，更有今天的风采。

百年古韵商业区

呼和浩特素有"召城"之称。召庙不仅对其宗教、政治、文化等有过重大影响，而且对它的经济发展、市井形成也产生过作用。旧城大召、席力图召和小召前方的街道，都曾经是繁华的商业街。它们与召左、召右的道路垂直，形成一处处热闹的街市。

据《蒙古及蒙古人》一书记载，清光绪十九年（1893年）归化城主要街道有四条，它们分别是

旧日大召前街

繁盛的商业街

南北向的大南街、大召街（今称大召前街）、席力图召街（今石头巷）和东西向的朋苏克街（今通顺街）。其中除大南街外，都是召前干道的主体或其延伸段。

历百余年变迁，如今大召一带街市风韵犹存。它是全市唯一保留旧貌的传统商业区，被誉为"明清一条街"。它既有往日的辉煌，更有今天的风采。

大召是塞外著名的古刹。其南数十米的玉泉井亦为闻名遐迩的名胜。大召及近在二三百米的财神庙、费公祠（均在大召之南的玉泉二巷），经常举办大型祭祀活动，唱戏敬神，庙会不断。届时，大召一带人山人海，热闹非凡。这种集宗教内容、游玩娱乐和商贸集市于一体的活动给这里带来了繁荣。

玉泉井与大召相辅相成。它不仅有"御马刨泉"的美丽传说，更以甘甜的泉水著称于世，被赞颂为"九边第一泉"。商贾视玉泉井为宝地，环其左右建起一座座茶楼、酒肆和各行各业的铺面。他们"绕泉思源"，多家字号冠有"泉""源"二字。

早在明代，这里就有了商业贸易的集市。清朝中期，大召、玉泉井一带，已经市井繁华，店铺林立，大召与玉泉井之间的广场上，布满了小摊。销售的货物琳琅满目，五花八门。从珍稀的古玩到笨重的日用杂货，应有尽有。还有一处处杂耍摊，艺人们的吆喝声与叮咚的锣鼓声，不绝于耳，就好像当年开封大相国寺一般繁盛热闹。

大召往南，正对召门，原称大召街，后冠以方位，叫作大召前街。早先，召门至街的南口，直线距离约350米。但在街的北端，以玉泉井为中心，形成一个三角形街心岛，使街道成了奇特的"Y"字形。这条街的街面宽6—7米。两侧以商业门脸为主，兼有一个个居民小院的门楼。

大召前街有茶馆、饭馆、烧卖馆、布店、药店、面铺、杂货铺等数十家。其中，不乏著名字号。德泰玉药庄、荣升源、庆荣源烧卖馆等店铺，紧傍玉泉井，顾客盈门，经久不衰。

大召前的横向街道，往东叫作大召东夹道巷。它的原貌是向东又折向北，再拐向东，直达小什字（大南街与小南街的分界处），长约200米，宽3—4米。其东段原称西鞋袜巷，因有出售鞋袜的店铺而得此名。虽然街名冠有"鞋袜"，但鞋袜店没有叫得太响的，杂货铺三元成却名声大噪。在清代，三元成就已经成为归化城杂货业的老大，驰名塞内外。此外，巷内的三合义印刷铺（后改成经销纸张等物的杂货店）、王一帖膏药店等，也很有名气。

大召往西是通顺街。早年它叫朋苏克街，因召而得名。朋苏克召在通顺街之西，是一座著名召庙。随着岁月的流逝，它早已经废圮，

大召商业区夜景

繁华商业街夜景

遗迹无存。后来，街名谐音转化成吉祥词语——"通顺"。

通顺街长570米，宽6—8米不等。它在大召街市的横向延伸线上，其商贸集市也是繁华的大召前的延续。街两侧以店铺为主，铺面门脸一家挨着一家。因其直通城西南的"西口外"，街面的商店、饭馆更贴近寻常老百姓。庆丰昌、兴胜全、永丰泉、福寿堂等饭馆，经销着有地方特色的面食。拉面、刀削面、剔鱼子、疙团儿（猫耳朵）、片儿汤……品样繁多，口味各异，深受群众欢迎。

这片商业区从明清到现在，几经兴衰，但传统依在，许多铺面门脸旧貌仍存。前些年为了发展市场经济，保护历史遗产，建设文化名城，玉泉区投资上千万，大举修缮

了这片古老的商业区，弯曲狭窄的大召东夹道巷修葺笔直。2007年，又一次大举措，整治了大召周边环境。大召东夹道两侧的建筑物全被拆除，街道融会进了广场。从此，"大召东夹道巷"成了历史地名。再次拓展的大召广场，使狭束拥挤的召前、召左豁然开朗，突显出大召的辉煌。召前的广场和西去的通顺街，一反沥青铺面的做法，新镶砌的青石路面，古朴典雅，与老街建筑相辉相映，更加协调。通顺街的旧建筑，依照原样，采用传统工艺、修旧如"旧"（式样），整葺一新。通顺街东口新矗立起的牌楼，格外醒目。"塞上老街"四个大字，牵动着您的脚步，使您不由自主地向那里走去。

当您踏上"老街"，漫步街

头，一座座古朴的青色铺面、一块块典雅的老式字号匾额，使您目不暇接，顿时觉得远离了五光十色的现代城市，犹如置身于明清时代的商业街。您细细品味，整条街道以清代建筑物为主，夹以少量的明代建筑和民国年间翻建的新式门脸儿。建筑式样，青色磨面砖砌筑的墙体，硬山顶，高屋脊房屋居多。亦有座座女儿墙高挺的铺面点缀其间。房顶扣着古老的青色小筒瓦，排列齐整，凹凸清晰，一条条略呈弧线坡度，柔和地垂向屋檐。街口转角店铺的屋面，好似亭台的顶层，呈多角下倾，更是美观大方。在一层式高大店铺之间，夹杂着为数不多的砖木结构小楼。整个街道，朴实而不呆板。

近年，文化古董业看好这条呼和浩特仅存的传统商业街，纷纷入驻，提高着这街的文化品位。店铺里，金银铜铁、玉器古玩，应有尽有。其中，红太阳博物馆、佛像博物馆、古铜镜博物馆、草原马具博物馆等，各具特色，吸引着八方游客。

如今的大召商业区，犹如南京的夫子庙和上海的豫园。街面上，店铺和售货摊鳞次栉比，购物和观光的游客摩肩接踵，叫卖声此起彼伏，一派盎然生机。

财冠塞北大盛魁

数千名从业人员，业务遍布大江南北、黄河上下，多种经营，进行着跨国贸易。在今天，这样的大型商业集团已不算稀奇。可是，在十八、十九世纪的呼和浩特，拥有这么大的商号，不能不说是个奇迹。它，就是著名的旅蒙商号——大盛魁。《内蒙古文史资料》记载："它的从业人员连同雇佣的牧民、工人，有六七千人。"它"以放'印票'账为主，经营牲畜、皮毛、药材、日用百货等业务"。在"京、津、沪、杭、晋、冀、鲁、豫、湖、广等地，均有它的分支、小号和坐庄人员"。一般年份，它的贸易总额，约白银一千万两。"像这样大的商号，在过去内蒙古地区是独一无二的。"

大盛魁已经销声匿迹八十多年，可是人们对它仍然念念不忘。不用说呼和浩特地区，就连蒙古国的一些老年人都还记得大盛魁。近年，以其历史材料为背景的小说、影视剧等已纷纷面世。有的商号，也启用了"大盛魁"名号。有的酒还冠上了"大盛魁"品牌。可见，这家旅蒙商的影响是多么的深远。

三人艰辛创大业

大盛魁创建于清代早期康熙年间，也就是17世纪末。它既不是

大盛魁新貌

财主富商开办，更不是官府投资兴建。而是由三个山西籍的小人物，用句不恭敬的话讲，是三个"无名之辈"白手起家，历尽艰苦，一点一滴积蓄，逐渐做成的大买卖。

三位创始人，一位是山西太谷人王相卿，另两位是山西省祁县人张杰和史大学。其中，王相卿的作用最大。他的外号叫"王二疤子"，对他有许多近乎神话的传说。摒去神话故事，他也是位不简单的人物，他自幼家境贫寒，不得不背井离乡，从晋中跑到偏远的晋北右玉县杀虎口去打工。他身材高大，力气超人，待人和气，很讲义气。在清代康熙年间，他进入清军，当伙夫、服杂役。期间，他结

识了张杰和史大学。三人意气相投，成了过命的弟兄。他们跟随清军在长城内外活动，经常出入边关集市，为驻军采购食用的牛羊，也顺便带些货物到归化城出卖。在和蒙古族同胞打交道中，渐渐地了解了蒙古族的生活习惯和礼仪，学会了简单的蒙古语和交易方法。于是，他们随着军营，做起了小买卖。就凭着一条扁担，两个肩膀，挑起百八十斤，甚至一二百斤的货物，跟随大军一步步北上。先由口里的山西，进到边外的归化城（今呼和浩特旧城）；又由归化北上到外蒙古（今蒙古国）。

归化城，自明万历三年（1575年）建成，经过一百多年的发展，

已经成为一座繁华的城镇。市面上店铺林立,各业齐全。王、史、张三个负肩小贩,哪有立锥之地。他们一度陷入困境,举步维艰,生活无着。失望无奈之下,史大学和张杰返回原籍,另谋生计。只有王相卿坚持不懈,付出更大的努力。他远离城市,挑上牧民喜欢的日用货物,穿沙漠、越草原,深入到更偏远的牧区,艰难地维持着生意。后来,买卖有些起色,他又召回张杰和史大学,继续合伙随军北上,做着肩挑的买卖。进到外蒙乌里雅苏台时,有位王公的女儿得了重病,王相卿用自己携带的"龟灵集"等名贵药物,治好了她的疾病。王公家很是感激,后来和王相卿结成了儿女亲家。这对他们的业务发展也起到过一定的作用。

付出了就有回报。王、张、史三人由步颠、肩挑,买卖逐渐有了积蓄。于是,由行商变为坐商,在乌里雅苏台开了家商号,名字叫"吉盛堂"。积累不断增多,又在科布多和归化城开了分号。后来商号改称"大盛魁",总号由乌里雅苏台迁回归化城。渐渐地它成为财冠塞北的庞大的垄断性大商号。

驼铃叮当一景观

长长的驼队,丁零当啷、丁零当啷……悠扬的铃声;道路两旁密密麻麻的围观者,喜笑颜开、指指点点……这不是文艺作品描述的场景,而是清末民初归化城的一大街景。三四十年前,一些老者还常常绘声绘色地给人讲述他们目睹过的这一恢宏场面。

那时,大盛魁的驼队返回归化

新建的大盛魁商业街

城，遇到傍晚，一列一眼望不到头的骆驼队伍，披着落日的余晖，传出悦耳的铃声，路人不由自主地停下来观看，还有爱热闹专门赶来看红火的人，把街道两旁挤得水泄不通。人们点点画画，品头论足，讲述着归化城的故事和美丽的传说，谈论着大盛魁的辉煌。据说，驼队的头驼早已进入东门外大盛魁的总柜，而在北门围观的人还看不到驼队的尾。

大盛魁的业务活动范围，主要在今天蒙古国的大部分地区和内蒙古西部，它的货物多数从归化城（在今呼和浩特玉泉区境内）外运。货物品种繁多，数量巨大，运输主要靠沙漠之舟——骆驼。所以，大盛魁拥有庞大的驼队。驼峰多寡，象征着它的兴衰。它的运货驼队，以"房子"为单位进行计算，每200驼、马编为一队，叫作"一顶房子"。具体编组是，每14峰骆驼连成一串，叫作一把子，由一名驼夫牵引；每14把子编为一队，共196峰骆驼。每队有3名领房子押货人，是负责人，他们或骑骆驼或乘马；还有一名熟悉路线的引路寻水人，骑一匹马。共计18个人，200峰（匹）驼、马，组成"一顶房子"。据说，当年大盛魁有数十顶房子。按最保守的估算，也有15顶房子，近3000峰骆驼。你想，不用说几顶房子同时行动，就是一顶房子，200峰驼、马，列成一字长蛇阵，就足有四五百米长。大盛魁的驼队进出城时，驼峰此起彼伏，驼铃叮当，一眼望不到边，蔚为壮观。难怪围观的人群充满街头。

富商春节粥当饭

大盛魁这家跨国经营的大商号，财源滚滚，富裕无比。它的三位创始人及几位后任经理的后代，

新兴的大盛魁文创园

仅靠高额分红就都过着豪华的生活。可是，每年春节，家家户户大摆宴席之时，大盛魁总号却要喝稀粥。这是怎么回事呢？

原来，在康熙年间，生意做不下去，张杰、史大学返回原籍，只有王相卿艰难地维持着。买卖有了转机，王相卿又邀回张、史二人。再度经营中，又出现了危机。有一年年关，王、张、史三人由于经营不善，债台高筑。因为欠粮店的米面钱，除夕前，连准备包饺子的面都被人家拿走了。就这样，在中国人最大的节日里，在爆竹声声中，三个难兄难弟，搜刮了所有盛粮食的器皿，磕打出一些小米等杂粮，熬稀粥充饥，度过了年关。

这一次，三人没有一个人气馁。他们坚定信念，同心协力，一定要闯过难关，干一番事业。于是，他们跑得更快了，挑得更多了，并不断地研究生意经。整整地苦干十年，没有回家。终于实现夙愿，做成了买卖，当上有点财力的掌柜，奠定了大盛魁的基业。

为了纪念创业的艰辛，此后，每年正月初一喝稀粥；财神座前供碗粥；号内学徒满十年才能回家去探亲，给四个月的公假。这三条成为制度，坚持了百年以上，直至大盛魁关门歇业。

为了纪念创业的艰苦历程，除了春节给财神供稀粥外，他们的财神座前还陈列着一条扁担、两只木箱、一块石头和一个宝盒子。扁担、箱子，是创业的见证，教育后人不忘过去。石头，据说是肩挑贩运时，当过秤量银子的衡器。至于宝盒子，是告诫人们不得赌博，还是他们曾经通过宝盒子得到过什么利益，后世人谁也说不清楚。

"财神"除夕送元宝

王、张、史三人，凭着肩挑、步颠，艰苦奋斗十年没回家，创立了大盛魁的基业。这是真实的故事。

几十年前还流传着一个神奇的传说，说他们三个人得到过一笔意外之财，拿着这巨额资金，创建了称雄塞外的大商号。

事情就发生在他们喝稀粥的那个除夕之夜。

在家家户户吃饺子，接神之际，三个沦落异乡之人，却凄惨地喝起稀粥。别人吃饺子，不单单是熬夜守岁要进夜宵，还是一种习俗，包含着深深地祝福，祈盼来年兴旺发达，所以把饺子叫作"元宝"，边吃还边念颂着"吃元宝啦！"而他们喝粥，却是为了充饥。在这中国人第一大节日里，在人家吃饺子、喝团圆酒之时，他们一边喝着稀粥，一边自我解嘲地说："人家吃元宝，咱们喝元宝，明年肯定财源滚滚来……"

喝着，喝着，听见爆竹声中隐隐约约地夹杂着敲门声。一个人说："你们听，有人在敲门！"另一个说："在这接神的时候，哪会有人来？"是啊，传统习俗，接神时是不允许外人在场的，这时绝不会有人来的。

但是，炮声没有压住叩门声，他们都真切地听到了"咚咚"的门响。该不该开门呢？这三位穷困潦倒的善良人，认为此时来敲门，一定是急需帮助，有求于你。怎能见人有困难不伸出援助之手？于是他们开了门。只见一位风尘仆仆的蒙古族大汉拉着骆驼站在门外，说是来寻访朋友，想在他们这儿借住一宿儿。他们帮他卸了骆驼驮子，把他让到屋里，还把不够三个人吃的、少得可怜的稀粥，给他盛了满满一大碗。喝完粥，安排客人就寝后，他们三个人也没有继续熬年，便先后睡了觉。

初一清晨，在爆竹声中醒来一看，客人和骆驼都不见了，可驮子还在。他们以为他出去访友，一会儿就回来。可是几天过去了，仍不见踪影。心想，不知道客人的驮子里有没有怕捂、怕热的物品，不妨替他晾晒晾晒。打开驮子一看，三个人都惊

呆了。原来驮子里装着白花花的银元宝。他们虽然穷困，却坚守着诚信的美德，立刻封好驮子，保藏起来，等待客人返回来取走。

可是，左等不来、右等不来，一等就是好几年。他们一合计，这钱放着也是放着，不如按借贷用来做生意；等客人来取时，连本带利一起归还，还能让人家挣点利息。于是，他们清点了元宝的数量，把它记入账簿，还专门写了一张借条。

几十年过去了，那位"送"元宝的客人杳无音信。大盛魁的三位创始人也都由青年步入老年。他们想，对这笔钱应该有个交代，决定把它记入万金账。记在谁的名下呢？心想，可能是"财神"垂青诚实守信的买卖人，特意"借"给的钱，就算作财神的股份吧。此后，每三年一次总算账，他们都要把财神股应得的红利提出来，另户存储；还告诫子孙后代和后任经理，这个规定要世代执行，永远不能变更。

巨犬立功得股份

大盛魁是合伙经营的买卖，不是合资铺号。初始只是三个人小本经营，肩挑贩运。既然没有人投资，所以也就没有"财东"、股份之说。后来，三位创始人相继过世。但是，三人历尽艰辛，奠定了大盛魁的基业，功不可没。特别是

王相卿，不仅在创建过程中起了重大作用，而且作为第一位经理，恪尽职守，在任内客死于异国他乡的乌里雅苏台。后来经过号伙公议，为了纪念逝者，酬报其功绩，给王顶了一个"永远身股"。其后，另两位创始人张杰、史大学也依例得到"永远身股"。

清代嘉庆年间，大盛魁业务蒸蒸日上，经理秦钺立了大功，深得人心，号伙们要给他顶个"永远身股"。秦钺婉言谢绝了众人的好意，并建议将"永远身股"改作"财股"，从号内盈利中提取银两，记入万金账，作为王、张、史三人的财股。自此，大盛魁有了"财东"，并且取消了"永远身股"。但是，为了褒奖第一大功臣王相卿，还是给他保留了半个"世袭身股"。

财股虽同虚设，但王、张、史三位创始人的后代却以财东身份分享着巨额的红利。财股仅占总股份的百分之十左右，其他则为"人股"，也叫"人力股"或"身股"（但不是世袭的身股）。

大盛魁的从业人员分为三种，即有股份人员、无股份人员和学徒。有股份者，称作"顶生意的掌柜"。股份越多地位越高。有股份不仅能领取红利，更重要的是有股份就能参与商号的管理和决策，他们是大盛魁的统治者。经理和坐庄掌柜的都是有股份人员。无股份人员和学徒，人人都想熬成顶生意的掌柜，但那并不容易。业内流传着

大盛魁文创园中的休闲处

一句话："人人都想把掌柜当，狼多肉少轮不上。"股份这么难得到，可是，外界一直盛传着大盛魁的狗有股份。这是怎么回事呢？

据说，有一年，外蒙市场物价飞涨，货物脱销。众多旅蒙商号，虎视眈眈，盯着这场商机，都想尽快组织货源，发一笔大财。信息如何迅速传回内地，告知大本营组织、发送货物，又不致招人注意，保住机密呢？大盛魁人独辟蹊径，写好书信，缝到狗的项圈里，让狗日夜兼程赶回归化城。总号得到信息后，火速发往外蒙一大批货物，从而盈得巨额利润。等其他旅蒙商赶回归化城，这里已经知道外蒙的情况，物价业已上涨。而且，此时外蒙的物价亦有回落，商机已经失去。在这次商战中，大盛魁独占鳌头，狗立了大功。所以，给狗顶了一个股份。

这一传说是真是假，已无法考证。据说他们的万金账上确实没有"狗股子"的记载。不过，大盛魁厚爱狗，狗享受优厚待遇到是真事儿。养狗是业务需要，驼队每顶房子，都有十来只狗随行。羊房子更是要带二三十只狗。狗执行守夜和保卫任务，狗是保护房子的一支重要力量。他们养的狗是外蒙品种，体形高大，健壮凶猛，称作"巨獒"。大盛魁在北沙梁设有养狗基地。狗有组织，三十只左右为一小群，有个小头管理；每三小群，还设个管狗的大头。他们养着八九百只巨獒。狗的伙食很好，和人的伙食标准不相上下。他们还许愿，狗的数量上了一千只就要唱大戏来庆贺。是啊，狗的数量增加，就是业务量扩大，事业得到了发展，当然是可喜可贺的事啦。

小院方方留遗存

一代巨商大盛魁，雄踞外蒙市场一个多世纪，有许许多多传奇的故事。鸦片战争以后，外蒙成了俄国的势力，它开始走下坡路，逐渐失去垄断地位。辛亥革命后，外蒙宣布独立，它再次遭受沉重打击，经济损失巨大，大伤元气，从此一蹶不振。它勉强维持到1929年，在无奈中宣告歇业。之后，又经过几年处理善后事务，最终在20世纪30年代关门，结束了它二百多年的非凡历史。

大盛魁已经离开历史舞台八十多年，期间经历了抗日、解放等战争，其万金账等文字遗物已散失殆尽，没有留下片言只语。只有它总号的一处小院，还基本完好地存留着，成了珍贵的文物。

大盛魁总号，坐落在玉泉区德胜街。它在路西，大门朝东，由五个院子组成。头进院的正房、南房和东房，都是青砖扣瓦的平房。尽西头是一座硬山式的砖木结构小二楼。楼侧，正房和南房的西端，有去往中院和后院的通道。造型典雅的月亮门，串通着一个个院落，百十间房屋组成一片古色古香的建筑群。它的豪华，在那条街道首屈一指。有传闻说，街名也是因为大盛魁生意兴隆，取得胜利，而得名"得胜街"，1975年才把"得"字谐音改作"德"。不管传闻真伪，足见其影响之大。

经数十年变迁，大盛魁总号后面的四个院子，早已改为民居，面目全非，并且另开了门户。头进院落，驻过工厂，办过医院，还被房产管理部门占用过。它还基本保留着原来的建筑格局。已经成为呼和浩特市重点文物保护单位。

小院呈长方形，东西长，南北略窄。如今，东、南、北的平房早已重新翻建，但仍在原基础上，保留着青砖盖瓦的式样。院西依旧矗立着那座二层小楼。院子四四方方，整洁宽敞，房屋宽大明亮，使人赏心悦目。在旧城改造、高楼林立之中，那古老的小二楼，像一位佝偻着身躯、饱经沧桑的老人，见证着历史的变迁，凝视着发展中的辉煌。

旧城的酒楼饭店

康乾盛世时期的归化城（坐落在今玉泉区），被誉为塞北百货集散的商埠城市，出现了百业兴旺的繁荣时代。这促进了归化城的饭馆、酒楼、茶肆、梨园的发展。

这里著名的饭馆酒楼，地方史志中没有记载，梨园鼓词亦少讲述。"卖烧土""锯碗丁"等反映雁南人在归化城的社会风情小剧，知晓的人很少；仅有"五哥牧羊""走西口"等流传在晋绥一带，其台词中也没有关涉酒楼饭店的内容。

据说，归化城最早的饭店是小召前街路西的惠丰轩。它创业于康熙年间，初名忠义轩，乾隆时期更名为惠丰轩。它原来是带后院的小平房，民国初期改建成二层楼，扩大了堂屋，增加了雅座，很是气派。按荣祥先生的记述，本地有一种大戏班子，春天全班演员到庙会搭台演出，秋后天冷了，再回到戏园里摆上饭桌，"卖饭演戏"。看戏的人，一边赏戏，一边饮酒进餐，据说这种"饭戏"是从清宫中传出来的。

在归化城，这样的戏园有小东街的"燕美园"、大西街的"同和园"、小西街的"普庆园"。此外，著名饭馆还有三官庙街的"旺

惠丰轩旧貌

春园"、大南街的"锦福居",棋盘街的"荣升元",它们都有各自的特色饭菜,招徕顾客,一些高官显贵是这些饭馆的常客。

乾隆时期,归化城的商业继续发展,四方商贾云集归化城,这里的旅店、旅馆、客店多了起来,著名的有同顺店、昌泰店、东升店、恒昌店等。这些旅店(馆)里,每天有旅客五百人左右。他们驻店了解市场情况,白天谈生意,晚间请客吃饭,鸡鸭鱼肉等应有尽有,热闹非凡。

清末,大盛魁旁的晋阳楼、元盛德西边的会仙楼,小召前的便宜斋,席力图召前的鸿宾楼,比较有名气,经常顾客盈门。

值得一提的是归化城茶肆里著名的早点——"捎卖"(又称烧卖,烧麦)。据传,它是乾隆年间归化城一家饭店的小伙计发明的。因其在正餐中捎带着卖,所以叫"捎卖"。传到现在,已经有二百

余年,成了归化城著名的地方风味小吃,后因音近"烧卖"而易名。现在市区大街小巷捎卖小吃店,不下百家,成为市区居民早点最爱吃的小品名点。

清末以来,大戏班子的经营方式,逐渐由戏园"卖饭看戏",改为"卖票看戏",戏班子由大变小,以适应在小街小巷分散灵活演出。传言小西街有一歌妓名叫翠花,她的歌妓厅称作"翠花宫"。她很有名气,演出时茶水待客,场费随便,在归化城独具风骚。后来她所在的小巷被叫作了"翠花宫巷"。另有大同、天津、苏州的小戏班子,又称为"徽剧二黄腔",下处在小召后元盛德旁,因他们的到来,其居住过的小巷被称作"黄腔巷"。这些小班子,走街串巷,随处可以演出,接触面很广,影响也比较大。

民国时期,由于军阀混战,土

匪四起，社会动乱，饮食店无法经营，多数饭馆倒闭，据说只有小召前的惠丰轩勉强维持着营业。

20世纪20年代，麦香村在大南街路东开业。随后有凤林阁饭庄于1936年在小什字之南的路东开业，主营海鲜、山珍等。它的拱门上有砖雕"凤林阁"三个大字，门两侧左联刻"闻香下马"，右书"知味停车"。这家高档饭店的常客，有德王（德穆楚克栋鲁普）、盟长和一些蒙古军军官。绥远政要、国民党军政大员傅作义、董其武、张钦等人以及商界名流——大盛魁经理段履庄、通盛源钱庄经理兼归化城商会会长邢克让等，也常来此宴请客人。

归化城也有过高档饭店，它由民乐社改建而成。民乐社在西马道巷（即今玉泉区电影院街），原来是娱乐场所。1931年，国民党绥远省政府把它改建为二层楼房，更名"绥远饭店"。内设床位近百张，房间分等级；中西餐厅内均设高级雅座、宴会厅。它设备齐全，环境幽雅，是专门接待国民党军政官员、外交使节、商家大贾、知名人士等的地方，也是当时绥远省首屈一指的高层建筑、一流饭店。1933年，西藏活佛班禅额尔德尼来绥理佛，即住在该店。抗日战争时期，中共代表周小舟来绥秘密向绥远地区的抗日组织传达中共《抗日救国十大纲领》时，也曾在此住宿。

重点文物保护单位——惠丰轩饭馆

迁往异地的凤林阁

归绥沦陷后，日本人将"绥远饭店"改建成"厚和医院"，结束了它的饭店历史。

后来，它又改建成"协进电影院"，恢复了文化娱乐场所的本来面目。1945年日本投降后，更名为"西北电影院"；中华人民共和国成立后改称"人民影剧院"，是当时全市唯一的专业影院。

烧卖名号德顺源

60年前，我家住在清代古街大西街的西端。那时的大西街，在市场的繁华度上，是仅次于相邻的大北街与大南街的。街中一个烧卖（烧麦、捎卖）名号——德顺源（前身是糕点老店晋三元）的存在，使它的知名度，又潜在性地攀升了许多。

据说，早在清末民初，德顺源便以堪称塞上一绝的烧卖名点，蜚声绥西，并延誉京华了。在我的印象中，它在路南，是一座坐南朝北，茶厅极其高大而醒豁的古典式建筑。从它那斑斑驳驳的漆柱上，人们可以想象出它美丽的沧桑。门额上德顺源三字，虽然颜色有点儿暗黄，但还是葆有王羲之行楷书体的中和之美。它与青城所有的同类茶馆不同，在门前的高台阶上，还有长年列肆的王琪书摊和赵氏茶叶小卖处。而它东接车水马龙的市井中心（即大什字），西邻终日喧嚣的

德兴源（德顺源旧称）烧卖馆（曹建成绘）

近年新建的德顺源

同和园剧场，这就更给它带来地理环境上的优势。

众所周知，青城的烧卖，不独以德顺源一家名世，但是德顺源的烧卖，确实领先一步，多有独到之处。听老人们说，这里的烧卖，首先在选料上严格把关，追求高标准。他们历来把羔羊的供应基地，定向为阴山背后的百灵庙与乌兰花大草原。因为这两处的天然草场所产的羊肉，无腥膻、无异味，肥美鲜嫩，是真正的纯天然绿色食品。同时，在加工的过程中，又要全部剔除筋皮，留取精肉。并且在配料中，坚持选用以毕克齐大葱（在土默川上以"三辣"闻名）和大青山上的胡麻油拌馅。由是，德顺源烧卖的风味标准，便有了基本保证。

当然，还有对调味拌馅师傅和切肉、捣皮师傅的高水准要求。特别是他们所使用的特制擀皮工具、恐怕是国内同行中少见的。这种工具分大小两种，都是用椭圆形镟木槌和横穿其心的活动轴辊合成的。通常又以枣木或者杏木的质材为最佳。在儿时的记忆中，每逢下午四点钟左右，我就从玻璃窗上望见这些师傅们在大庭列案、一字排开，并且各施槌下功夫，左旋右转，于是在面粉飞扬中，捣出一摞摞雪白的烧卖皮……

除上述制作程序外，德顺源之所以会有青城乃至塞北烧卖第一家之誉，恐怕就和它餐饮服务蕴含的文化情怀与特有的店堂气氛分不开了。其中，尤以汲水点选择得一丝不苟，取信于顾客。就我所见，德顺源长年坚持以马拉水车运送海窟、玉泉井、四眼井等处的优质矿泉水。他们专管供水的伙计，经常通宵达旦不离井台。因为要是舍远求近，以洋井水代之，那么，老茶客一品尝便知真假了。这种不欺世的职业操守，于今想来，似还有一定的借鉴意义。

另外，在各种风味面点的制作上，德顺源也有良好的传统（这是农耕文明中优质的东西，在社会发展过程中它有相对的稳定性）。据称，当年慈禧随父宦居青城时，就十分喜爱它的前身——晋三元的刀切。而这种别具甜、香、酥、脆特色的风味小吃，早成了这家名号的名点了，直到中华人民共和国成立后，它易名为德兴源，还保持了这种名牌产品的传统特点。其他如玫瑰饼、鸡蛋焙子、肉油旋、素油旋、糖油旋、小槽糕以及小桃酥、大小八件等，也都研制精良，在食客中多有口碑。这些，待你食用时，只需从盛放干货的红漆木盘中随意挑选即可。

此外，尤须大书一笔的是，这里颇具艺术魅力，极为人称誉的"北方茶道"。且看，入冬之后，在那俗称霸王炉的熊熊火苗旁，茶师傅着一身干净利落的蓝布裤褂，肩头搭一条雪白的毛巾，手提一把锃亮的长嘴铜壶，不时穿梭堂中，为客人们冲泡一盏盏浓酽的叩碗茶（多是红砖茶或者青砖茶）。其凤凰三点头的功夫，若与巴蜀潇湘的茶博士相比，我看也毫不逊色。或许，正是这种以"摆龙门阵"为特点的茶饮氛围，使人们不经意地消受着一生中另一番休闲的乐趣。而在这慢饮慢啜、兼品风味小吃的过程中，逐渐酿成了"戏"的高潮。于是，烧卖——这个真正的主角，方闪亮登场。其时，香味飘散，氤氲满堂，至此，茶客们才算真正进入品味名泉、名饮、名点三位一体的最佳境界；或者说，才算在文化意义上找到了华夏民族饮和食德的高品位传统感觉。

还有，在客座配置上，德顺源也有独此一家的高明之处。为了吸引与方便年老主顾，德顺源在约有两间进深的西厅下，特设了一个火炕专席，这是一种有家的温馨感觉的火炕，地下有地炉取暖。一些老茶客盘桓其间，那种自在闲适的茶叙状态，真让人拍手叫绝，俨然一幅民俗画。笔者儿时曾经多次随祖父光顾这里，只是这种氛围，竟有点儿有闲阶级的享乐气味，因为能够亲近它的，很少是旧时代所谓的贩夫走卒、引车卖浆者流……

遐迩闻名三元成

提起三元成，在呼和浩特几乎是无人不知，无人不晓。

它开业于17世纪末叶的清代康熙年间，直至1956年公私合营以后才更改了字号名称，是归化城维持最长久的商号之一。它由山西右玉杀虎口一位姓李的税吏开设，经营者是山西祁县人。起初，它卖杂货兼印神纸，还为召庙印制经卷。据说，在康熙年间，它就是因为给席力图召印刷藏经而发家致富的。

它与召庙关系密切，故而能廉价买到寸土寸金的黄金地段。它的门脸儿，在大南街南口路西与西鞋袜巷（后改称为大召东夹道巷）的拐角处。它的转角门面，东临大南街，向南俯视小南街，正处归化城（呼和浩特旧城的旧称）的繁华地段。有这样的地利，又有清代康雍乾盛世的天时，再加上山西商帮的人和（三元成的财东、掌柜、伙计都是山西人），三元成发展很快，远在乾隆年间，它就与一般小杂货铺不可同日而语了。它经营着烟、酒、茶、糖、调料、纸张、油漆、颜料……货物应有尽有，高中低档齐全。

三元成一直销售着人民生活必需的日用杂货。它讲信誉，货真价

三元成所在的西鞋袜巷（后并入大召东夹道巷）

实，服务热情周到，顾客至上。它在附近城乡的声誉很高，所以买卖兴隆，终日顾客盈门，生意很火。旧日，远在新城的一些居民，亦有舍近求远，要下旧城去三元成采购货物的。

逢年过节，他们的业务更是繁忙。每年腊月，伙计们除了白天在柜台招呼顾客，夜晚还要为四乡的财主和商贩们配货，常常要工作十几到二十个小时。为了方便顾客，提高商店信誉，连除夕之夜都不关门，照常营业。小户人家来店打一两香油、买一块酱豆腐，他们也热情接待，不放过一厘一毫生意，更不伤顾客的心。

在清代和民国初年，三元成还与旅蒙、旅新疆的商人打交道，为其赊垫配置商品，并且兼营着票号的汇兑业务。他们从内地进入大批货物，供应着塞北重镇——归化城及周边的市场；还将商品推销到外蒙和新疆等地。所以，远至新疆的伊犁、山西的太原府、濒海的天津，甚至外蒙一些地区的商人，都知道归化城的三元成。

1937年10月，日军入侵归绥（呼和浩特的旧称）后，商业萧条，三元成采取紧急收缩措施。但是它仍有三十多万元（银圆）的积累，五十多名雇员。同类店铺纷纷关门倒闭的情况下，三元成却存留了下来。

中华人民共和国成立后，1956年三元成参加了公私合营，成为呼和浩特市蔬菜公司下属的一个门市部，废除了旧名。但人们依然习惯称它"三元成"。

20世纪90年代初，这个门市部又悬挂出了"三元成"的匾额。后来，在旧城区改造中，其平房门脸被拆除，建成了商业小楼。但蔬菜公司没再设新的商店，结束了这个两百多年老字号的历史。其旧址的一部分，新开设一处殡葬用品店，高悬着"三元城"的牌匾。当人们询问为何叫这么个名称？店中人讲，因为三元成人们都知道，所以叫这个名字。他们宁可打擦边球，将"成"改写作"城"字，也不另起新号，可见称雄一时的三元成影响之巨大。

前些年，大召周边再次大规模改造，那些建起没有几年的小楼又被拆除。三元成连同它所在的大召东夹道巷，都融入了宽广气派的大召广场。古老的三元成痕迹没有了，但是它在玉泉区与呼和浩特的历史上留下了浓墨重彩的一笔；人们在茶余饭后，还常常津津乐道地讲述着三元成往昔的故事。

著名饭馆麦香村

麦香村是归绥（呼和浩特的旧称）有名的饭馆，当年它坐落在旧城大南街。

这家饭馆是1927年前后开业的。是当时国民党绥远省党部潘秀仁、贾连魁、赵一斋等党魁、政客们为了吃喝享受方便，集资3000元（银圆）办起来的。

相传，麦香村字号的招牌，是当地书法高手韩渐逵（字子敬）所书。麦香村的名气很大，当时在顾客中流传着这样的称道："灶上头（指烹调师傅）的丙午子（杨丙午）、堂里头（指服务员）的根九子（罗志成），绝啦。"

名厨师杨丙午，继承了归化城很负盛名的饭馆荣生园的烹调技艺，能制作出色、香、味俱佳的菜肴。除水晶肘子、过油肉外，他做的熘黄菜也深受欢迎。它以鸡蛋黄为主料，配以香油、咸盐、味精等佐料制成。盛在深底盘内用小勺吃，吃到嘴里不用嚼便化了。而艺不到家者做的这道菜，需顾客大嚼大咽那就叫摊黄菜了。还有烩乌鱼蛋汤也是他的绝艺，蛋片都漂在汤的上面。他做的苜蓿汤真像撒上苜蓿似的全浮在上面，根本找不到成块的鸡蛋。杨师傅能制作百种以上高级名菜。

饼铛名手庞变生、陈发元一窝丝作的精巧利口。做法是把和好的面像制作拉面一样，蘸上素油或香油撑好后一盘绕，放入饼铛烘烤，出铛时撒白糖。看上去晶莹剔透，夹起来像根根金丝。炉饼，是用烤完"方子肉"的油制作的一种饼，这种饼香酥可口，别具风味。麦香村的饼类从家常饼到一窝丝、炉饼等，多达几十种。

麦香村铺面宽大，楼上设有十个桌面，楼下大部分是雅座。楼上及楼下雅座，可容200名顾客同时进餐。

堂倌（服务员）可说是饭馆的门面，态度如何、菜肴介绍的怎样，算账准确与否，都是重要环节。成为一名好堂倌是很不容易的，他要具备眼观六路、耳听八

20世纪80年代的麦香村

大北街麦香村近照

方、手脚麻利、左右逢源的本领。

上面提到的根九子（罗志成），13岁进旧城聚锦楼饭馆学跑堂，17岁时进麦香村，他一只胳膊能端热菜七八盘，冷盘可端十来盘，汤不外溢，菜不掉地。他报菜声音洪亮、口齿清楚。算账分厘不差。对待顾客笑脸迎送。熟客一到，不用问便把菜叫上了；遇有生客一眼便能看出：是来吃饭的，是来摆谱的，还是来白吃的（不给钱）……他会因人而异进行安排。

新建的麦香村贵宾楼

尽管他有随机应变的本领，在旧社会仍然躲不过挨打受气。

在旧社会，麦香村的工人师傅最高月工资三元，最低的只有一元。徒弟是只管吃饭，没有工钱。

1950年麦香村由绥远省人民政府供销合作社接管。而后该饭馆隶属市饮食烟酒专卖公司，更名为第一食堂。

"文化大革命"期间，它曾经更名为工农食堂，后来又恢复了麦香村的字号。

20世纪80年代，麦香村迁址到大北街，后来已经改制，不是原来的隶属关系了。它既不是中华人民共和国成立后麦香村的延续，更不是当初的私营饭店；但它仍然知名度很高，受着人们的欢迎。

大召前的吕公道

过去，大召门前的东西横街和两侧斜向南去的大召前街，围成一个街心小岛。御泉井就坐落在岛上。井的北端是民众剧院，在剧院东侧与之隔"岸"呼应的有一个大门洞，门上面悬着一块金字牌匾：吕公道。

吕公道在十里八乡颇有名气。我是其中一个掌柜的后人，对其历史有所了解。

抗日战争时期，大南街有一个五金商店，专营京津冀地区的名牌五金产品，像王麻子的菜刀、剪刀等。同时兼营棉花、棉布、棉线等纺织品，如保定高阳的土布（笨布）、红狮令、蓝狮令等。掌柜有两位，主营五金产品的叫吕振芳，主营纺织品的叫李立功。他们的进货渠道较多，主渠道是北平的"瑞蚨祥"，送货的小伙计叫王星桥（本文作者之父）。

当时日军在列车上查得很紧，不允许往归绥市运送纺织品，以截断大青山上的八路军和抗日游击队的给养，妄想把抗日部队困在大青山上。但瑞蚨祥仍保持着与吕掌柜和李掌柜的业务来往，派王星桥送货。在一次送货时，被日军扣押了全部纺织品，小伙计王星桥无法再回北平向瑞蚨祥掌柜交账，只好去找吕振芳和李立功。

吕、李二人收留了他，三人合伙开了一个新店铺，起名叫"吕功桥"，取了吕振芳的姓（大股东）和李立功、王星桥每人名字中的一字。后来，他们受京剧《女起解》中的人物崇公道名字的启发，将"功"谐音为"公"；道桥相同，"桥"改成"道"，将字号更名为"吕公道"。店址选在最热闹的大召前街北口大召的东南方，与民众剧院隔街相望。

吕公道是处大院。院内的格

迁往台阁牧的吕公道旧建筑

局，进了大门有一排北房是店铺门脸和仓库及伙计们的寝舍与客房（京津冀客户留宿处）。中间一堵高墙把大院分成南北两院。南院是一个梳毛梳绒梳棉的工厂，并且收购羊皮、牛皮、猪鬃、羊肠等。还有工人的宿舍和伙房。

吕公道的掌柜都是口里人：分别是北平、天津、保定人。所以聘用的伙计和工人也都是口里人。他们学习和借鉴瑞蚨祥的规章制度，组织伙计和工人学习文化和经商理财之道。他们有严格的规章制度，如不准迟到早退，按时开大门和关大门，不准欺诈行骗，不准调戏妇女，更不准耍钱赌博、抽大烟吸毒、逛窑子嫖娼。一经发现有劣迹的伙计和工人，便开除解雇，遣送回原籍。

吕公道人有几个爱好。一是爱听评书、大鼓，他们常去大召东仓茶馆，一边听书一边品茶。二是喜欢京戏，常到大北街的同乐剧场去看京戏（当时归绥市唯一的京剧团）。三是喜欢下乡，常到他们放账的周边乡村去拜访村民。农民是他们主要的顾客之一。对农民，他们采取赊账形式，到秋后村民以粮付账。他们和东瓦窑、西菜园、小黑河、桃花、坝口子、南茶坊、辛辛板、公喇嘛等地的村民来往密切。每逢瓜菜下来，村民就用车拉、驴驮给吕公道送西瓜、香瓜和蔬菜，并换回纺织品和五金土产用品。春节时也互相拜年，正月十五元宵节秧歌队、高跷、龙灯都要到吕公道大院里来表演，鼓乐喧天、笑声不断。

吕公道人对地方戏曲也颇感兴趣，如果是果子红、任翠芬、康翠玲、杨胜鹏等名角登台演戏，他们就购买团体票，全店出动去看戏；还给同行好友送票请客。民众剧场和大观园请外地剧团来演出，吕公道的掌柜与伙计也必亲临现场，大饱眼福耳福。他们有时还携家带口到冀商馆（京、津、冀、鲁商人会聚的戏馆）会友看戏谈生意。

吕公道是儒商，人人都有文化，所以一举一动都透着书香气。就拿店联来说，多是掌柜与小伙计精选出来的。

吕公道的店铺由一个长长的柜台隔成两部分。北面是货架和收银台。南面靠墙摆着桌椅，供顾客小憩；还用隔扇围出一个小屋，做谈生意的接待处。隔扇上有一四扇屏书法联，上书《酒色财气》枣核诗，它是吕公道的"店训"（摘录于下）。

酒

琼浆

空穿肠

活血筋骨壮

消愁解乏体爽

大小宴席它为王

催英雄斗胆战沙场

骚人墨客飞笔写华章

纵有千般利食用勿过量

贪杯无度几多把命丧

借酒胡闹丧心病狂

全不顾人伦纲常

惹些意外祸殃

挥棒动刀枪

钱财赔光

事后想

酒多

伤

色

性爱

不足怪

传宗接代

风流佳话乖

劝世人莫胡来

拈花惹草现丑态

失君子美德名声坏

将苦口良言置之度外

恨不天下美女尽入怀

淫乱无度未老先衰

亡国倾家事事败

快醒悟把前非改

要不然报应来

你上黄泉台

儿女还债

到头来

贪色

衰

财

金钱

在世间

力能通天

万事它当先

谁见谁就眼馋

人人为它打算盘

名誉道德抛一边

如狼似虎争利夺权

得一寸进一尺总没个完

依我看都是些糊涂蛋

兴家立业贵在勤俭

不劳而获岂能贪

劝君莫到处钻

惹一身祸端

挣了万千

一犯法

死刑

惨

气

七情

事业兴

争强好胜

功名利禄升

稍有一点不顺

难忍难咽怒火盛

吹胡子又把两眼瞪

一时冲动斗胆来逞凶

动杀机出人命犯下罪行

也有老实人令人尊敬

度量大从不任性

劝世人早觉醒

切莫火气腾

存异求同

舒心胸

康乐

平

我童年就生活在吕公道的大院里。吕振芳、李立功和我父亲王星桥是结拜弟兄，还照了一张"桃园三结义"的古装戏照片。

解放战争时期，国民党部队抓壮丁，吕公道曾经搬迁到后公喇嘛村，中华人民共和国成立初，它又搬回了大召前街。公私合营时，吕公道与大南街国营商店联营，它搬出大院。后来玉泉区中医院入住了这个院落。前些年大召前改造，拓宽广场，那个大院被拆除，已经遗迹无存。

每当走到大召广场，看着它的旧址所在地，我就会想起它。我父亲一直信奉吕公道的做人准则，一生办事公道，待人诚信，是公认的老好人。父亲常和晚辈讲述吕公道的故事，让我牢记店训，不要贪酒贪色贪财，不要心胸狭隘。

广合益酱香塞外

2003年，我参加了塞上老街的整修工作。了解到，旧时在玉泉区境内经营油盐酱醋的酱园有数十家，其中广合益最为有名。

1914年，从天津来了一位张万中师傅，领着十几名工人，在旧城大南街路西，三元成北面的原新华书店旧址，开张制作和销售甜面酱、豆瓣酱、黄酱、黑酱、辣子酱及各式腌制酱菜、酱油、醋、酱豆腐等。他们的生意不错，逐步发展。到1917年，有了一定规模，便以五间门脸正式开了酱园，字号名为"广合益"，经理高俊岭是河北枣强人，故当地俗称该号为"东路班子"字号。

开张后，不断发展，他们又先后在旧城北门外、大什字、大西街、大召西夹道开设了4家广合益分号。大召西夹道广合益分店的经理是赵继文（天津双口人）。1921年前后，这5家联号的从业人员已达150名左右。

广合益酱园虽然是汉民开办的，但是为多做买卖多赚钱，多数联号雇有回族店员。全体店员集体起伙，并且按照清真习惯就餐，使回族顾客放心购买他的产品。

大南街路西的广合益，被称作归绥的老号，它的前边是门市拦柜，后边是作坊。作坊领作师傅就是张万中。酱园门外的市招，除表示清真的木牌外，还有"广合益"横匾和书写着"酱园""酒店"的两块竖牌。走进门内，又有两块黑底金字的横匾映入人们的眼帘，上首书写"燕菜海味"，下首写着

"南绍露酒"。

广合益酱园制作的酱菜、酱油、酱及其他产品，从选料、配料到加工制作都有一套严格的、精湛的、传统的做法。以制作酱咸菜为例，选用的原料有从天津专门运来的海盐，当地产的芥菜、芋头、黄瓜、地梨儿、豆角、红萝卜等。还有从外地运来的龙须菜、莲藕以及杏仁儿、桃仁儿、花生米。各种原材料都要严格挑选，绝不马虎。其制作方法是将腌制了一年的咸菜，用各种小型刀具把它们分别切、刮、片成条、丝、方块等形状，然后用长筒形布袋装好（每袋约20斤），放入甜面酱缸内，经过半个月的酱制，便成了酱菜。其品种有八宝菜，麒麟菜、酱瓜子、酱萝卜、酱芋头等30多个花色品种。

这家酱园，除销售自制的酱、醋、咸菜外，还出售从天津运来的海盐、小磨香油、麻酱、海参、海蜇、虾米、玉兰片、鱿鱼、乌鱼蛋、燕菜、木耳、口蘑、银耳等山珍海味。

广合益酱园的销售旺季是春节和中秋节前后。每年，他们只在腊月三十至来年正月初五才停止正常营业几天。即使在停业其间，只要有顾客来买货，便打开小门销售。广合益的宗旨是薄利多销，顾客购

买二分钱的醋或一分钱的酱油，也热情接待。

这家酱园的总店设在天津"上市儿坟地"。在天津本地还有它的分号，在包头、张家口、大同也有它的分号。包括当时称作归绥的5家广合益在内，他们的店铺遍及津包一线。旧时，归绥附近的旗下营、卓资山、毕克齐、察素齐、武川、四子王旗、和林格尔、托克托县、清水河等城镇的商贩，经常前来成批购货。

这家酱菜园，由于制作工艺独特，货真价实，花色品种齐全，服务周到，铺规严格，深受顾客的信赖和欢迎。

1950年，著名的私营酱园广合益宣布歇业，这家老字号结束了它三十多年的历史。

玉泉区早期书店

归绥县由绥远和归化两城组成，归化城是座繁华的商业城镇，坐落在今天的玉泉区境内。旧时，各行各业的店铺，都较早地出现在归化城，书店也不例外。

明善堂书局

明善堂书局是呼和浩特地区经销图书较早的商店之一，创建于民国初年。创始人是李国宾（山西大同人）、石宝玉（山西浑源人）和景克明（河北怀来县人）。他们三人都是清佛教徒，李是师傅、石和景是徒弟，清佛教在绥远传播较早，影响亦大。据《绥远通志稿》记载，它比清末民初传入绥远地区的道院、在理教、混源教、混沌教"均早百年，或数十年，其潜势力遍布于城乡各地"。其信徒人数，也是上述各教望尘莫及的。

清佛教又分为在乡和在城两个派别（即新、旧两派），在乡派一般称作"普明堂"，在城派称"明善堂"。呼和浩特地区的"明善""普明"不以城乡区分，两派都在城市和乡村发展教徒。教友互称"善人"。善人中有不少人以贩卖书籍、文具为职业。李国宾、石宝玉和景克明三人就是这样的小贩子。在清代末年，他们背着小包，挑着担子，在归绥及其周围的武川、和林格尔、托克托、萨拉齐等地，走村串巷，卖纸墨笔砚及《三字经》《百家姓》等。后来，有了积蓄，他们于1912年在归化城小东街南口路西租赁了一处院子，立了个佛堂，称作"明善堂"。同时兼卖文具和图书，叫"明善书局"。20世纪80年代的郊区银行，就是由"明善书局"旧址改建而成。

书局门外悬挂着一块黑底金字的匾额，上书"明善书局"四个大字。据说那块匾是1921年以后才挂

明善书局所在地——小东街

出来的。匾是绥远都统(相当于省长)马福祥题写的。除了匾以外,书局柜房的东墙上还挂着一幅马福祥的字画——"一笔虎"。它高五尺,宽二尺多,裱糊精致。偌大的画面,只书写着一个"虎"字。因为它出自都统之手,所以一直被明善堂主人视为珍品。

书局虽然称作"明善",没有"堂"字。但是,因为它与明善堂为一体,所以人们都称它为"明善堂书局"。

由于买卖兴隆,明善堂书局日益兴旺。书局对雇用人员一律供给膳食。除李国宾外,大家伙食一样,集体进餐。由于清佛教首重戒荤,所以明善堂书局的伙食是素食。不仅不吃肉食蛋类,连葱、韭菜、蒜都被视为荤物而摈弃。菜只限于土豆、白菜、粉条、豆腐之

类。主食也仅仅是五天吃一顿白面。因为伙食不佳,许多人干不多久就辞职而去。因此,明善堂书局的雇用人员更换比较频繁。

1930年,明善堂书局也学其他店铺搞了一次顶生意。到了年终一算账,每人能分百十元钱的红利。后来进一步查核账目,发现记错了一笔账。掌柜的就以此为理由,推翻了顶生意的许诺。结果只给每人分了一二十块钱。对此,伙计们心中极为不满,从那以后,明善堂书局就再也没有搞过年终分红。

明善堂书局经销的图书,原先以线装书为主。有成套的大部头书,如《三国演义》《东周列国志》《水浒传》《石头记》《西游记》,等等;有各种章回小说,如《说唐》《说岳》《杨家将》和侠义、公案小说等;有《麻衣神相》

《源海子平》《推背图》之类的算卦、相面、看风水的书籍；也有《辞源》、字典等工具书；还有医药书籍，如《本草纲目》《金匮要略》《伤寒论》《张仲景丛书》（四函的线装大部头）等。此外，明善堂书局也经销一些佛教的经文图书，如《文昌帝君阴骘文》《阴曹地府图》、"观音菩萨像"等。这类书，有的来自设在磁州的总堂；有的来自和他们有关系的北京的"三教圣道会"；有的从外地购进；也有明善堂书局自己石印的。

明善堂书局还为"绥远佛教经流通处"代销过佛教经书十余年。《绥远通志稿》中记载："绥远佛教经流通处，创始于李心源居士。当民国8、9年间，李以家藏佛教典籍数十百种，割爱捐出，还捐赀二百元，添购常习经论数百册，合并创一小规模之流通处，附设于明善堂书局内……平日所销，大率以心经、金刚、弥陀等籍为伙；而法华、楞严、指月、宗镜诸中部释典，已在无人过问之列；若夫稍大，如华严、殊林等部，则皆尘封积压，更无流通之希望矣。洎民国二十二年冬，归绥市佛教会成立，乃由会中负责诸居士、法师等，移流通处于观音庙，别辟净室三楹，储置经籍，以期与会务相呼应。"

在新文化运动的影响下，20世纪20年代末，新版书籍畅销全国。明善堂书局也引进了新书。因为销售较快，进货也日益增多。在其门市西北角的货架（约一间房长）上布满了各式各样的新书，有鲁迅的《彷徨》《呐喊》《而已集》，还有《独秀文存》《胡适文存》、张恨水的小说等。

明善堂书局自称是"善人"的买卖，不牟暴利。他们薄利多销，买卖一直比较平稳，年年挣钱。商店有了积累，他们就增辟新门市和发展多种经营。1931年前后，他们在大北街路西建了个新门市部，是一幢二层小楼。同时，还在"古北印刷局"（设在今玉泉区的议事厅巷）投资购买了一台四开印刷机，从而成了印刷局的股东之一。后来，由于他们的入股，"古北"更名为"华北印刷局"。它曾经承揽印刷过《绥远社会日报》。

明善堂以办慈善事业为名，早在1923年3月就开办了一所小学，即"明善学校"。学校常设一个复式班，仅一名教员，教着三四十个学生。讲授的课程以官方发行的小学课本为主，但也教《三字经》《百家姓》一类的私塾启蒙读物。

明善堂书局还兼营过农业。大约是1929年，明善堂在双树村买了上百亩的土地，还购买了水车，打了井，盖了六七间房屋，种瓜、种菜、种粮食。后来的呼和浩特市灯泡厂一带就是当年明善堂的土地。

在购买了双树村土地的一二年之后，明善堂又在盆窑村买了几十亩地（在今呼和浩特市内蒙古林业设计院一带）。还建了个两三亩大的院子，有住人的房屋，有车棚、马圈。喂养着四五头驴、骡，拴着两辆大车。一些无家室的"善人"耕种着这些土地。明善堂书局吃的粮食，蔬菜主要是靠自己种植、自己加工。

后来，景克明脱离了清佛教，在北京娶了妻子。李国宾和石宝玉认为他大逆不道，1934年明善堂书局分了一次家。

分家前，李国宾和石宝玉把景克明从北京叫回来，将明善堂书局的财产进行了盘点核算，给佛教堂拨留了五千元经费，剩下的按三股均分。李、石、景各分得一份。李、石分得小东街本部和北门里的门脸；景克明分到华北印刷局，并且分得一部分现款。分家之后，明善堂书局开始走下坡路。景克明的华北印书局买卖不兴隆；不到二年，印书局又分了一次家。李国宾和石宝玉合资经营的两处店铺，因不景气，不久关闭了北门里的门市

部。小东街的本部，随着日军的入侵，生意也受到了影响。

日军侵入呼和浩特以后，查封了明善堂书局的书籍，只准许他们出卖文具纸张。后来才又允许他们出售图书，但是进书要经过检查。被查禁的书籍，统统锁在北楼的底层。北楼楼上的明善学校已经停办，房子改做了库房。后来他们又在书局的对面——小东街路东租赁房屋，重建了明善学校。

1940年，石宝玉接济了和他相识的李志德十二块大洋。后来，李志德奔赴延安参加了革命，特务得到这个消息，报告了宪兵队，石宝玉被逮捕。

伪警察局有个警长叫王文章，原先也在明善堂书局学过徒，他的妻子是日伪机关的翻译。有王文章的帮助和斡旋，再加上金钱的作用，半年后石宝玉被释放。

解放战争中，时局动荡不安，明善堂书局惨淡地经营着。由于他们兼营着农业，吃食又节俭，开销较少，所以积累不见减少。他们不仅把小东街原先租赁的房屋、院落买了下来，还于1948年在御史巷又买了一处院子。中华人民共和国成立前夕，除了土地房屋，货物也值十几万元。

1950年夏，明善堂书局结束了

近四十年的历史——停业关了门。

中华书局

玉泉区大北街路东曾经有一家书店，叫作中华书局。是中华人民共和国成立前归绥市出售教科书的主要书店之一。归绥的中华书局是张家口的特约代销店。

张家口中华书局有个姓胡的是河北省河间人，与绥远省民政厅科长高广虞既是同乡，又都是天主教徒，两人过从甚密。20世纪20年代初，他从张家口来归绥，和高广虞商议之后，由高广虞出面拉拢在政界任职的河间同乡投资创建书店。经过高广虞的奔波努力，绥远省民政厅厅长袁庆曾，归绥警察局督察长张仲宽和刘金忱、郑少禹、刘郎斋等七八个河间人入股集资3000元，于1932年创办了归绥中华书局。七八名股东中，袁庆曾投资了1000元，其余每人数百元不等。

筹集到3000元资金以后，他们在牛桥偏南的庆凯街东口租了两间门脸，从张家口中华书局进了书籍，又从别处购进了文具纸张，店铺就正式开张了。开办之初，他们给张家口中华书局预付了1000元购货押金，而张家口分局供货并不以1000元为限，先后给了他们3000元的货物。

归绥中华书局一开业就录用了五六个人。由于摊子大、人员多、

中华书局所在的大北街

花销大，营业又比较萧条，所以连连亏损。不到二年，就面临着倒闭的危险。张家口分局为了挽救这个店铺，1934年初，推荐李之南来归绥接任经理。李之南是河北饶阳人，早年从业于北京中华书局，还一度在张家口中华书局供过职。当时他三十多岁，正年富力强。

李到任后，首先说服股东们又拿出了3000元的股金，接着他整顿了书局，仅留用了两三名伙计。因为在北门外生意惨淡，他又把书局迁进了北门里大北街路东一幢二层小楼内。新址比庆凯街的旧址宽绰，楼下是三开间大的铺面，楼上是库房和宿舍，伙房在小后院。

李之南很会做生意。他接任经理以后，逐渐扭亏为盈，书局得到了发展。到1936年，从业人员已经增加到7名。后来，李之南又以河北同乡的关系把柴忠友从"明善书局"招来，顶替了姓谢的，当了记账先生。

正在中华书局兴旺发达之际，股东们听说李之南有吸鸦片的嗜好，怕他把买卖搞坏，就想撤掉他，让柴忠友出任经理。这时发生了"七七"事变，经理易人的事被搁了下来。

1937年10月，日本侵略军进入归绥，首先封闭了各个书店的图书。中华书局的各种书籍也被装入大木箱，加封上锁，堆放到后院杂物间。那时的中华书局，虽然仍旧挂着书局的牌子，但实际上，成了只出售文具纸张的文具店。

1938年初秋，一个警察署的汉奸来到中华书局寻衅闹事，正巧经理李之南不在店铺，柴忠友接待了他。这个汉奸恬不知耻地说："中华都要亡了，你这个书店还叫什么'中华'？"说着，"啪，啪"给了柴忠友两记耳光。打完，把他带到圪料街（即现在的兴盛街）的警察署特高系。到了那里又是一顿训骂，一定让改换店名。就这样，中华书局被迫更名为"中兴书局"。

第二年冬天，书局南隔壁日本人开的一家酒店（人们叫它料理馆）失了火，他们嫁祸于人，说是中兴书局着火烧了他们。于是，书局的人全部被抓走，关了起来。关了一天一夜，书局的人才被放出来。经理李之南被吓病送进医院。李之南在弥留之际，把书局的事务托付给柴忠友，柴忠友当上了第三任经理。李之南于1940年春天愤愤离开了人间。

日本人、宪兵队来买货，常常是留张欠条就走。1943年夏末的一天，柴忠友去宪兵队要欠款，得罪了一个翻译。不久，他被汉奸特务白玉抓到了宪兵队关了5个月。柴忠友被关押期间，书局里的四五个年轻人靠出售存货生活。因为没有货源补充，书局里的货物与日俱减。

柴经理出狱后，靠旧关系，又从北京、天津等地赊进一批货物，勉强维持了一年多。后来，实在支持不下去了，只好给伙计们每人发一点回家的路费，关闭了书局。

日寇一宣布投降，柴忠友先生又开了书局的门。起初店内只有他和他内弟郭守义、同乡孙宝起。他们把日伪时期封存起来的书又摆了出来。接着从北京、天津陆续进了货物。书局的生意又有了起色。

国民党绥远省政府迁回归绥以后，书店遵命整修了门面，恢复了"中华书局"原名。

1948年夏末秋初，在北京任职的袁庆曾把柴忠友叫到北京。袁代表股东们表明退出股份，让柴忠友自己去经营中华书局。柴忠友按照股东们的意见，返回归绥市清理了账目，给股东们退出股金1600块银圆。此后，中华书局就成了柴氏的独资买卖。中华人民共和国成立前夕，中华书局已发展成为有7名从业人员的店铺。

旧时，中华书局的经营管理比较细致，书籍编号记流水账，每销售一本书都要上账。书局还优惠老主顾，给以抹零的照顾；如赶上吃饭，还要留老顾客在店里进餐。

中华人民共和国成立前，中华书局的学徒每人每月发3至5元钱，学徒期3年。出徒后，每月工钱6—10元。此外，还供伙食、集体起伙。家在外地的，二至三年给一次一个月探亲假，发给往返路费工钱照发。年终根据买卖挣钱的情况发给些奖金。

中华人民共和国成立初期，中华书局不仅出售各种书籍和文具纸张，还供应全市各小学及部分中学的教科书。

1956年公私合营，中华书局成了合营书店的一个门市部。书店的人事和业务分别由市文化局和市新华书店领导。合营书店的经理是柴忠友，副经理是原道隆。

盛极一时人力车

"丁零当啷，丁零当啷……"

"呜哇，呜哇，呜哇——"

"劳驾啦，劳驾啦！靠边！"

在铃声、喇叭声、车夫的喊叫声中，一辆"洋车"在熙熙攘攘的人群中疾驶而过。

这不是文艺描写，也不是北京、上海等大城市的场景，而是几十年前呼和浩特市街头的景象。如今60岁以下的人没有见过这场面，70岁的人恐怕也印象不深了。可是上了年纪的人，一提到"洋车"，眼前就会浮现出这幅画面。

"洋车"的由来

"洋车"就是人力车，是一种一个人乘坐，一个人拉着跑的车辆。它是由日本传入中国的。日本被称作"东洋"，所以人们叫这种车为"东洋车"或"洋车"；天津一带还有人叫它"胶皮"，可能是因为它有一副胶皮带的缘故；南方也有叫"黄包车"的。

据说，中国最早的人力车出现在清代光绪年间，是慈禧太后乘坐的一辆铁皮车，车轮是铁制的，很笨重。这部车还在北京颐和园展出过。后来市面上也出现了这种铁皮车。到了民国年间，人力车日益增多，渐渐普及，遍布全国。车型也逐渐革新，铁车轮被改成了胶皮轱辘。当年，袁世凯还成立过一支人力车队。

1921年，京绥铁路通车。有了铁路，交通发达了，给呼和浩特市带来了商机，使皮毛业和其他服务性行业进入了鼎盛时期。这给引进人力车创造了条件。三十多年前，当时的十多位人力车工人回忆，大约是1923年，从北京传来了人力车。起初，只有几辆不能充气的死胶皮带的老式车。后来随着城市的发展，人力车越来越多，逐渐成了

阔人们的主要交通工具。到了1936年，归绥城（呼和浩特市旧称）竟有人力车一千多辆，在街头巷尾随处可见。

人力车是被三轮车逐渐取代而消失的。1947年秋，归绥市街头第一次出现了三轮车，那是荣祥（土默特旗总管，中华人民共和国成立后任过呼和浩特市副市长、内蒙古文史馆馆长等职）和经天禄从北京买回来的自用车。1949年，街头上才有了营运的三轮车。最先是郝安仁和他的妻兄孙佩鼎从北京买来两辆，通过火车运到旗下营，又蹬着那两辆车来到本市。三轮车与两轮的人力车相比，具有跑得快、省力气、载量大等优点，所以它发展得很快。到1952年，大部分人力车工人都换上了三轮车。只有张福全，1955年才放下最后一辆车，结束了呼和浩特市人力车的32年历史。

"洋车"的车型

"洋车"是旧时代一种极其普通的交通工具，就如后来的自行车、三轮车，以及现在的公共汽车和出租车。但是它已消失半个多世纪，如今的年轻人对它已一无所知。姑且当故事讲讲这种车的车型。

"洋车"的主要组成部分有车轮、车厢、车把。车轮是铁的，和现在的自行车、三轮车轮子相似，

但是要高得多，有一米多高（死胶皮轮时更高）。车厢是木头做成的，有半圆形、方形和六棱形的，一般只能坐一个人。车厢四周靠背钉着棉絮垫。座位上也铺着一个厚厚的棉车垫。座前的下面是车簸箕，铺着栽绒毯子，供乘客脚踩和放随身携带的物品。车簸箕前就是车把。车把有四五尺长，一般是白槐木的，很结实。

此外，车厢上还有车篷，车篷是水龙布（即帆布）的，用以遮挡太阳和防风避雨。车篷用三根窄竹条支撑，可以向后折叠放下去。冬季还能换成棉车篷以防寒。

车篷的前方还可以悬挂车帘。夏季雨天挂帆布帘防雨；冬季悬棉车帘御寒。棉车帘的上部还留有一孔小小的有机玻璃窗，以便乘客向外观看。

"洋车"都安有车灯。一般的车都是两盏灯，安装在车厢前方车簸箕的两边，在车夫的身后。高级一点的车，还有四盏或六盏灯的。安六盏灯的，除车厢前的两盏，在扶手外侧两边各安一盏，靠背的后上方还有两盏。车灯有电石灯、煤油灯、蜡烛灯，最次的是麻油灯。

车上都装有铃铛。铃铛是铜的，一般是脚铃，乘车的人用脚一踩就会发出"丁零当啷"的响声。

有的车还装有喇叭，喇叭安在车把上。车夫一捏就会"呜哇"的响。

另外，车上还有"靠子"。靠子分硬、软两种。硬靠子钉在车厢上；软靠子是一块长方形布单，和现在的沙发巾相似，苫在车厢的靠背和车座上，显得干净、漂亮。

车的颜色是黑色的最多，黄色次之，还有极少数枣红色的。车都漆得油光锃亮、美观大方。

"洋车"车厂子

旧时缺少市内交通工具，直到1946年全市才有4辆营运汽车，在新、旧两城和火车站之间拉客。在这种缺少车辆的情况下，人力车得到迅猛发展。当时，在归绥这座几万人口的小城市，竟有上千辆的人力车；有大大小小的车厂子四十多家，它们大多数都在旧城。

车厂子不是生产车辆的工厂，而是出租车辆的场所。那时，生产人力车的工厂不称"厂"，而是叫"车行"。车厂子多数都有字号，但是有的没有叫出去，人们都以掌柜的姓名或绰号称呼他的车厂子。

当年，玉泉区境内较大的车厂子就有十多家。他们是协记车厂、同振堂车厂（在小北街）、江孟宾车厂（在大东街）、边小石车厂（在清泉街）、杨氏车厂（在牛头巷）、邱记车厂（在三官庙）、

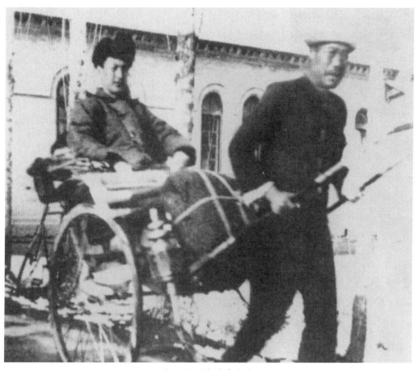

老工人刘某某在拉车

张子翰车厂（在小东街关帝庙）、任氏车厂（五塔寺后街）、崔姓车厂（五塔寺西隔壁）、根记车厂（在新生街）、宋世俊车厂（在五塔寺后街绒毛巷）、范记车厂（在小东街）、李进清车厂（在小召后街）、崔占五车厂（在电影院街）、福和记车厂（在兴盛街）等。他们多则拥有数十辆人力车，少的也有二三十辆。

下面讲讲与胡三有关的两个车厂子。

胡三，北京人。1923年他们两口子领着一个名叫喜子的小伙计，从张家口带着两辆人力车来到归绥。这新鲜的交通工具，深受欢迎，生意很火。胡三和喜子俩人拉车，渐渐发了家。1927年，胡三从北京东珠市口"双合顺车行"和"双利顺车行"买来一些车，开了车厂。车厂鼎盛时，车辆多达110多辆。胡三为人凶狠，对拉车的工人十分刻薄。拉车的背后都叫他"胡三阎王"。有一年，有一位拉车的交不起车份子（租车费），被他赶出车厂。后来那个拉车的当了兵，提着马刀带着枪要找胡三报仇。没逮住胡三，把车厂里一个姓冀的修理工砍了一刀。胡三吓得跑回了老家，让他的朋友黄秀庭（北京人，亦称黄三），从张家口来此管理车厂子。所以这个车厂被人们称作"黄三车厂"或"胡三车厂"。

协记车厂，是北京朝阳门大街"秀记车厂"的分号。由秀记老板（姓郭）、于凤池（也是车厂主）和孔宾斋三人合股经营。原来，1930年胡三的老婆回北京买车和车带。她讲述了他们的发家史。于记车厂的于凤池很羡慕。他就撺掇粮店老板孔宾斋和秀记老板与他合股来归绥开车厂子。他们从北京"义记成车行"（在西安门外）和"悦来车行"（在东四南大街）买了60辆车，来到归绥，在石头巷南口路东开了"协记车厂"。后来他们的车发展到七八十辆，成了较有影响的车厂。

包月与散座

车厂主有各色各样的人：有其他行业兼营车厂的，有小商贩改营车厂的，有"车行"工人经营车厂的，还有道人开办的车厂子。

他们把车租给拉车的工人。拉车人要按天交车份子（即租金）。只要把车拉出去，不管你拉没拉上座，挣了钱没有，都得交一天的车份子。好车车份子贵；破旧的车，车份子贱。车份子每天二三角钱；日伪时期提高到五六角钱。车份子不赊欠，必须当天当天的。

这些从车厂租出来拉客的车，叫"散座车"。散座车中，也有拉车人自己的车。有的人还有个两三辆车，除自己拉用一辆，还租给别人，挣份子钱。

除了散座车，还有"包月车"。包月车，是有钱的人雇拉车工人，拉专供他自己乘坐的人力车。车，有的是车主自备的，有的是车主从车厂租赁来的。

包月车是自用的专车，比较讲究。拉包月车的要更勤快，经常修整擦抹车辆，把车拾掇得干干净净、漂漂亮亮的。

拉包月的车夫，虽然拉着有权有势的官宦或者是有钱财的阔人，但是他们的生活照样是很苦的。

日本鬼子投降以后，丁树生曾经给军官王某拉过二年包月车。王某当着面曾经吩咐手下人给车费，但是下人一拖就过去了，连一文车脚钱也没得到过。为了维持生活，丁树生还得抽王某不用车的空闲时间跑出去拉散座挣钱。

给荣祥先生拉包月车的郝喜章还算幸运，每个月都能从土默特旗政府领取一份勤杂人员的工资。他住在荣祥老先生的家里，自己另起锅灶，单独做饭吃。由于工资低，生活也比较贫苦。苦是苦点，但是不用瞅空摸空地忙乱着去拉散座。

人力车车夫

拉人力车在旧时是一种职业。此地人力车曾经达一千三百多辆，拉车者也有一千多人。拉车的是杂八行，原来做什么的都有。有赤贫的市民，有逃荒的农民，有亏了本的买卖人，有被解雇了的小职员，有退役的士兵……这些人没有别的谋生办法，经人一引荐就拉起了人力车。拉车的被叫作"车夫"。

当时的呼和浩特虽然仅仅有几万人口，可这里是商业城市，来来往往做生意的人络绎不绝，所以人力车的买卖十分兴旺。车厂主凭那几十辆或几辆车的车份钱就可以维持生活或者发家致富；车夫凭力气拉着车跑，就可以糊口度日。

拉车是卖苦力的营生，虽然不用拜师学艺，但是也需要一定的技术。初拉车时掌握不住车把，拿不稳劲，跑起来深一脚浅一脚，车身不稳当，自己拉着也费力气，坐的人也不舒服。跑个一两天，就腿脚胖肿，全身的骨头就像散了架，腿也抬不起来。拉过一段之后，品住了劲，拉起车是小跑步，前腿绷，后腿蹬，腰杆稳，脚步准，车把不上下忽悠，拉着省力，坐着舒服。不管跑得多快，碰到特殊情况，三步两步就能紧急停住。

车夫每天的营生就是跑、跑、跑，拉着坐车的人跑，为糊口而跑。不管白天、黑夜、刮风、下雨、严冬、酷暑，整天拉着车在马路上奔、奔、奔，为生活而奔。真是有受不完的苦，流不尽的汗。

车夫中很多人是光棍汉，他们的"家"就在车厂子。以较大的黄三车厂为例，来看看他们的"家"。黄三车厂租用着老道庙里的房屋。车夫们住着三间大的东房。屋里有一盘南北向的大炕，上面铺着花秸（高粱秆）和谷草。炕上还支着一层木头床铺，上面也铺着草。几十名车夫就挤在这"两层楼"的炕上和铺上。有的人没铺没盖，就往草窝里一钻，枕着半块砖，盖着帆布车帘。

由于生活无着，精神苦闷，不少车夫染上了吸毒和赌博的嗜好。有的人拉几个脚钱都抽了，他们得先抽足大烟，才能出去拉座。

说起赌来，好多车厂主也不反对。当时流传着"水流千里归大海，挣了脚钱归车主""不怕你吃，不怕你穿，就怕你入了肚"等说法。意思是说，车主不怕你吃他的、穿他的，这总要给钱的。在厂里赌钱，车主也有抽头。就怕你在外面吃喝到肚子里，那钱就拿不出来了。

车夫们不仅生活穷困，社会地

位也比较低下，常常受有权有势的人的气。

一次，老工人常玉山拉一个喝得醉醺醺的日本人。让他拉着在街上转了好长时间，才来到那个日本人的家门口。日本人下车进去半天没有出来，他就进去要车钱。那个日本人一面说："我的记性大大地坏了。"一面扔给他四分钱。常玉山一见四分钱，气得扭头就走。那个鬼子嫌他生气没拿钱，追出来指着院子里的一口井说："你的死在这里！"说着就动手往里摁常玉山。幸亏他年轻力气大，身子灵

活，鬼子和他撕扒了半天，没有把他塞到井里。鬼子还恬不知耻地说："你的力气大大的有，你的死不在这个井里了，你的开路开路的吧。"从此以后，常玉山碰到不给钱的主，再也不敢要车费了。

老工人丁树生拉车累坏了身子，动了大手术，有三根肋骨各被截掉一段。生活没办法，他女人只好领着孩子到"纯一善社"去喝稀粥和沿街乞讨。他刚能行动，还需要去医院换药的时候，又拉起了车，想跑得慢点，拉拉老年主顾。一天中午，他从小东街往南走，准

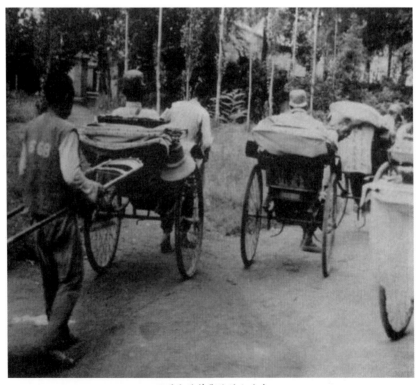

旧呼和浩特街头的人力车

备回家吃饭。刚走到南口儿，从警察署走出一个警尉补，下班要回家，坐上了他的车。没走几步，嫌他跑得慢。丁树生解释说刚刚动了肋骨手术，并且撩起衣服让他看。那个警尉补说："折了肋条你还拉车？"边说边打了他一顿。真是欺人太甚！

日本人投降以后，老工人刘海文被抓壮丁抓到大召。他逃出来，跟一个相识的伙夫到麻花板五十六后方医院。白给人家做饭。后来又躲到北门里"都一处"饭馆伺候人。怕被人家抓住，他在医院和饭馆连门都不敢出，他说："像耗子一样，躲着不敢露面。"他的老婆孩子在家里纺毛挣钱买点粮，到菜摊拣白菜帮子吃。每当乃莫齐召放粥时，全家去喝稀粥。快解放了他才敢露面。到家里一看，门也被扒了，炕也被刨了。

老工人池跃蛟，因为交不起房租，被房东赶出来，仅仅用一辆小小的"洋车"就把家搬走了。四口之家只有一卷破破烂烂的"铺盖"、一口破锅、一只烂风箱。他和大儿子池镜两个人拉车都维持不了生活，实在没办法，为了一家人活命，卖掉了二儿子。

"洋车夫"苦啊，苦不堪言，几乎人人都有讲不完的辛酸事。

车业得解放

日本军国主义入侵前，归绥就有"洋车工会"，驻在旧城财神庙（在今玉泉二巷）。它是官办的，只与车厂子发生关系，办理收捐税、发牌照、发号坎之类的事务。

号坎是蓝色的单布坎肩，前面印有"人力车夫"四个白色大字，背后印着和车辆牌照相同的号码。

在1941年前后，日伪统治者为了控制人力车业，搞过洋车组合，强行把所有的车折合入股，集中到一起。"组合"先设在上栅子街（在今玉泉区境内），后又搬到西五十家街。后来组合又改成了"合作社"。

日寇投降以后，又组织过官办的工会，强令工人参加。会址在小东街关帝庙内。工会所做的一件较大的事，就是让工人们摊钱在盆窑村买了一块地，作为拉车工人的公共坟地，叫作"洋车义地"。

上述组织，都是用来统治、操纵人力车业，用以收捐税、摊花销和盘剥工人的专门机构。

中华人民共和国成立后，人力车工人不再受歧视了，他们和广大劳动人民一起翻身做了主人。1950年5月1日成立了人力车工会，是全市成立的第一家工会组织。老工人丁树生当上了工会主席和区人民代

归化城（即今呼和浩特市）街头的人力车

车，开上了机械化的三轮摩托车。

工人们在文化上也翻了身。池镜的儿子中学毕业，甩掉了池家祖祖辈辈的文盲帽子。老工人刘海文感慨地说："我们弟兄好几个，没有一个念书的。我六兄弟上了个小学，还是新中国成立以后的事。我有三个闺女、两个儿子，都念了初中、高中或者专科。要不是解放了，孩子们哪能念书啊！"

三十多年前，寻访人力车工人时，他们多数已进入老年，正在享受着幸福的晚年。文中提到的常玉山、丁树生、刘海文、池镜等，那时都已经退休，每月按时从呼和浩特市客运服务公司（前身是呼和浩特三轮车合作社）领取退休金。

表。池镜入了党，当了干部。

随着社会的发展，人力车逐渐被淘汰，人力车工人也纷纷扔掉"洋车"把，换上了脚蹬的三轮车。

1956年，呼和浩特市三轮车合作社（驻在玉泉区境内）成立，过去零散单干的工人走上了集体化的道路。1958年12月成立高级社。1964年三轮车社开始引进三轮摩托车，不少工人又扔掉了脚蹬的三轮

风云人物

HUASHUONEIMENGGUyuquanqu

风 云 人 物
FENGYUNRENWU

阿勒坦汗一生致力于促进经济、社会发展，实现了与明朝的和平贡市，建成了塞外名城库库和屯（即今呼和浩特市旧城），使土默特万户得到空前大发展，功绩卓著。

雄才大略阿勒坦

阿勒坦，即阿勒坦汗之名，蒙古族，著名的政治家、军事家。明正德二年十二月二十日（1508年1月22日），出生在成吉思汗第15代孙达延汗的三儿子巴尔斯博罗特之家。他是龙凤双胞的弟弟，其名汉意为金；姐姐名"孟根"，银的意思。他的祖父达延汗去世后，他父亲巴尔斯博罗特曾经短暂的继承过汗位，但也很快就去世了。按照传统，阿勒坦得到了土默特万户，成为土默特万户的最高首领。其后，他不断地成长、成熟，于明嘉靖二十一年（1542年）被授予"土谢图彻辰汗"称号。

他一生中，南征北战，促进经济、社会发展，引进西藏佛教（黄教喇嘛教），实现了与明朝和平贡市，建成了塞外名城库库和屯（即呼和特旧城），使土默特万户得到空前大发展，功绩卓著，名垂千古。

阿勒坦汗曾经配合全蒙古大汗博迪汗等对兀良哈的征讨，历时

阿勒坦汗画像

大召广场的阿勒坦汗铸像

二十年，共进行了六次征剿。最后的两次由阿勒坦汗独自完成，最终降服了兀良哈；也使土默特万户的军事力量得到进一步增强。

阿勒坦汗还曾经四次进兵青海，征服了畏兀特的卜儿孩（即博喇海），也沟通了蒙古与西藏的联系。

阿勒坦汗与明朝的和平贡市也来之不易。

由于明王朝的封锁，给塞北蒙古地区造成很多不便和困难。嘉靖十三年（1534年），年轻的阿勒坦汗就向明朝提出过通贡互市的要求。不料却遭到了拒绝。阿勒坦汗便对明朝诉诸了武力。

嘉靖二十年（1541年）以后，阿勒坦汗又数十次派遣使者，向明朝提出互市要求，结果还是屡屡被明朝的嘉靖皇帝拒绝。1549年，他想出个奇招。他让部下写了一封书信，说明近年入边抢掠，是因为不能通贡互市的原因，如果准许通贡互市，就立即停止战争。同时警告明朝，如果再不答应要求，就要兴兵到明朝的都城去抢劫。写好信后，他让军士把书信绑在箭头上，射到了明朝的军营。

第二年（嘉靖二十九年，1550年），没得到回信的阿勒坦汗，愤怒不已。他率领兵将，杀向了明朝。他攻克大同，然后向东挺进，直抵长城。又拆毁长城，攻掠怀柔，直达通州。因为阿勒坦汗的目的是"以战求和"，所以围住京城以后，就没再组织攻城。在北京城下，阿勒坦汗又写了一封书信，再次提出通贡互市的要求。然后释放了俘虏的明朝宦官杨增等八人，让他们带着书信去见皇帝。阿勒坦汗围困北京三天后，得到明朝边臣同意通贡互市的答复，才从容地满载着掠获的财物，撤回了草原。

明廷迫于阿勒坦汗的威势，翌年在大同镇羌堡、宣府新开口堡以及延绥宁夏开设了马市。但不久又撕毁协议，关闭了马市。明蒙之间又进入了长达二十年的战争状态。

到了隆庆年间，皇帝易位，大臣更换，政治空气也发生了变化，明朝当局开始对前朝拒绝阿勒坦汗通贡互市的做法进行了反省。恰在此时，发生了一件偶然事件，为明蒙从战争走向和平带来了契机。

这次偶然事件，发生在明隆庆五年（1571年）。当时，阿勒坦汗的孙子把汉那吉因为家庭纠纷，带领十余人逃到山西边境，投降了明朝。这件事震动了明蒙朝野。围绕这一事件，双方展开了一场智慧和实力的较量。结果，阿勒坦汗用明朝叛逃到蒙古的人员交换回来孙子。明朝也决定按照阿勒坦汗的要求封他为王，并且允许通贡互市。

翌年五月二十一日，阿勒坦汗在边镇得胜堡（在今天内蒙古丰镇市城南）接受了明朝册封的"顺义王"称号，出现了明蒙和平友好的大好局面。

阿勒坦汗与明朝达成通贡互市协议，并且被封了王爵，使他的驻地——今呼和浩特地区各行各业得到较大的发展，出现了"各安生业，同乐太平"的大好形势。于是，阿勒坦汗从隆庆六年（1572年）开始修建城池。蒙古文《阿勒坦汗传》中写道："大名扬天下的圣主阿勒坦汗，在水公猴年（藏历，即壬申年，明隆庆六年，公元1572年），召集举世无双的巧工名匠，模仿已失去的大都，在哈剌兀那之阳，哈屯河之滨，始建有八座楼和琉璃金银殿的雄壮美丽的库库和屯，统辖十二部土默特大国。"这座城池就是今天呼和浩特的前身，阿勒坦汗就是如今的历史文化名城——呼和浩特的奠基人。库库和屯的建立，也进一步促进着社会的发展。

作为土默特的首领，阿勒坦汗一直重视经济和社会的发展。对蒙古社会赖以存在和发展的经济基础——畜牧业，更是高度关注。他制定的《阿勒坦汗法典》中，就有许多涉及畜牧业生产的条文。

在发展畜牧业的同时，为了尽量摆脱游牧经济给经济社会发展带来的制约，他还引进农业，发展农业生产。为此，他执行善待汉族人、招徕汉族人口的政策，吸引了很多的农业劳动人口来到土默川。同时，也有从事手工业生产的汉族工匠相携而来。阿勒坦汗对他们也非常欢迎。于是，土默特地区出现了人口增长，畜牧业、农业、手工业齐发展的大好局面。经济的发展，为建筑城池提供了基础，工匠们也在建筑中发挥了作用。

经济发展的同时，思想领域也在发生变化。引进黄教喇嘛教，战胜萨满教，也是阿勒坦汗的一大历史贡献。

阿勒坦汗之前，蒙古与西藏的联系已经中断了二百多年。16世纪中叶，阿勒坦汗在进军青海的过程中，又沟通了蒙藏之间的联系。他第四次进军青海时，开始接触西藏的佛教徒。有位叫阿兴的喇嘛，与阿勒坦汗从相识到熟悉，给他讲佛法，劝他皈依佛教，并且提出一些具体的要求，其中的一项就是要他迎请达赖喇嘛。阿勒坦汗应允了，三世达赖喇嘛索南嘉措也欣然接受了他的邀请。

明万历五年（1577年），阿勒坦汗前往青海湖畔的恰布恰庙（仰华寺）去迎接三世达赖喇嘛索南嘉措。恰布恰庙始建于万历二年（1574年），是为迎接三世达赖喇嘛专门修建的寺庙，也是土默特人在其青海游牧领地兴建的第一座寺庙，在今青海省共和县恰布恰。

第二年六月十九日，三世达赖喇嘛索南嘉措经过五个多月的游历，来到青海湖畔新建的恰布恰庙会见了阿勒坦汗。关于他们俩的会见情况，蒙藏文献都有详细而生动的记载，现转引如下：

"是日，阳光灿烂，青海高原晴空万里。达赖喇嘛一行远远看见前面一队人马浩浩荡荡前来迎接。队伍前面彩旗招展，鼓乐喧天，蒙古诸部领主和喇嘛组成的仪仗队伍及其他人缓缓而行，训练有素、队伍整齐的蒙古骑兵走向前来，四面八方有数千名蒙汉僧俗人等骑马而来。达赖喇嘛等人又走了一个时辰后，阿勒坦汗身着白衣，骑着白马，在钟根哈敦的陪同下，率领数万部众前来迎接。阿勒坦汗向三世达赖奉献了以五百两精银制作的曼陀罗一个，盛满宝石的金碗一个，白、黄、红、蓝、绿诸色绸缎各二十四，骏马百匹，其中包括配有镶饰珍宝鞍辔的白马十四，白银千两，五色大缎十四以及布匹等物品"（引自《阿勒坦汗生平及其历史贡献》，作者晓克，原载《玉泉文史第二集》）。

会见期间，三世达赖喇嘛索南嘉措将阿勒坦汗称作忽必烈汗的化身，赠给他"梵天大力咱克喇瓦尔迪法王"。阿勒坦汗许愿要回呼和浩特建造供奉释迦牟尼佛的召庙。

阿勒坦汗从青海返回呼和浩特，立即按照许愿开始建造供奉释迦牟尼佛的寺庙，明万历八年（1580）寺院建成。它就是香火沿袭至今天的、驰名中外的大召。此后的数十年，阿勒坦汗的儿子、孙子及亲信们，在呼和浩特及其附近，修建起一批寺庙，使呼和浩特成为召庙林立，金碧辉煌的美丽城市，被人们赞美为"召城"。如今，召城被定为历史文化名城，阿勒坦汗功不可没。

明万历十年十二月十九日（1582年1月13日），一代英豪阿勒坦汗因病逝世，终年75岁。

阿勒坦汗的去世，给土默特万户带来巨大的悲痛。《阿勒坦汗传》记述说："哈敦钟根与可汗之子女，以及举国大众哀号悲痛而倒时，满珠锡里胡图克图亲为超度，接引英灵于上生解脱中品之地……无智愚昧之众百姓，继续悲痛哀号卧倒不起，为唤醒，满珠锡里胡图克图亲自如此晓喻……哈敦钟根、皇子皇女与诸官员闻之稍醒，于功德七七之日内，使妙四项僧人全体聚会，唪诵四部根本大乘经……因阿勒坦诺门汗升于上生之地，其占据十二土默特之儿孙，与天性清净的乌讷楚钟根哈敦等，大行善事所献布施不可数清"（转引自《阿勒坦汗生平及其历史贡献》，作者晓克）。

土默特万户为阿勒坦汗举行了规模空前的隆重葬礼，将遗体安葬在大青山南麓。蒙古各部纷纷为阿勒坦汗举行悼念仪式或进行布施，表示哀悼。明朝也派出使臣及大喇嘛前往祭奠。据史料记载：明廷"赐祭七坛，彩缎十二表里，布一百匹"。

明万历十五年（1587年），三世达赖喇嘛索南嘉措来到呼和浩特，亲自将阿勒坦汗遗体重新火葬，把骨灰装入由尼泊尔工匠修造的舍利塔中。之后，三世达赖喇嘛索南嘉措又在大召为阿勒坦汗举行了极其隆重的祈祷仪式，再次安葬了一代英豪阿勒坦汗。

（注：撰写本文，主要参考了内蒙古社会科学院研究员、原历史研究所所长晓克的《阿勒坦汗生平及其历史贡献》一文。谨向晓克先生致以诚挚的谢意！）

绛雪斋主韩葆纯

清末民初，旧城宁武巷北口路东，曾经住过以国画名世的韩葆纯先生。他自号塞外山樵，有《绛雪斋画剩》五秩传世，查《绥远通志稿》的《人物》《艺文》《金石》诸卷，都有其行迹记载。笔者曾于研读内蒙古自治区戏剧发展史时，发现了韩葆纯先生的《康熙帝私访月明楼》。该画具有较高的文物价值，因其可以界定或者推论清代归化城最早的戏剧活动时间。

在我祖父那一代，已经与韩葆纯先生的后人有了通家之好。因为这层关系，我在绛雪斋主的第三代传人韩世仪先生家中，亲睹了韩葆纯先生遗存的画卷。在一个古色古香、十分考究、内分五秩的紫檀（或楠木）画箧里，我看到置放其中的三秩藏画，那是36幅以花鸟虫鱼和人物

韩葆纯故居——绛雪斋（曹建成绘）

为主的精彩册页（另三秩藏画已经散落多年）。韩世仪先生告诉我，除此之外，还有他祖父用过的绘画工具（包括至今依然鲜亮如初的矿物性颜料）。可惜，我对绘画一途，素不"识荆"，故不敢班门弄斧。不过，从画箧上5个果绿色小篆，即"绛雪斋画剩"中，我似乎感觉到一种极其浓烈的书香气味，尽管它已经存在近一个世纪了。

在一幅幅生动形象而又精工富丽的册页中，若从直觉上说，我最喜欢的是那幅可以乱真的《蚂蚱图》，且看这虫，其绿如水，其翼透明，两须抖动，十分警觉，真是"描生端借探花笔，信使滕王逊不如"（这是署名润斋叶之沼者，为韩葆纯先生的另一幅画题诗）。在我的记忆里，早在五十多年前，就听我的祖母说过，韩葆纯先生的蚂蚱扇面，一幅可易几两白银。还说，当时的文化经济人，在茶坊酒肆售卖时，还向顾客这样夸口："如果猫儿不扑，鸡子不鸹，绝不向您要白花花的洋钱。"由此可见，韩葆纯先生工笔画的造诣已经到了出神入化的程度。

据《绥远通志稿》称，韩葆纯先生生于清朝道光二十七年（1847年），故于1917年。祖籍山西文水。后因其曾祖出任绥远城将军幕

僚而脉流塞上。不过，作为世家子弟的韩葆纯先生，一生都淡泊名利，不求仕途，青少年时即在人市街与宁武巷自置的绛雪斋和芸香书舍，埋头攻读经史和钻研绘画，并最终走上了专业绘画与金石收藏的道路。

由于韩葆纯先生蜚声塞北艺坛，故慕名前来求画者日众。据韩世仪先生介绍，他的祖父除了上述那些绘画作品外，还有不少尺幅较大的缣素佳作，可惜现在能够见到的，也只有收藏在内蒙古博物馆的《康熙帝私访月明楼》和《关公出猎》两幅藏品了。前者系绢画，当年是礼赠大召当家喇嘛的补壁之作，它的构图与取材，都摄取了本地有名的大戏馆子，如"同和园"等的造型特点与场景色调，并且塑造了神态与服饰各异的近百个人物。在一定意义上说，具有史画特点。而后者，却系兼工带写设色竖轴人物画。这幅画高约3米，宽近

1.2米。画面上的关云长，风帽猎装，长须飘洒，身佩利剑当风而立，其造型颇具大将风度。只是在画面的右上方，题签"上章困敦"四字。我初始不解其意，待查阅有关文献后，方知这4字即庚子（1900年）的天文含义（属于天干地支的一种古老表述方式）。

得此一解，使我顿时为之一震，悬揣韩葆纯先生用意，大有为国分忧的情怀。因为庚子赔款，使中国的命运又一次陷入深重的危机。

应该指出，韩葆纯先生绘画的成功，除天赋聪颖外，更与他长期体验与观察社会众生相和自然景观有重要关系。在《绥远通志稿·人物卷》中，曾经这样评价他的作品："所画山水人物上法唐宋，虽浓青大绿，略无滞机。花卉兼师徐黄，细匀均染，宛如生姿，而尤致力于鸟兽虫鱼，细腻生动，时论称绝诣焉。惟久居塞外，未曾行万里路，藉山川人物，大拓其心胸，为

韩葆纯画作——《康熙帝私访明月楼》

可惜耳。"

不过，我觉得，韩葆纯先生作为吾乡先贤，我们对他在绘画上的历史贡献，还应该有今人的审美判断。因为，他虽系文人一脉，却在艺术追求上，少有近代文人画那种常见的抽象形态。

笔者斗胆说一句，韩葆纯先生虽没有行万里路，却读了万卷书。就以山水画而论，我曾见他在一幅扇面画上，明确表述了自己的美学观点。他一向尊崇宋代大画家郭熙的《林泉高致》，认为他的《山水训》"议论一时，卓绝千古可观"。由此可推测这位"锁在深闺人未识"的画家，亦非池中之物。

学者都格尔扎布

都格尔扎布，清末民初著名的蒙古族学者。他毕生从事蒙古族的文化教育事业，潜心研究蒙古族语言文字，著述颇丰，是当时蜚声塞外的一位文化名人。

都格尔扎布于1856年出生在土默特旗美岱召村（今属土默特右旗）一个蒙古族家庭。由于家境贫寒，念不起书，都格尔扎布从小就参加了繁重的农田劳动。但他唯性嗜学，在劳动之余就向美岱召的喇嘛学习蒙古文及医药知识，还向喇嘛和其他人士借阅了许多历史书籍。一有空暇时间，他就如饥似渴

都格尔扎布（1856—1927）
副都统衔土默特右翼六甲参领

地阅读。田头上看得入了神竟忘了干活；晚上在昏暗的油灯下学习到不知天之将亮。就这样，靠顽强的毅力和孜孜不倦的求学精神，小小年纪的都格尔扎布就满腹经纶，才华横溢。

都格尔扎布十八岁那年，瞒着家里人，偷偷乘坐本家族叔叔的煤车到了归绥，经亲友推荐，进入了土默特启运书院学习。当时书院没有学生宿舍，他就寄宿在西茶坊的朋顺召内。每天天不亮他就起了床，将全召上下打扫得干干净净之后，以粗竿香火的微弱光亮照明读书，学习的刻苦精神使人叹服。经过几年的寒窗苦读，他以优异的成绩从启运书院毕业。

都格尔扎布毕业后被土默特衙署看中，录用为衙署的"笔帖式

（相当于秘书）"。埋头苦干了十多年，由于工作勤勤恳恳且忠于职守，于光绪二十一年（1895年），被提升为骁骑校；不久又被提升为公中佐领；光绪二十六年（1900年）又被提升为土默特右翼六甲参领，从此，都格尔扎布开始参与旗政活动。

都格尔扎布参政后，认为普及蒙古族教育，提高蒙古族的文化素质，造就蒙古族的人才是当务之急。于是在当时改良运动的推动下，将启运书院改名为土默特高等小学堂，自己兼任学堂堂长。他常常从繁忙的政务中抽出身来，亲自领导学校的教务整顿，提高教学质量。1916年，教育部派人来绥远特别行政区考察，土默特高等小学堂的成绩列全区之冠。他还建议在包头设立土默特第三小学，解决了包头蒙古族儿童上学困难的问题。1923年，他又在包头召院成立了土默特第五小学，极大地推动了民族文化教育事业的发展。

都格尔扎布虽然跻身于政界，但农家勤俭、朴素的作风始终未改。他一生好学深思，治学严谨，学而不厌，笃行不倦；他精通蒙汉文字，晚年嗜学到了手不释卷的程度。都格尔扎布一生所著蒙古文书籍甚多，其中《蒙文汇通》《蒙文四书集注》尤为脍炙人口，具有极高的学术价值和实用性。《蒙文汇通》是都格尔扎布多年潜心研究所得，晚年成书。此书的体例是按照蒙古文十二字母的顺序，逐类详解，由浅入深；先示七音的正确读法，次解三性的拼接规范，阳性、阴性、中性，最后详细论述通假界限及作文规矩、方法。全书共三十六卷，是蒙古文文法最为详备的巨著。此书从清光绪三十二年（1906年）开始撰写，至1913年春脱稿，共用去8年的时间。开始起书名为《蒙文辑要》，后改为《蒙文汇通》。书成后曾油印数十部，很快被人们求索一空，后来自购石印机意欲多印，因忙于公事而未果。《蒙文四书》是土默特前辈学者赛先生等数人于清咸同年间将《四书》经文译成汉蒙满三体合璧文的一部著作，但是此书缺少集注，都格尔扎布读此书时每每感到甚为缺憾，于是在晚年发奋撰写集注，以完成文化前辈未竟之业，但还没有全部完成，都格尔扎布就不幸谢世，仅完成《论语》《大学》二种，刻印出版。

都格尔扎布还曾纂修《土默特志略》，此志书虽然没有正式出版，但其中有许多材料后来被高赓恩编写的《土默特志》和《归绥道志》所吸收选用。他还以采编和翻译的身份参与了《绥远旗志》的纂修工作。

都格尔扎布于1927年秋病逝，享年71岁。

辛亥三杰之满泰

民国年间，在今天内蒙古自治区中部地区设有一个旧省份，叫作"绥远省"（初称绥远特别行政区，后改作省）。直到1954年才撤销这个省，并入了内蒙古自治区。省的行政主官最初叫绥远都统（之前叫作绥远城将军），后来改称为绥远省政府主席。

1926年，有一位代理都统叫满泰，他是土默特旗鄂尔格逊村（今属包头市九原区）人。他曾经在玉泉区小召前街街道办事处的上栅子街、兴隆巷街道办事处的石头巷等地居住过；他任土默特旗总管时，还在大南街街道办事处议事厅巷的总管衙门内工作过多年；他的上栅子街公馆还接待过著名的国民党将领、中华人民共和国成立后任过全国政协副主席、国防委员会副主席的傅作义先生；他在驰名中外的昭君墓还留有碑刻……他在玉泉区留下了弥足珍贵的足迹。

满泰，蒙古族，清光绪九年（1883年）出生在土默特旗鄂尔格逊村。幼年在家乡私塾读书10年，

满泰，第十任都统
——《申报图画特刊》

满泰先生

由于他勤敏好学，熟读四书五经，在学童中出类拔萃，深受师长喜欢，称赞他是"可造之才"。当时正处在帝国主义列强瓜分中国，清王朝腐败无能，对外屈膝投降，对内加紧压榨，中华民族濒临亡国灭种的危难时期。满泰为报效国家，为民族之强大，在读书期间还投身于少林武功高师名下习武强身。他披星戴月，日日不辍，先后学会了少林派的长拳、形意太极、轻重拳、八卦诸门，并对阴把缠枪和刀矛剑戟等兵器颇有心得，成了文武双全的人才。而且他年龄不大志向冲天，秘密参加了同盟会，是土默特地区最早的同盟会员之一。

宣统三年（1911年），满泰

参加了辛亥革命。在1914年到1916年担任萨拉齐、武川警备队长期间，因为反抗绥远都统蒋雁行被通缉，被迫背井离乡离开了土默特地区。1921年，他返回土默特左旗，历任补充团副团长、团长、国民军骑兵第一旅旅长、骑兵第五师师长。1927年10月，骑兵第五师改编为三十军，他出任军长兼绥西镇守使。1928年，任土默特旗总管。1926年，还代理过绥远都统。他为报效桑梓立下汗马功劳，与云亭、经权被誉为"土默特蒙古族的辛亥三杰"。

满泰生活俭朴，吃穿朴素，住的简单，剿匪住野外，外出住村落，巡视住客栈，回家睡土炕，从不摆谱。他担任土默特总管时，旗

原土默特总管兼蒙边中将司令满泰先生

财政拮据，入不敷出。为了减轻财政负担，他主动带头将自己的月薪由500银圆减为200银圆，将总管办公经费由500银圆减少为200银圆。接着整顿了财务管理制度，调整了租税局人员，增加税收，紧缩开支，很快使财政得到好转。满泰对本旗教育极为重视，除拨出经费支持各学校教育外，还鼓励旗属子弟到外地去上学，给考入大学者每人每年发助学金100银圆，考入其他学校的也酌情发给助学金。并且每年发给旗内鳏寡孤独户一定的生活救济款或补助费。

他身居高位，从不扰民。不管巡视城市还是乡村，他从不像其他官员，前呼后拥，骑着高头大马，耀武扬威，而是在城前、村前下马，步行到目的地。因而他被老百姓亲切地称为百姓都统、平民将军、社会总管、布衣使者、和祥老人，称赞他率领的人马为智者之行。他还重视民族文化、宗教事务和保护文物古迹，主政土默特期间，被他先后维修及保护过的寺庙等文物古迹有包头五当召、沙尔沁召、归化城喇嘛洞、乌素图召、大召、席力图召、观音庙、五塔寺、昭君墓等等，后来的研究者们，感慨他老人家高瞻远瞩，思想先进。

民国期间，土默特地区土匪如

满泰总管参加学生毕业典礼

毛，人民生命财产受到严重威胁。满泰为了消灭土匪，鞍马劳顿，战功赫赫，换来了社会治安的好转。他的一件大义灭亲之举，受到了朝野一致称赞。

1931年，满泰出差去北平（即北京），发生了一起抢劫案。抢劫者竟是他的女婿李增华和同盟会先烈王定圻的儿子王佐治等人。他们抢劫了旧城北门外牛桥的一家银钱铺子。人们考虑到是满总管的亲人和同盟会先烈的后代，想压下这个案子。满泰先生返回绥远后，听闻此事，立即找来总管公署秘书长荣祥核实，当确认确有此事，他责令荣祥立即缉拿案犯。他拒绝很多亲朋好友的通融说情，并且登报申明

引咎自责。最终将案犯侯坤山、李增华、王佐治枪决。满总管大义灭亲得到民众交口称赞，还受到国民政府的嘉奖，也进一步促进了社会秩序好转。

土默特旗的主政长官，自清乾隆二十六年（1761年）以来的150多年间，一直由清廷或民国政府直接任命的客籍人担任。满泰是一百多年来第一位担任土默特旗总管的本籍蒙古人。他自感责任重大，决心要把土默特旗治理好，为当地人民群众谋福祉。因此，他在主政土默特旗期间，事必躬亲，呕心沥血。他综理旗政，在吏制、财政改革、维护旗权、整顿甲佐、摊派徭役等方面，以及保护民族和地方利益上

做出了重大成绩，是历任土默特旗主政者中政绩颇为突出的一个。

旗政的劳累，再加早年征战对身心的劳损，他积劳成疾。1934年7月，一代英杰满泰将军在玉泉区境内病逝，他刚刚年过半百，可谓英年早逝。他去世后，正好蒋介石先生及宋美龄女士来绥远视察，专门慰问了其家人，并送上慰问金。中国共产党的毛泽东、朱德、周恩来等领导人均送来了挽联，发来了唁电，并派代表团参加了安葬仪式。

满泰将军已逝去八十多年，他英勇善战，勤政亲政的往事还一直在民间传讲。

气贯长虹张克敏

清光绪三十二年（1906年）十一月二十日，在内蒙古土默特左旗十里坡村的一个农民家庭里，一个男孩子降生了，这孩子排行第三，父母给起名叫张克敏。张克敏的父亲叫张翰林，母亲叫石金花，他们对克敏要求很严格。克敏自幼在勤劳、善良的家庭环境中生活，耳濡目染，养成了文静、善良、内向的性格。

到了上学的年龄，父母把克敏送到附近的兵州亥村读书。克敏聪明好学，尊师爱友，学习成绩优秀，很得先生的赏识。初小毕业后，克敏与同学、好友什报气村

张克敏烈士遗像

的杨植霖一同到毕克齐镇念高小。1923年，克敏又到归绥市土默特中学读书。

在与杨植霖的长期交往中，克敏一家与杨植霖家也结下了深厚的友情。1925年，克敏19岁，在父母的主持下，婚娶杨植霖的胞姐杨植梅为妻。

克敏最喜欢红颜色，他说红色亮堂、喜庆，看了红色让人觉得心

里宽畅。结婚时，植梅的盖头是块火红的缎子，克敏闹革命用来包了小手枪。夏天出门，克敏喜欢带一把亮红的油布雨伞，远远地看见，大家就知道是他来了。

1926年春，西北职业学校来了一位叫路作霖的老师。路老师是当时著名的社会活动家，中共党员，在西北职业学校任教时教《产业革命史》。路作霖老师学识渊博，口才流利，讲的课生动感人，痛砭时弊，深深地吸引了学生们。克敏与路老师结识后，从路老师那里阅读了大量的革命进步书籍，逐渐地接受了马列主义。同年，由路老师介绍，克敏加入了中国共产党，从此走上了革命的道路。

入党后，克敏在学生中积极宣传马列主义，组织、领导和积极参加学生运动，是学生运动的中坚人物。

1927年，蒋介石背叛革命，轰轰烈烈的大革命失败了。国民党绥远省党务整理委员会通令捉拿路作霖、杨曙晓、张克敏等共产党人，通缉令贴在五族学院的墙上。路作霖等闻讯逃离了绥远，杨曙晓同志被捕入狱。克敏也离妻子、别父母，被迫逃离家乡。

逃离家乡后，克敏生活无着落，和组织一时接不上关系，只好到山西阎锡山的军队中当兵。当兵期间，克敏在太原军队中秘密作兵运工作，向广大的贫困士兵宣传革命道理。1929年，克敏随阎锡山的军队到北平，驻军在南苑，在军队中作通讯一类的工作。当时杨植霖正在北平新农农业学校读书，克敏很快与杨植霖取得了联系，参加了学生运动。

1930年下半年，杨植霖组织学生闹学潮，被新农农业学校当局开除，被党派往绥远开展工作。克敏与杨植霖失去了联系，直到1931年克敏才秘密返回绥远。

1931年秋天，杨植霖在搞党的地下工作时，被国民党逮捕，音讯全无。当时克敏刚回来，为了营救杨植霖，到处奔波，想方设法打听消息。后因证据不足，敌人以共产党嫌疑犯为名，判杨植霖有期徒刑两年半。当打听到杨植霖被关押在"绥远省第一模范监狱"里，每十天家人可探视一次，克敏就常去探望。当时归绥城西茶坊街有杨植霖的表亲赵根喜，是靠拉骆驼为生的，经常去外蒙古，消息比较灵通，平时和杨植霖、张克敏来往密切。克敏从他那里获得了许多外界的消息，在往狱里送东西时，克敏秘密将外界的消息传递给杨植霖。

1933年秋，杨植霖刑满出狱。在狱中，杨植霖长期遭受敌人的拷打与折磨，身患多种疾病，在家休养。克敏常去看望他。在狱中由王若飞同志亲自培养介绍入党的蒙古族青年王三毛，出狱后也常来看望杨植霖。三个人聚在一起谈得很投机，他们互相鼓励，传递消息，对国民党镇压人民、不抗日的反动行径深恶痛绝，决心推翻这个黑暗的社会，并密商搞游击队开展武装斗争。

1934年，杨植霖和王三毛搞起游击队，克敏在经费上极力资助。1934年到1936年，克敏以教书为掩护，秘密搞地下党的宣传工作。先后在十里坡村、潘家庄、大里堡村等地教书。在十里坡村，克敏与李才（乌兰夫同志的胞弟）密切联系，进行革命工作。后来克敏又到毕克齐镇教书，在师生中散发进步书刊，宣传抗日救国的道理。杨植霖搞游击队失败后，也来到毕克齐镇教书。

那时国民党先后搞了两次伪国大代表选举，克敏积极地参加了杨植霖等同志发动的反对选举活动，采取的主要方法是参加地方派反对国民党中央派，搞得很有声色，使敌人狼狈不堪，丑态百出。这期间，克敏又和地下党组织的刘洪雄、王建功等同志取得了联系。

1937年"七七事变"后，绥远省危在旦夕。克敏参加了"绥远省抗日救国牺牲同盟会"，进行抗日救亡工作。1938年10月，根据党中央的指示，李井泉等同志率领八路军挺进大青山，与在当地坚持抗日斗争的杨植霖、刘洪雄等同志所领导的武装力量会合，建立了大青山抗日游击根据地，克敏大受鼓舞，积极和游击队联系、配合，进行地下工作。在这之前，杨植霖等同志在大青山抗日武装斗争中，也得到过克敏在平川上的积极配合。杨植霖和毕克齐镇的一些爱国人士的秘密往来多半是通过克敏来联系的。他不仅送情报、传消息，还从物资上、经费上给予全力支持。

1939年，党派宁德青同志潜入厚和市工作，克敏和宁德青及当时地下党组织的刘洪雄、彭光华、贾恭等同志取得了联系，组织成立了"绥蒙各界抗日救国会"，组织发动群众，领导绥远抗日救亡工作。克敏是抗救会的组建者和主要负责人之一。

1940年，抗救会的刘炜被敌人逮捕后叛变，日寇疯狂抓人，克敏不顾个人安危，冒险直奔抗救会总部财神庙通知同志们躲避，刚走进院内即被逮捕。

克敏被捕后，在敌人狱中经受了生死的考验，始终坚贞不屈，表现出共产党员大义凛然、视死如归、宁折不弯的英雄气概和爱国精神。大汉奸、特务分子白玉亲自动手，左右开弓打耳刮子，打得手疼了又用棍子打，克敏一个字没吐露！用板子抽脚心，每抽一下，心痛难忍，克敏一个字没吐露！用皮鞭蘸着水抽打，血肉飞溅，克敏一个字没吐露！穷凶极恶的敌人又采取灌带汽油的辣椒水，肚子灌鼓后再用杠子压，直压得口吐鲜血，气息奄奄，克敏一个字没吐露！惨无人道的敌人，用烧红的烙铁烫背……克敏还是一个字没吐露！在拷打中，克敏一次又一次地昏死过去，敌人一次又一次地用凉水喷醒，又继续拷打。特务头子刘永祥咆哮道："好硬的骨头！老子看你硬到几时？不说，你就做'梁上君子'吧，吊着！"于是敌人把克敏头朝下、脚朝上吊起来用火烤烟熏，乱棒打。任凭敌人怎样拷打，克敏就是一个字不吐露。敌人拉来无耻的叛徒刘炜当堂对质，指认克敏是"抗救会"负责人，克敏横眉怒斥无耻的叛徒，吓得叛徒浑身战栗，萎缩成一堆。敌人得知克敏是杨植霖的姐夫，更加恨之入骨，刘永祥打累了恶狠狠地骂道："你们一家子都是皇军的对头，你是铁打的吗？杨植霖的游击队如今也救不了你，你说不说？不说老子拔你的

牙！"克敏早已把生死置之度外，怒斥道："你这条走狗，卖国贼！真不知羞耻，我为抗日做的工作太少了，还会有成千上万的中国同胞起来消灭你们！"敌人威胁着要活埋他，克敏高喊："怕死不抗日，要杀要剐快动手！"敌人的一切诡计都失败了，没有从克敏嘴里得到丝毫口供。

1941年5月22日，日寇派重兵将克敏押送到张家口市，由日本连沼兵团泔柏部队军事法庭继续严刑逼供。凶残的鬼子用了几十种酷刑。克敏被打得浑身没有一块完整的皮肤。最可恨的是，鬼子驯养着凶恶高大的狼狗，审问动刑时，鬼子呼唤狼狗咬人，狼狗撕住克敏的腿肚子，一口咬下一块肉、又一块肉……鬼子狞笑说："你说不说？你是反对皇军的要犯，不说让狗撕烂你。你的事情我们通通知道，不说给你抽血！"克敏早已把生死置之度外。敌人抽一阵血，又问："你说不说抗救会的事？不说抽干你的血！"敌人问几句抽一阵，克敏一个字不回答，就这样，敌人一直抽干了克敏的血。

1941年9月5日，人民的好儿子、优秀的共产党员张克敏壮烈牺牲了。克敏牺牲后，日寇还不解恨，在克敏的尸体上撒了硝强水，

连尸骨都未留下。张克敏烈士牺牲时，年仅35岁。

塞北的文豪荣祥

荣祥是一位极具影响力的人物，他一生中在玉泉区境内留下了不平凡的足迹。

荣祥简传

荣祥（1894—1978年），姓云硕布氏，字耀宸，笔名塞翁，晚号大青山人。蒙古族。土默特旗美岱召村(今属包头市土默特右旗)人。他生于清光绪二十年农历十月二十八日（1894年11月25日），是著名的蒙古族学者、土默特旗副都统衔参领都格尔扎布的第四子。

他6岁入本村私塾读书，12岁到归化城杨家巷（在今玉泉区）李景沆学馆学习。1907年后，相继入土默特旗第一小学堂、土默特高等小学堂就读。

1910年，考入归绥中学堂。1912年冬归绥中学校学监、革命党人王定圻组建国民党归绥支部时，荣祥被推选为该支部文书股长。1913年，被学校以"煽动同学闹风潮"为由无理开除。

1914年春，考入北京中央政法专门学校法律本科。读书期间，以"塞翁"笔名在报刊上发表诗文，结识了许多文坛名士。1917年毕业。

1918年，他返回家乡，因诗

绥远"九一九"起义
签字时的土默特旗总管荣祥

文出众，被地方人士誉为"塞北文豪"。同年当选为山西省议会第二届议员(当时本地隶属山西省)。1920年，联合同乡议员赴京向国务院告状，赶走贪赃枉法的绥远都统蔡成勋，为地方除一大害。次年，任垦务督办公署秘书兼筹饷局筹议员。1922年春，任绥远学务局第二科科长，参与创建绥远师范学校，并兼任该校国文教员。次年，改任萨拉齐县清源局局长。

绥远地区与山西分治之后，他于1925年秋当选绥远特别行政区蒙旗国民代表，在北京参与国民代表会议的准备工作。1927年春，被绥远地方部队首领满泰聘为山西陆军骑兵第五师中校参谋处长。11月，随满泰任绥远后方总司令部参谋处长兼都统署政务厅长。不久改任绥西镇守使署参谋长。

1928年，任土默特旗总管公署秘书长。

1930年，出版自选诗集《瑞芝堂诗钞》。

1931年初，赴南京任蒙古各盟旗联合驻京办事处第一任土默特旗代表，不久加入国民党并出席国民代表大会。

同年7月，荣祥受聘返绥，任绥远通志馆编纂主任。

1932年6月，任满泰蒙边司令部少将衔参谋长。不久，因满泰病重，代理土默特旗总管事务。

1934年，任蒙古地方自治政务委员会委员、土默特特别旗总管。1936年，兼任绥远省境内蒙古各盟旗地方自治政务委员会委员。

1937年10月，在归绥（今呼和浩特）与马占山将军一同抗击日寇。沦陷前夕，被迫西撤，后在陕西榆林寓居八年，从事抗日工作。1938年，任蒙旗宣慰使署秘书长、蒙古抗日游击军第三区中将司令，主要对土默特及附近地区进行抗日宣传、联络等工作。还被国民政府委任为第一届国民参政会参政员，到汉口出席会议。1939年任绥境蒙政会常务委员兼该会秘书处处长。1944年，荣获三等景星勋章。次年改任蒙旗宣慰使。

抗战期间，与中共方面亦保持友好关系，与高岗、王震、南汉宸等人都有往来，数次到延安，会见过毛泽东、朱德等领导人。

1945年9月，返回归绥主持土默特特别旗旗务。1946年，任绥远省政府委员；为绥远省当局欺压蒙旗事，与傅作义发生冲突，遂组织蒙旗庆祝抗日胜利还都代表团到南京请愿，要求国民政府实践国民党六届二中全会提出的抗战胜利后"允许边疆各民族实行自治"的许诺，虽经多方努力，终未如愿。10月，荣获胜利勋章。

1947年返绥。1949年初，与张钦、阎肃等人组织绥远和平促进会，力主与中共和谈，并于9月19日参加绥远和平起义，是在起义通电上签名的39人之一。

中华人民共和国成立后，历任绥远省人民政府民族事务委员会副主任委员、土默特旗旗长、呼和浩特市副市长、绥远省文史研究馆馆长、内蒙古自治区人民委员会委员、呼和浩特市人民政治协商会议副主席、内蒙古自治区人民政治协商会议常委、内蒙古自治区文史研究馆馆长等职。

1957年，撰成《呼和浩特沿革纪要稿》。不久被错划为右派分子，受到免职并降级的处分，仅保留内蒙

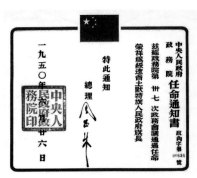

荣祥的任命书

古自治区人民政治协商会议委员和内蒙古文史研究馆馆长职务。

晚年主要从事文史资料研究工作。1959年参与编写《包头市简志》，撰成"疆域及建制沿革"篇。1960年，撰成《蒙古民族起源问题浅探提纲》。以后，主要从事《绥远通志稿》的修订。

1961年秋，因表现较好，摘掉右派帽子。"文化大革命"中受到迫害。

1972年开始撰写年谱式自传《大青山人自序》，但因病仅成其半。1978年1月19日因病逝世，终年84岁。

1980年8月，中共内蒙古自治区委员会统战部做出《关于改正荣祥右派问题的批复》，得以彻底平反。

荣祥与《绥远通志稿》

《绥远通志稿》，是一部不同凡响的书稿。它饱含着内蒙古西部地区几代文人学者的心血，还经过国内名家大手笔的润色，陈伯达还曾经对它拍案叫过好，日本军国主义也曾染指过它。历经七十多年的沧桑，于2007年由内蒙古人民出版社出版。荣祥生前在四十多年间参与过其事。

1931年"绥远通志馆"成立，馆址在西得胜街（今玉泉区境内）"大盛魁"的后院，有十多间办公用房，荣祥任主任纂修。编纂中有曾经在陕西榆林中学任教，当过刘志丹、习仲勋等人老师的著名教育家、文学家、史学家王森然等专家学者。

通志馆聘请了二十多位蒙汉学者。馆内分内务和外勤两大部分。外勤人员的任务是调查采访。分成绥东、绥西两个采访组。采访组历尽了艰辛，搜集到大量资料，源源不断地送回归绥，汇集到了通志馆。绥东组翻译王庆老先生说："采访十个旗跑了多少路说不清了，光民国21年去乌盟六旗一趟，我就先后骑过五十七匹马。"正如《绥远通志序》中所写：为了搜集近代的资料，采访人员"各地分行，取诸实验……从事诸人，沐风露，犯冰雪，毡帐驼城，车尘马足，旅途况瘁，迥非恒人所堪。而采获周详，亦视传闻为审"。

不到二年的时间，集中调查，采集了一大批素材。同时馆内人员也查阅了许多史志书稿，辑录了数量可观的历史资料。这就为编纂工作奠定了雄厚的基础。通志馆的工作转入了内务处理阶段，各位编纂开始分头撰写志稿。他们辛勤努力，废寝忘食。据参与其事的赵国鼎老先生回忆："馆长郭象伋和主任纂修荣祥二人里外屋办公。有时工作了半天，两个人竟忙得连一句话都没顾上说。"

1936年，绥远通志书稿完成大半以后，决定请国内著名的学者傅增湘先生担任总纂。于是荣祥先生代表通志馆，带着傅作义的书信和请总纂的润笔费，亲自到北平去聘请傅增湘。

傅增湘字沅叔，号藏园居士、藏园老人，是近代的一位大藏书家、版本学家，是资历高、名气大的学者。清末，他担任过北洋女子师范学堂的总办，宪政编查馆咨议官。1917年，他担任教育总长，还任过故宫博物院图书馆馆长。

傅增湘接受聘请后，来到归绥。他和通志馆同仁认真地研讨了志稿。返回北平时，他还带走一部分稿本。当年冬天，全部初稿编写完毕，年底都送到了北平，交给了傅增湘。从1931年到1936年，经历五年多时间，在傅作义的支持下，耗费了巨额资金，动员了绥远学界的众多名人，经过通志馆诸人的辛勤劳动，终于编出初稿120卷，这是《绥远通志稿》的第一个稿本。

傅增湘先生对《绥远通志稿》的修改工作也很热心和重视。看完初稿以后，他提出详细意见，拟定了重修方案，建议请"耆硕通儒"协助修订。他的意见得到绥远省的同意以后，他就在北平聘请了史学界名流多人，组成了修改志稿的班子，使修志的中心从归绥转移到了北平。正在热火朝天地工作着，1937年7月7日发生了卢沟桥事变，使刚刚起步的工作被迫中辍。

日本侵略军于"卢沟桥事变"后一百天侵入归绥地区，改"归绥"为"厚和特别市"，隶属于伪蒙古联盟自治政府。他们对《绥远通志稿》也很感兴趣。当局势稍稍稳定了一点，他们就开始寻找这部志稿。查访到傅增湘的住处以后，于1938年秋天，伪蒙古联盟自治政府派顾问黑泽隆世到北平去请傅增湘。当时，黑泽隆世的工作地址在张家口。为了这部书稿，他不辞劳苦地往返于张家口—北平—归绥之间，最终请出了傅增湘，再次主持编修工作。

召集原班人马已经不可能。幸好绥远通志馆编写的第一个稿本还在傅的手中，可以做蓝本。于是，他又请了一帮人，重整旗鼓，再操旧业。

用了半年时间，他们编成《绥远通志稿》的第二个稿本，共分6志116卷。为这第二稿，他们也颇费了番气力。用傅增湘的话说："穷搜极览，昕夕靡宁，目力昏眵，手腕欲脱……呜呼，可谓难矣。"

第二稿编完抄出清稿，于1944年由伪蒙古联盟自治政府内政部交给日本东京的东亚文化研究所去影印。已经印刷完毕，装订成册。这时，美日战争爆发。1945年5月，美军轰炸日本东京，印刷厂被夷为平地。结果印制成书的《绥远通志》及第二稿的清稿被烧毁罄尽。幸亏绥远通志馆撰写的第一稿和第二稿的草稿尚在国内，才幸免于难。

抗日战争胜利以后，绥远当局又开始寻找这部志稿。当得知仍在傅增湘先生手中，便派赵仲容专程去北平索取。1946年1月16日赵仲容携带志稿乘飞机回到归绥，使这部出走10年的《绥远通志稿》返回了故乡。但是，它已残缺不全。当年离开家乡时是120册，返回故里时，只剩下113册。至于舆地各图和金石的拓本更是不知去向。虽然是个残稿，但大部分尚存，仍不失为一部珍品。这部残稿起初存放在省政府秘书处，后来转交给社会文化流通处。

中华人民共和国成立后，这部残稿由绥远省社会文化流通处交给了中共绥远省委宣传部，后来又转归了教育厅，一度还交给过内蒙古博物馆。1958年后，这部残稿才从博物馆交到内蒙古图书馆。此后，它就定居在内蒙古图书馆，被珍藏了起来。

1958年夏，整理地方文献时，内蒙古图书馆的张万仁先生去北京寻找当年遗失的志稿。虽然未找到丢失的部分，却带回来了幸免于东京战火的第二稿的草稿一大捆。后来经过悉心整理，装订成"绥远通志稿傅稿"。它虽然残损严重，但仍有参考价值；特别是"大事记"一编，尤为珍贵。

绥远通志馆编就的第一个稿本残损不太严重。张万仁先生等人又搜集整理出第二个稿本的残编。两个残稿使大家感慨万端，唯恐发生意外，失去这件珍宝。而且20世纪60年代，第一个稿本的主要编纂荣祥老先生还健在，于是大家张罗要把它印制成书。

1960年内蒙古图书馆联合内蒙古语文历史研究所、内蒙古文史研究馆，向内蒙古人委办公厅提出正式出版的意见。人委同意先进行整理，然后印刷500部，作为内部资料。于是，从有关单位抽调人员逐

《绥远通志稿》

卷进行了校阅。荣祥老先生又投入到自己曾经耗费过心血的书稿的校勘之中。1965年即将校完，正在誊写清稿，准备付印。这时，"文化大革命"开始了，这项工作又被迫搁置起来。

1970年，当时的中央领导人陈伯达来内蒙古自治区视察，要看地方志书籍。见到《绥远通志稿》，他连声称好，指示"前指"（即军管会）印刷这部方志。"前指"决定由内蒙古图书馆经办出版事宜，从内蒙古文史馆、参事室和内蒙古政协请人整理这部稿本。当时邀请了文史馆的荣祥（馆长）、郭灵墅（副馆长）、崔毓珍、李怡如、阎秉乾（阎肃之侄）、张中齐，参事室的于存灏（副主任）、张恺然、邢复礼、赵淑普、张登鳌等，加上图书馆的张万仁先生共十二人，组成了修订整理《绥远通志稿》的班子。这十二位老先生，多数是老大学生，而且有多年从政、从教的经验，文字水平很高。这是个实力雄厚的班子。荣祥老先生再次为《绥远通志稿》伏案执笔。

这次修订是在60年代整理的基础上进行的。因为原稿是众人分头撰写的，所以前后重复甚至矛盾多有出现。他们对前后矛盾、重复和明显的错误做了一些修改，并且把第一稿的113册合编成99卷，还在"绥远通志稿傅稿"的基础上增补修订成"大事记"一卷。

全稿的修订工作业已完成，并且抄出了清稿，共计100卷，118册，300余万字，这就是《绥远通志》的第三个稿本。印刷厂工人也在加紧拣字、排版和印刷。已经拣了近30万字，拼版3820块，并印出一至八卷组成的第一册200本。此外，校对三次以上的有50多卷，并且有23卷打了纸型。这时，陈伯达被揪出来、被打倒，"前指"负责人怕受其牵连，停止了他交给的印书工作。结果是耗资近两万元，只留下为数不多的几本《绥远通志稿》第一册。

年过七旬的荣祥老先生又一次为这部书稿作了贡献。但是多灾多难的《绥远通志稿》又没能出版。不过还是有成绩的，为我们留下了珍贵的第三个稿本。20世纪80年代修志热潮中，史志工作者到内蒙古图书馆查阅的《绥远通志稿》，正是这部第三稿本。看到那缮写工整的《绥远通志稿》誊清本，怎能不使人缅怀一代代学者们的辛劳与功绩！

又经过几度波折，2007年《绥远通志稿》终于面世了。然而，参与了最初的播种、耕耘，其后的40年又几番培育过它的荣祥老先生却未能目睹它的芳容。不过，他的功绩将流芳百世，书的封面上，他留下的遗墨——"绥远通志稿"5个遒劲的大字，是永远的丰碑！

李枝正骨美名传

如果说呼和浩特满大街都有"三空"正骨诊所（医院），似乎有点太夸张。不过，新城、旧城、城南、城北，有好多家诊所（医院）在最显眼的地方，用最醒目的办法标示着"三空"，却是无可争议的事实。

在堂堂的首府城市，一流的"三甲"医院好几家，著名的骨科专家、教授不乏其人，何以"三空"能叫得响呢？十里八乡的民众怎么就信这个"三空"呢？这话说起来可就长啦！三空李家，不仅有现代名医李枝名扬海内外；他家祖传正骨，早在清代就已名声远播，还有近乎神话似的传说。

一代名医李枝

神仙授方

三空是个旧村名，它在呼和浩特城的东南郊，现在属赛罕区金河镇管辖。人们嫌"三空"这个名字不好听，不吉利，早在几十年前就更名为"三富"。不过，"三空"与"接骨"相连，人们叫习惯了，就没有改口为"三富"，仍然以"三空正骨"相称。

三空有南北两个村，南为前，北为后，李家住的是后三空。他们祖籍山西省祁县陶石堡村，到李枝这一辈已经定居三空六代了。据说，山西的老一辈人就会接骨。迁来三空以后，他们家以务农为主，兼为患者正骨。从李枝开始，才有了职业医务人员。

相传，李家老辈勤劳善良，

李枝接诊患者

日子过得不错。有一年，在一个风雪交加的傍晚，有一位衣衫褴褛的老人摔倒在李家门前。他们把这位衣冠不整、蓬头垢面的过路人抬回家中。经过观察，发现老人腿已骨折，是个举目无亲的外地人。他们收留了他，给他接好了腿骨。老人养好伤，临走时他们给拿上盘缠，还送了一程又一程。该分手了，老人掏出一张纸说："你们是个好人家，给我治了病，还供着我吃喝，我没有什么好报答的，有一个接骨的药方送给你们吧！"当他们满心高兴地接过药方，还没来得及看，老人竟化作青风不见了。

这个神仙传授药方的故事，早就在民间传讲着，李家人说这是人们编出的故事。他们家是有一个秘方，但不是神仙给的，而是祖上传下来的，李枝早已经把它捐献了出来。

李枝医历

在清代，"三空接骨匠"就已经出名。周围的村庄乃至几百里外的人，凡有跌打损伤都来三空请"接骨匠"。李家远离城镇，世代务农，没有读书人，接骨术却代代相传，每个男孩子都要学习这一技术，但最出名的往往是长子。因为长子在弟兄中年龄最大，必定最先学会"接骨术"，最先为人正骨，也就先出名。李枝这一支就是这样传下来的，他的祖父是弟兄中之长，他父亲李浩元又是祖父的长子。

李浩元有六个儿子，李枝是老四。他小时候，父亲就去世了，他是由大哥李显传授的接骨术。他十八岁就开始出去为人接骨。其后，李显是当家人，主持家务，凡是来人请看病，一律让老四李枝去

20世纪80年代初李氏从医的公职人员

医治，使他有了更多的锻炼机会，随之名声渐起。

1922年，二十五岁的李枝搬进城里，住到了旧城今天的玉泉区境内，从事正骨业，成了李家第一位职业医师。

早期，他治愈过无数的病人，其中为王志彬治疗骨伤的事影响最大。

王志彬是国民党时期的归绥市（即今呼和浩特市）市长。1947年，他胫腓骨（小腿里的两根骨头）中段骨折。经省立医院和公教医院（著名的教会医院）的诊断，要采取手术正骨。这种方法就是要切开皮肉，把骨头对住位，再打上金属卡子，等骨头长住以后再次手术，取出卡子。王志彬不愿意受这样的罪，就似信非信地去找"土大夫"——李枝。

为了试试李枝的医术，他既不出示X光照片，也没有告诉照相结果。李枝用手触摸，诊断出了骨折的部位，连骨头茬子的朝向都诊了个一清二楚，和X光片完全一样。王志彬感到骇然，消除了疑虑，便放心地请李枝给他治疗。李枝不仅给他接上了骨头，而且没有留下残疾。他很感激，于是给李家送了一块大匾。这在当时，是轰动归绥地区的一大新闻。

李枝为患者解除病痛，声誉很高，收到过不少匾额。每块匾的来历，就是一则生动的故事，也是一个疑难病例的医案。遗憾的是，这些匾额在"文化大革命""破四旧"的年代里都被毁掉了。

1954年，李枝在玉泉区境内组建了大北街联合诊疗所；1959年又被聘请到回民区医院，任副院长；1963年呼和浩特市中医正骨医院在玉泉区得胜街成立，他被调往该院，担任院长。这所医院，为发掘中医正骨遗产，研究中西医结合正骨方法创造了良好的条件。在那里，年逾花甲的李枝，治愈了大量的骨伤病人，留下一个个传奇的故事。

1963年，锡林郭勒盟正蓝旗牧民阿西扎布骑马摔伤，右肩关节部骨折，当时没整复好，四个月后右肩肌肉萎缩，才慕名前来就医。李枝诊断后，对患者进行全身麻醉，重新揪开患部，再次进行手法正骨。经过一个多月的治疗，患者的功能得到了较好的恢复。

1962年10月，和林格尔县东营子村二十五岁的农民任二扰，从三丈多高的树上摔下来，右臂骨折。经过治疗，患臂畸形愈合。手关节僵直不能握物，胳膊抬不起来，丧失了劳动能力。1963年2月来中医正骨医院诊治。李枝带领着徒弟，把患者的右臂重新掰断，然后进行手法矫正复位。经过120多天，患者痊愈。当患者见到自己的手掌又能伸到眼前时，激动得流出了眼泪，兴奋得两三天没睡着觉。

1963年2月份的一天，呼和浩特市百货公司搬运工人于老小卸货时，将腰扭伤，当时瘫倒在地上，被抬进附近一家医院。几位外科大夫反复诊断，找不到患位，就去请来李枝。李老先生问明病因，进行了仔细地检查，然后叫人们把患者架直，他在患者的脚后跟跟腱部进了按摩。只十来分钟，李老先生累得满头大汗。患者当时就能行走自如了。

李枝尽心尽力地为人民服务，为社会做着贡献，人民也没有忘记他。当年，新华社、《健康报》社的记者曾经多次采访过他，多家报纸刊发过报道他的文章，他的事迹还传到了国外。

"文化大革命"中，这位年近七旬的名医，先是被关进黑房，遭受批斗，强迫"劳动改造"，后来被赶回了农村。

他被迫回到阔别40多年的家乡——后三富，意外地给故乡带来了繁荣。病人闻名而至，小小的村子热闹了起来，大汽车、吉普车、小轿车、拖拉机、牛车、马车拉着病人挤满了村庄。起初，大队抽出

专人接诊审批患者就医。"革命"的年代，"牛鬼蛇神"给人看病，怎么能随随便便地不审查呢？病人除了来自周边城乡，还有各盟市及山西、河北等地的。大队成立的医务所实在容纳不下这么多的患者。公社决定把李枝请到八拜人民公社防治院，专门开设了骨科门诊，并且占用社员家的房屋开设家庭病房。病房的床位多达40多张，分散在各家各户。年逾古稀的他，走东家串西家地为患者治疗着疾患。

1972年，凉城县天成公社庄头窑子大队农民王计保，在搞农田基本建设时，因为塌方被砸伤。当时没得到很好的治疗，成了陈旧性的髋关节脱位，右髋畸形，患肢（右）缩短三寸，不能行走。患者到八拜就诊，李老先生考虑到手法复位有困难。本院又不能手术，建议患者到大医院去手术治疗。可是，患者及家属硬要李老给诊治。看着这位可能终身残疾的十七八岁的青年人，李枝老先生决定收下他，尽力治疗。入院后，对患者进行了一个星期牵引。然后施以全身麻醉，做了传统的中医正骨活筋术，把患部粘连在一起的新生组织分扯开来，又重新正骨复位。接着又牵引了三周。又过了一周，患者就能下地了，而且功能恢复良好，

又奇迹般地能行走了。王计保回家以后行走如常，并且能上山打柴。

在农村的十年，李枝老先生为人民做了大量的有益工作，有许许多多生动的医例，王计保仅仅是其中的一例。

1978年，他返回市里，担任了呼和浩特市中蒙医研究所副所长。当时他已经是80多岁的老人，仍然坚持着上班，还当选为呼和浩特市人民代表大会常务委员和内蒙古自治区政协委员。1980年评定技术职称，他被评为主任医师（相当于教授），是全市中医界首位获得"正高"的医生。他还被推举为呼和浩特市中蒙医学会的名誉理事长。这位八旬老翁，仍然应诊不辍，为患者解除病痛。

1982年11月20日，呼和浩特市中蒙医研究所，为纪念李枝行医六十年，举行了隆重的庆祝会，市领导多人到会祝贺。

后继有人

李家祖上以务农为主，接骨仅仅是个副业。李枝虽然早年脱离农业，专事行医，但在旧社会一直是个没有执照的"黑医"。中华人民共和国成立后，李枝老弟兄们在世者四人，就有三位进医院当上了医生，他们是老三李瑞（曾在新城南街医院）、老四李枝和老六李祥（曾在玉泉区医院）。三个人中，李枝的成就最大、名声最响、职务和职称也最高。如今，老弟兄三人都已经过世。不过，李家正骨却是后继有人。

20世纪80年代初，笔者采访时，李家从医者就有13人之多，而且多数是骨科医护人员。这仅仅是有公职者，还有些在农村的李氏子孙也会中医正骨术，偶尔也为受伤的乡亲正正骨。

李家人的学历和理论水平也在不断提高。仅以李枝一支为例。李枝粗通文字，医术全凭祖传和自己几十年的经验积累。李枝之子李秉文，文化远远高于他的父亲，他是中学毕业后继承父业学的医。他曾任呼和浩特市二轻医院的副院长，医道娴熟，也颇有名气。到了李秉文的儿子，则更上一层楼，其长子李波1978年进入内蒙古医学院，成了李家第一个大学生。他毕业后留校，在内蒙古医学院中医系任教，早已经是位副教授。李秉文二儿子李涛从医30多年，也已小有名气，1998年就已晋升为副主任医师。现在，他在石羊桥西路开设的"李涛骨科诊所"设有30张床位，终年患者不断。已经八旬的耄耋长者李秉文也常常前往坐诊，为患者解除病痛。党和国家领导人对他们也多有赞誉，请看下面的条幅：

为李秉文大夫题

正骨世家

乌兰夫 一九八八年春

乌兰夫为李枝之子李秉文题写的墨迹

为李秉文大夫题 正骨世家 乌兰夫 一九八八年春

书赠李涛医生 正骨世家 医德常存 癸未年春 布赫

前国家民委主任文精，2003年9月题赠李涛的条幅写道："世传正骨技艺高，祖训医德家风好。"

除李枝一支，其他各房从事正骨工作的也不乏其人，所以呼和浩特出现了许多家"三空正骨"医院和诊所。

喇嘛大夫萨拉布

在呼和浩特地区、乌兰察布草原，提起"喇嘛大夫"萨拉布，知道他的人都敬佩不已。

萨拉布，蒙古族，全名萨拉布朋素格，翻译成汉语是智慧集中的意思。他1889年出生在伊克昭盟达拉特旗展旦村一户贫苦牧民家庭，父母早丧，兄妹5人，他排行老大。

他7岁进展旦召当了小喇嘛，学习藏文经卷。由于聪明，记忆力好，深得老喇嘛的器重，19岁便被送到召里办的蒙医训练班学习。

蒙语是他母语，他还精通藏文，粗通汉语，这就为他学好蒙藏文医书创造了良好的条件。在训练班期间，他阅读了《蒙药草木丛新》和名医罗布曾苏勒和编著的《满乌西吉法》等大量医书，掌握了蒙医的基础理论和诊断学。25岁的时候就跟着师傅在达拉特旗一带边学习、边为农牧民看病。三四年后就能单独出诊，在当地小有名气。

1937年，日本帝国主义者经常袭扰展旦召迫害喇嘛。召庙遭到严重破坏，召内的喇嘛，流离失所。萨大夫在无法存身的情况下，同徒弟庆克尔一道步行到了包头。后又乘火车来到归绥市，被席力图召的喇嘛收留。根据召里的规矩，新来者要考验10年方能上户。在考验期间，萨大夫住在召内榆树院的大伙房里，终日手拈念珠，默默心诵佛经兼看医书。夜间没有行李，盖着一件大斗篷睡觉。由于他能守召规和吃苦，召里就给上了户，在席力图召定居下来。

在席力图召期间，常有后山、四子王旗、百灵庙等地的蒙古族农牧民前来拜佛，听说召内住着一位喇嘛大夫，就顺便到榆树院请萨大夫看病。以后市内的蒙古军官兵也找上门来看病。因为他祖辈住在牧区，对草原的地理、气候特点以及蒙古民族的生活习惯等都很熟悉，加之他在归绥行医期间吸取了中医学的"五行"(金、木、水、火、土)，"四诊"(望、闻、问、切)的精华，他的医学理论和医术都有很大提高。凡是请萨大夫看病的人，都收到很好的效果，所以牧民称他为"神医"。同时，归绥地区一些患腿痛病的拉骆驼的回民老乡也纷纷求萨大夫看病。他们还把萨大夫给配制的蒙草药带在身边，作为到后草地、新疆乌鲁木齐、伊犁等地途中的常备药品。就这样萨大夫的名声越传越远，成为远近闻名的"喇嘛大夫"。

但是，这样一位声誉很高的

著名蒙医萨拉布

名医，却在旧社会和日本帝国主义的铁蹄下，一直过着"黑医""野喇嘛"的生活。1941年，萨大夫去日伪警察署，想领一个"行医许可证"。一个管卫生的伪警官说："求神拜佛的'蒙古大夫'还想行医看病。"不但没领到行医许可证，反被奚落了一番。回家路上，他憋着一肚子气，想就此罢医不干了。但回到席力图召后，看到几位牧民抱着几岁的娃娃急切求医的情景，不由想道：我是信奉菩萨的，佛经上告诉我要普度众生，行善积德，能看着这些受病魔折磨的贫寒人不管吗？想到这些他又继续干了起来，为人们解除病痛。

1949年9月19日绥远实现了和平解放，从此萨大夫走上新的生活道路。人民政府经常请他参加学习，随着党的民族政策、宗教政策的贯彻执行，他的思想觉悟有了很大提高。1953年11月，他在参加市"卫生协会"的申请书中写道："我经过多次学习党的政策和领导的报告，认识到共产党的政策是完全为人类谋幸福的，所以我参加我们医生自己的组织——卫生协会，进一步学习新的技术，以便完全、彻底为人民服务。"其后几十年的实践证明，他确实是脚踏实地遵守了他的诺言，在救死扶伤的第一线上全心全意地为人民服务。

1954年，萨大夫响应政府的号召，经过协商，同王宗周大夫等共同办起了小东街诊疗所。随着人民群众物质生活水平的提高和日益增长的医疗需要，同年他又和中医卢子裔，西医李绍泉等17名医务人员，在原诊所旧址，扩建成立了呼和浩特市小东街联合医院。他被推选为副院长兼蒙医科主任。1958年联合医院的全体同志集资1万元，在原医院对门（即小东街5号）增设了住院部，设病床30张。这次扩建筹集资金中，萨大夫一个人就投资了4千元。

1959年，联合医院与其他院所合并为呼和浩特市玉泉区医院，成了国家的公立医院。他被任命为医院副院长兼蒙医科主任。他主持的蒙医科，先后有庆克尔、丹津、李俊、丹巴永仁、王文林等6人跟他学习蒙医，并配备了蒙药房及蒙药调剂员。

萨大夫的蒙药取材广泛，有动物、植物、矿物等，很少用化学药品。药引多是普通的食品，如黄酒、羊肉汤、冰糖、红糖等。这些药引副作用小，服用方便，价格低廉，深受各族劳动人民欢迎。他医术高明，乐意帮助人，对求医的蒙汉群众，无钱抓药的还经常给以财力、物力的资助。因此，他主持的蒙医科，终日熙熙攘攘，求诊者络绎不绝。

1972年秋天，东瓦窑村的一位蒙古族农民，患严重痨病（即肺结核病），家里人用箩筐把他抬到萨大夫的家。萨大夫看他衣衫褴褛，顿生怜悯之心，就叫老伴把自己的旧衣服拿出来给他换上；还把自己收藏的较贵重的药，无偿配了几副给病人服用。病人连续服药后，病很快就好了。因为他无力答谢萨大夫，就求萨大夫给起个名字作纪念，萨大夫给他起了个名字叫"喇嘛子"，意思是佛爷给了一条命。

每天找萨大夫看病的人很多，为了挂他的号，有的人前一天夜间就按排队顺序睡在医院，这样总还是有为数不少的人几天都挂不上号，难以就医。1973年冬的一天，有一位草原来的牧民老人，没有好气地冲进诊断室说道："我已经来了三天，也没有挂上号，今天无论如何也得给我看一看。"萨大夫和颜悦色地说："你不要动火，我一定给你看病。"他经常对徒弟们说："我们当医生的，决不能把病人拒之门外。"有一个时期，他总是不能按时下班，按规定每天挂20个号，实际上每天都要看三四十名病人，有时竟达60人之多。由于太劳累，有时下班他还得由病人家属搀扶着送回家。

萨大夫出于对中国共产党的深厚感情，对求医的老干部、老领导总是细心诊断，精心治疗。他对徒弟们说："没有党领导下的这些为革命浴血奋战的老领导、老同志，咱们蒙医事业哪有今天这样繁荣。"1965年，内蒙古军区老干部张震明同志患心脏衰弱等多种疾病，曾多次在北京某院治疗过，但病情不见好转，身体虚弱较严重，抱着试一试的想法来找萨大夫。初来时，他需要人搀扶着走进诊断室。萨大夫诊脉后，用那不太熟悉的汉话说："你这个病我能给你看，有一种药叫野牛心，只有西藏才有，我找不来，你自己找一下。"不久张震明送来了驻藏部队的战友搞到的两颗野牛心。萨大夫配

成粉剂，让他按时服用。过了一段日子，张震明像健康人一样走进诊断室，向萨大夫问好道谢。此后张部长又能为党工作了。这个消息，在军区大院内流传开来，人们称赞萨大夫的医术高明。原内蒙古军区司令员孔飞、政委廷懋、政治部主任陈维洲、原呼和浩特警备区政委齐凤祥等许多领导干部，都曾经到玉泉区这个小医院请萨大夫看过病。

1977年秋天，原内蒙古军区领导姚学谦在北京解放军总医院住院治疗期间，病情恶化，本人向医院提出要求，请萨大夫赴京会诊。经医院同意，内蒙古军区派人与玉泉区医院取得联系，萨大夫决定带徒弟李俊、扎木苏、蒙药士云丹片等4人去京。他们赶到机场时，接到北京来电说："姚政委病情恶化，正在抢救。"结果没有起程。可见萨大夫在老干部中的声望之高。

萨大夫有60多年丰富的临床经验，但从不满足，在他80高龄时，仍然经常阅读藏文医书。他不仅在蒙医学方面有很高的造诣，而且，他勤恳好学，在临床实践中吸收了大量中医和维吾尔医学等祖国大家庭的多种方剂。区医院的医护人员，常见蒙药士云丹片炮制一种名为"阿魏"的草药。据云丹片说："萨大夫用这种药和其他药配伍专治

脑疾病。"医书《千金翼方》记载"阿魏"是新疆特产的药材，维吾尔医生一直在临床上应用。萨大夫也把它引进自己的医疗实践当中。

他深知自己年事已高，为把多年的临床验方传给后代，1963年在其徒弟庆克尔帮助下，整理了一册验方集。其中有治疗妇女病验方16例，治风湿性疾病验方7例，治疗心脏病验方34例，肝病验方3例，脾病验方2例，肾病验方4例，治疗其他病的验方3例，还有用中蒙药治疗布氏杆菌病的40余例方剂。可惜这些珍贵的验方与医案，在"文化大革命"时期被化为了灰烬。

萨大夫不但潜心钻研诊断医术，对药物也很关注。中蒙医配方常常使用的"麝香"，一度曾是紧缺而昂贵的药品。他苦心研究，用有毒性的昆虫、蛇类加上公羊尿三味，温合炮制成代用"麝香"。经临床试用，疗效基本满意，这为弥补市场供应不足、减轻患者经济负担做出了可贵的贡献。

他还重视培养蒙医人才，他教出的徒弟遍布内蒙古中西部地区，可以说是桃李满边疆，后继有人。20世纪80年代，出自他的门下，较有名气的就有：呼和浩特市医院蒙医科主任丹巴永仁、锡林郭勒盟阿巴嘎旗医院院长鄂尔布、呼和浩特市政协副主席扎木苏、呼和浩特市中蒙医院蒙医科副主任李俊等。他的这些徒弟，为继承发展蒙医这个古老医学体系，在各自的医疗岗位上做出了贡献。

萨大夫热心为人民服务，在贯彻党的"救死扶伤、发扬革命人道主义精神"方针指引下，贡献出毕生精力。人民敬重他，党和政府信任他。他曾当选为内蒙古自治区第一至第五届人民代表大会代表。他常说：是党和人民政府拯救了蒙医、蒙药这个祖国宝贵的医学遗产，随着现代化科学技术的进步，蒙医事业一定会繁荣发展。但是，"文化大革命"期间，萨大夫也没能幸免，被扣上了"牛鬼蛇神""反动学术权威""新内人党"等莫须有的帽子，遭到批斗和非法隔离审查，使这位年逾古稀的老人身心健康受到了摧残。

粉碎"四人帮"以后，特别是党的十一届三中全会以后，人民政府给他彻底平反，恢复了名誉。他心情激动，更加努力工作。

1978年，党和上级为把他的丰富的医疗经验传给后人，调他到呼和浩特市中蒙医研究所工作，整理编写疑难病例诊断和方剂等资料，以发展祖国宝贵的蒙医蒙药学。萨大夫深感责任重大，他不顾耄耋之年，忘我地投入新工作，终因年迈劳累，于1979年10月1日病逝，享年90岁。

晋剧名家康翠玲

在内蒙古中西部地区，提起康翠玲，无人不知、无人不晓。她虽然逝去多年，可是她的名字还被人们念颂；她的婉转唱腔和舞台上的一招一式，还深深地烙在人们的脑海中；她塑造的江姐、春香、"金枝女（升平公主）"、崔莺莺、王昭君、牡丹（嘎达梅林的夫人）……一个个鲜活的人物形象，还活在人们的心田。她的故事一直在民间传讲。

惊呆母亲的丫环

70多年前，在山西大同，著名艺人金玉玺扮演王宝钏，正在台上演出。该丫环上场了，却不见人影。她毕竟是经验丰富的演员，不慌不忙地以动作救着场。突然，"小丫环迎接三姑娘……"的唱声传入耳膜。她想，今天这小鬼的唱腔、音色与往常不同，又迟迟登场必定有缘故。就在这一闪念间，"小丫环"已经款步登台来到眼前。金玉玺一惊，几乎喊出："翠玲，怎么是你？"不料，这孩子却不慌不忙地和母亲演开了对口戏。她的每个唱腔、每句对白，都精确无误，恰到好处。老艺人暗暗惊

20 世纪 50 年代康翠玲

喜。演完这段戏，一下场金玉玺就激动地搂住了女儿。满眼含着喜悦的泪花问："是谁教你唱的？"翠玲一扬头，骄傲地说："我自己听会的呀！"

原来，那天轮到演丫环的小演员上场时，扮演小丫环的演员却不见了，大家急做了一团。这时，一位演员看到在后台玩耍的小翠玲，也是实在没辙了，就贸然地问了一句："翠玲，你敢不敢上去顶一下子？"她竟爽快的答了一声："敢！"于是大家七手八脚地给她梳了梳头，脸上擦了点红，草率地推上了场去。不料，这8岁的孩子竟从容自如地救了这场戏。

她能应急救场，也绝非偶然。她的母亲金玉玺，北京人，早年在京从艺，学习河北梆子，专攻青衣，

20世纪50年代康翠玲宣传照

后改演晋剧，是一位很有造诣的老艺人。中华人民共和国成立后，曾经担任过"新蒙实验剧团"、呼和浩特市晋剧二团、青年晋剧团的团长；还创办了呼和浩特市艺术学校，亲自执教，培育出一批优秀的文艺工作者。

从小耳濡目染，康翠玲喜欢上了晋剧这门艺术。戏班的叔叔婶婶排戏，她总好在一旁观看，还边看边学、边模仿，而且学啥像啥。从8岁救场那次起，她正式开始学戏，步入了晋剧之门。

翠玲面前要翠玲

学艺以来，她练功日日不辍。"冬练三九"，要到冰面上练丹田气、喊嗓子，一趴就两三个小时，哈出的气流能把冰面化出二三寸深的大窟窿；"夏练三伏"，要在烈日下，穿上厚厚的戏装练功，目的是练到不出汗的功夫，以免汗水冲洗了化妆的脂粉变成大花脸。

经过七八年含辛茹苦的学习，十五六岁时康翠玲已经小有名气。"人怕出名"，有了名气，百姓会喜欢你，但也会招惹来麻烦。军阀政客、地痞流氓都会滋事欺侮你，甚至要霸占你、凌辱你。

那年在口泉唱戏，一个60多岁的司令看上了康翠玲，他让卫兵去给叫来。金玉玺在挎着盒子枪的卫兵威逼下，只好和几个人一起把孩子送了去。那个狗司令见领来一个又黄又瘦的小丫头，劈头盖脸地给了金玉玺两记耳光。边打边喊："我要康翠玲，谁让你们送来个黄毛丫头？快去把康翠玲给我找来！"金玉玺连忙解释："这就是我女儿康翠玲，她本来就是个孩子。在台上跟大人们一起唱戏，她穿着木跷，才显得像个大人。"一起来的人也赔着笑脸帮助解释，那个司令才相信了金玉玺的话，发出了一声"滚"的怒吼。

原来当年翠玲个子还没长高，为了家庭生活，为了让她演出挣钱，才想出踩木跷的法子。母亲用

《打金枝》剧照，左为康翠玲

一丈多长的宽布条，把她的脚捆扎在三寸高的木跷上，使她有了大人般的个子。那个狗司令看见踩着木跷的康翠玲，高挑的个子，上了妆是一表淑女人才，顿起歹心，才闹了这场笑话。

那踩木跷之苦，除了翠玲，他人也是无法知晓的。练功时，母亲给她绑上木跷，地上立两块砖头，让她一脚踩一块地站上去。每次点上一炷香，烧完为止，一站就是三四十分钟。卸掉木跷，双腿疼痛、肿胀，连路都不会走，母亲还要忍泪给她搓揉半天。日久天长，她终于练就了踩木跷的功夫，跟大人们同台献艺，担当起主要角色。

山西姑娘闯塞北

为了生计，1947年初，春节一过，正月初二康翠玲就被妈妈领着搭班到归化城演出。

他们的第一场戏是在财神庙（在今玉泉区玉泉二巷）演出的。她在《狐狸缘》的戏中，有个甩动白绸的演技，和后来的红绸舞有些相似。为了这个动作，她不知流过多少汗、吃过多少苦，终于练就了一手真功夫。那天三丈多长的白绸条，在她手中左右翻腾、上下飞舞，犹如一条白色巨蟒腾云驾雾，立即引起一片喝彩声。就在这时，苫到脚面的戏装飘起一角，被人看

到脚下的木跷。观众席中发出惊诧的赞叹："咦！演得这么好，半天是个还没长起来的小姑娘！"接连的几天演出，她的唱、念、做、打工夫得到观众好评。于是"山西姑娘康翠玲"轰动了归化城。他们的戏班也受到戏园的欢迎，便在财神庙戏园、"同乐园（在大西街）""大观园（在小东街）"轮番登台。

观众为了看得清、听得真，都想买头几排靠中间的票。于是，出现了大清早排队买晚场戏票的现象。在大观园演出时，有位叫王二的残疾人，竟然干起了倒票的买卖。他每天拄着拐，早早地去买上好票，晚上再高价卖出。一来二去，他和卖票的老冯头也混熟了，得到冯的照顾，买座位好的票更容易了。知道他能搞上票，甚至有的观众和他提前预订起了戏票。这位残疾人靠倒卖戏票生活，还攒钱娶了媳妇。一时间，"康翠玲的戏使王二倒票挣钱娶妻"的事，被传为佳话。

悲戚含泪演喜剧

康翠玲童年时代爆发了抗日战争。听说日军打来，父母便带着她和弟弟与乡亲们一起涌上了逃难的路，过起了颠沛流离的生活。12岁那年，父亲领着她弟弟回老家，因

为没给弟弟买火车票，被日本鬼子查出，遭到一顿毒打。连惊带吓，此后父亲便病痛缠身，丧失了劳动能力。一家人的生活全靠他和母亲唱戏来维持。在山西时，带着父亲随戏班行动。她们搭班前往归绥（呼和浩特旧称），便把父亲留在大同，托伯母一家人照顾。

那年，康翠玲正在包头演出。大同来人说她父亲已经病故。伯母借了些钱，买口棺材已经把他埋葬在大同城外。噩耗传来，一家人悲痛欲绝，母亲哭得死去活来。本欲返晋奔丧，无奈演出正忙，若要半路退出戏班，就会得不到前期的报酬；又加人已经埋了，在众人的劝说下，只好打消回去的念头。母亲买了些白布，给康翠玲和她弟弟一人做了一身孝服。

事有不巧，似乎命运也在作弄人。那天晚场，戏班安排康翠玲要主演《蝴蝶杯》。戏中有一场她饰演的娄凤英要与田玉山拜堂成亲入洞房。父亲刚刚去世，心中充满悲伤，怎么能身着大红、佩戴红花去演喜剧？她找到班主，哭诉自己父亲病故，能不能不演这场戏或换人顶替一下。班主说："戏报早贴出去了，票也卖了，这戏能不唱吗？人们要看、要听的就是你康翠玲的戏！你不上场能行吗？要是看客砸

了戏园子，你能担得起吗？"

班主的一席话，吓得康翠玲目瞪口呆。如果罢演，工钱就都没有了，几个月的辛苦就白费了。这还好说，要是砸了戏院，祸可就惹大了。康翠玲只好强忍悲痛，登台唱了那场戏。她自己后来回忆说："那天的戏不知道怎么唱下来的。没有砸锅，是因为多次演过的熟戏，顺着下来了。反正我人是晕晕乎乎的。"

一下场，她就钻进妈妈的怀里号啕大哭起来。边哭边说："妈呀！我对不起爸爸！"母亲泣不成声地安慰着："孩子，别难过，你爸爸会知道你的孝心的。"

旧时称戏曲演员为"伶"。康翠玲不愧为名伶，在大悲大痛之中仍然把戏唱了下来。戏迷们知道这件事情以后，对她就更加敬重了。

死里逃生三两回

康翠玲不仅演技日渐成熟，名声越来越大，而且逐渐长成了漂亮的大姑娘。这也带来了不少麻烦。有些心地不善的军官、资本家、老财、地主打起了她的坏主意。送帖子、传口信，"邀"她的人不断；今天是这个公馆，明天是那客栈，请她去唱堂会。她妈妈金玉玺怕她受欺侮，一律回绝，这可就埋下了祸患。

一次在包头演出，她刚一登

台，就听场下一声尖叫："康翠玲，我要你脑袋！"随声一个小包打上台来。班主跑上台，拣起纸包，发现里面包着几粒子弹。他拿走纸包，说："没事，接着唱吧！"虽然受到不小的惊吓，为了生计，只好含着泪水，继续演下去。

还有一次在包头西北影院演出，正在进入戏的高潮，突然母亲急匆匆地跑上来，把她拉到了后台。她满脸惊诧，不知所措。这时听到前台乱哄哄的，返回去一看，台上铺的地毯被烧了一个大窟窿。原来是有人用鸡蛋壳装着镪水打上台来。幸亏母亲眼急手快，使她免除了一场大难。否则，《夜半歌声》里宋丹平的悲剧就会发生在她的身上。

一直使康翠玲后怕的事，也发生在西北影院。那天演出《坐楼杀惜》。她正演得投入，观众也随着剧情的起伏听得入神。突然，"轰"的一声巨响传来。顿时剧场里乱作一团。观众们呼儿唤女，叫爹喊娘地纷纷逃离剧场。原来是一枚手榴弹投到了剧场门口，炸了一大坑。如果劲儿再大点儿，把手榴弹投进剧场，真不知道有多少无辜生命会在不知不觉中丧生。

地痞、流氓、恶棍制造了一起起事端。康翠玲一次次受到惊吓，一次次脱险。但是为了生存，为了挣钱糊口，她不得不在这倍受歧视的底层挣扎着。

私奔拜师挨批评

1949年9月19日绥远和平起义，步入了新时代。新社会再没有什么"上九流、下九流"的行业歧视。康翠玲他们涌上街头，扭起了欢快

《春香传》剧照，前为康翠玲

的秧歌，放声高唱起了"解放区的天是明朗的天……"接着取缔了封建的戏班制，成立了"新绥剧社"。经过推举，她母亲金玉玺被任命为剧社社长。再也没有欺凌，再也不用提心吊胆地去唱戏。康翠玲脸上的阴云一扫而光，她欢欣鼓舞，扬眉吐气。

1953年，在剧社的基础上，成立了"实验剧团"。突然，有一天康翠玲不见了，她失踪了。这可急坏了剧团的同事，更急坏了团长——她的妈妈金玉玺。

寻遍了所有该找的地方，也没有踪影。经过仔细分析，大家认为她可能去山西了。那时不像现在，"嘀、嘀、嘀"手机一摁，"喂、喂、喂"就能取得联系。金玉玺和几个同志只好乘车南下去寻找。

原来，有几位山西籍的演员，先后回了家乡。康翠玲想去晋剧的发源地拜名师，提高演艺水平。想跟团长说，又怕当团长的妈妈不允

康翠玲剧照

许。20岁刚出头的她一时冲动，竟不辞而别，去了太原。在那里，她遇见从内蒙古回去的阳泉剧团演员郭玉林等人，跟人家说明了来意，还陪人家唱了三天义务戏。

她想拜著名的晋剧表演艺术家丁果仙为师。丁果仙艺名果子红，生于1909年，七八岁从艺，先学青衣，后攻须生，十七八岁就已经驰名山西和京津地区。康翠玲到山西时，丁果仙正带领着剧团在西安演出。她请郭玉林夫妇陪着她，又追到了西安。经过郭玉林的引荐，她

向丁果仙倾诉了拜师的心愿。当丁果仙答应收她为徒时，她激动地趴在地上"咚、咚、咚"地磕了"拜师头"。

正在她高高兴兴地随着师傅边演出、边学习之际，突然妈妈和同事来到了西安。他们是在山西得到信息以后，跟踪而来的。金玉玺先做通了她的思想工作。然后向丁果仙讲明了家里离不开她，想把她接回去；并且一再向丁果仙道歉。丁只好答应了他们的请求，说："翠玲是个很有发展的孩子，她在艺术上有很大潜力，回绥远也可以做出一番事业来。"

她依依不舍地拜别了师傅，跟母亲回到归绥（即呼和浩特）。市文教局的领导找她谈了话。肯定了她追求提高艺术的想法是好的，私自离团是错误的，严肃地批评了她的无组织、无纪律的做法。给她讲解了现在剧团与旧社会戏班的区别。此后，她提高了组织纪律性，积极向上，要求进步。1956年她加入了中国共产党，成了演艺界的第一批党员。

挺着大肚过阴山

康翠玲一心为观众，一门心思扑在舞台上。她母亲常常半嗔半喜地跟人讲："我们家翠玲的心，整天都在舞台上拴着！"

1958年，她已经成为呼和浩特市晋剧总团第一分团的团长。7月份去后山演出，当时她怀有9个月的身孕，人们都劝她别去了。她说："文艺要为人民服务，广大观众想要看康翠玲的戏，我怎么能不去呢？"就这样，硬是随团出发了。

当时，交通不便，只能乘坐马车去后山。为了赶路，能够当晚演出，她们早早就动身了。爬到山梁，天起了大雾，几米内看不清人影。道路颠簸，视线不好，又带着个大肚子，她不敢坐车了。便和同事们一起下车，走了起来。可是肚子一坠一坠的，走起来很困难。她想了一个奇招，在路边折下一根粗树枝，双手紧握树枝，托起肚子，走上了艰难的山路。

山上气候变化万千，开始还凉意浓浓；后来，云开雾散，骄阳高照。这时正是七月流火的伏天，她又挺着个大肚子徒步行走，一会儿就大汗淋漓。汗水湿透的衣服，紧紧箍在身上，说不出的难受。接着又饥又渴，难忍难耐。但是前不着村后不着店，只好咬紧牙关，一步一步往山下挪。当他们走到目的地，找到剧团住处，她已经精疲力竭，双腿酸软迈不开步。经过短暂休息，她硬撑着登上戏台，给观众献上精彩的传统戏——《春香传》。

康翠玲与乡亲们

第二天，她的肚子开始阵阵作痛。同志们看见不妙，赶紧找了一辆吉普车把她送回呼和浩特，住进了市立医院。在那里她生下了大女儿。她母亲喜得外孙女，见到她们母女平安，既高兴又生气地责怪她："不叫你去，你偏得去。半路被送回来，给同志们添了多少麻烦。幸好还没发生什么意外。"

这就是被传为佳话的"康翠玲挺着大肚子走后山"的故事。

如痴似醉钻业务

为了提高业务水平，为了演好戏，康翠玲达到了痴迷的程度。

1957年，接到一个具有民族特色的新编晋剧——《嘎达梅林》。她在剧中扮演嘎达梅林的夫人牡丹。为了演好这出戏，剧团组织大家到席力图召去观看蒙古族同胞朝拜神佛的礼仪和跪拜姿态；到蒙古族人家作客，学习他们吃饭、喝茶、饮酒等生活中的一举一动。

多日的深入生活，参观学习，虽然收获不小，可是康翠玲却感觉不到满足。怎么演好这位草原妇女形象呢？她昼也思、夜也想，几乎达到吃不香、睡不好的境地。她真想去草原住些日子，亲自去体验体验。可是时间紧、任务重，那是根本不可能的，她陷入苦闷之中。

215

康翠玲与她的弟子们

一天中午下班，她蹬着车子回家，满脑子装的只有"牡丹"。当她走到大什字，突然眼前一亮，一位戴着头饰、身穿蒙古袍、足蹬蒙古靴的妇女跃入眼帘。她立即停下自行车，连锁都没顾上锁，便跟随上去。跟着人家进商店、逛大街，一直追随到了北门外，还目送人家向东面的中山路走去。当人家在眼界中消失，她才恋恋不舍地返回了大什字，急急忙忙地蹬上自行车，赶回家中。

回到家里，她对着穿衣镜走了起来。她学着那位蒙古族妇女的样子，走过来、走过去。边走边对着镜子修正自己的行走姿态。家里人莫名其妙，说"你这是着了什么魔？"她却听而不见，所答非所问："过瘾，过瘾！痛快，痛快！"

功夫不负有心人。她们团成功地演出了《嘎达梅林》，得到了好评。她也因为塑造了逼真、可爱的牡丹形象，在内蒙古地区音乐舞蹈戏曲会演中获得了演员一等奖。

就是这样，少年时在旧社会含辛茹苦学艺，成长后在新社会刻苦钻研艺术，造就了一代表演艺术家康翠玲。不仅民间流传着她的许多故事，《中国艺术家辞典》和《中华女名人辞典》还收有她的事略，使她的芳名载入了史册。

民俗风情

HUASHUONEIMENGGUyuquanqu

民　俗　风　情

MINSUFENGQING

民谚这样唱道："从南京到北京，红火不过的归化城。"这红火热闹中记载着归化城所在的玉泉区民俗风情，那红火场景就是一幅民俗风情画，留有深深的时代烙印。

古老归化城风貌

中国的城镇成千上万，一座城一个样，各有特色。

1954年4月25日之前，呼和浩特市叫作"归绥市"，"归绥"之名始于1913年的"归绥县"。呼和浩特市有新、旧两城，即"绥远城""归化城"。二城合并为一个县时，取两城名字的第一个字组成新县名——"归绥县"。

新城晚于旧城，建于清代。旧城是阿勒坦汗于明万历三年（1575年）建成的，明廷命名"归化城"，是一座正方形的城池。后来，在清康熙中期，又扩建了"归化城"。新建的外城包着原城的东、南、西三面，但是北端没有与原来的北城墙取齐。于是，形成了别具一格的"凸"字形城垣。扩建后的归化城，内城以官府衙署为主，可谓政治中心。外城官员府第居多，可以说是富贵人家的住宅区。一般平民只能围绕城周居住。于是城南、城北形成了大片繁华市井。其中

古城风貌

迁到异地的老城四合院套院

城南尤为繁盛，被人们称作"买卖城"，最热闹的是大南街。

1946年我来到归绥市，在旧城度过的童年，那里的市井街巷、店铺商行、戏院茶楼……就是我童年免费的"幼儿园"。

那时，火车站到旧城是土路，路旁还有草丛和沼泽，不时传来蛤蟆和鸣虫的叫声。旧城则是另一番景象，那里房屋密集，市井繁华。

旧城的主要街道是大北街、大南街、大西街、大东街四条街，许多买卖商号集中在这里。最有特色的是大南街和小什字的前店后厂的绳店、毡店、皮具店、土产店（柳编、农具等）、染房店，还有旧货委托店、典当铺等。

旧城街道两旁的布局十分合理，路西多为衣物百货，如绸缎、布匹、衣服、鞋帽、金银首饰、化妆品、文化用品等，路东多为土产和农村牧区生产用品。

通顺街和大召前街是旧货翻新和手工匠人的小铺，农牧民进城多来这里选购便宜货。还有人市、柴火市、羊岗子、牛桥、马市、鸟市等专门市场；大召东仓的娱乐、茶馆、饭馆等也都是分区集中着。

我家在五塔寺西面的美人桥街住过。那条街路东是妓院群落，临街有石条台阶，门前有一对小石狮子，二门紧闭。四合院里用青砖青瓦盖着整齐的平房，一进门的照壁上有美丽的砖雕。出入者多是身着长袍马褂的达官贵人、纨绔子弟、社会名流；迎送者是打扮入时、油头粉面的老鸨、青楼妓女。那里的良宵之夜，丝竹管弦、莺歌燕舞之声不断传出。路北的大杂院里也住着接客的单身妓女，人们叫她们"窑姐"或"野鸡"。

后来，我们家搬到大召西边的通顺街。那时我还没有上学，整天泡在大召东仓听评书。有五六个说评书水浒、三侠剑、施公案的说书摊。说鼓书的仅一个摊，说的是呼家将和隋唐演义。有时也能听到从京津、东北等地来的女艺人的大鼓书，唱的有《白蛇传》《西厢记》等西河大鼓和乐亭大鼓。

大召东仓简直就是一个露天大乐园，拉洋片的、看西洋镜的、变戏法儿的、演杂耍的、练武术的。还有一处是露天茶馆，聚集着架鹰鹞的、提鸟笼的、玩青红雀的。玩青红雀的最有趣，他们把绾着丝穗的珠子抛向天空，放出的青红雀便在空中衔住珠子飞回来，主人接下珠子喂一粒食算作奖赏。

大召风味小吃店，有削面馆、莜面馆、荞面饸饹馆，还有小摊出售油茶面、蜜麻叶、现炸糕、酸梅汤、老豆腐、头脑、麻糖、莲花豆、大粒丸等小吃。说书声、鼓钹声、拉风匣声、茶炉声、叫卖声……真是闹声嘈杂，热闹非凡。

出了东仓往东走是一条长而弯曲的街道，就是后来叫作东夹道巷的街巷。这里有纸货店、旋木店、中药店、铁匠铺、王一贴膏药店……王一贴的橱窗迎着街，里面布置着豹子、麋鹿、狗熊、蛇、龟、穿山甲、海马等标本，记忆最深的是一只黑猩猩标本，我们叫它"野人"。

大召前街首先映入眼帘的就是玉泉井，当时井里的水几乎溢在井口，早晨人们打水，就蹲在井台用桶装、用瓢舀。卖水的多是用车拉水，也有挑水的，桶里浮着木片或竹片，以防水荡出来，挑水人手不持扁担，任扁担在肩上颤悠，须换

旧民居

221

居民院

肩时只要一低头，扁担便从这个肩跳到另一个肩，姿态优美而潇洒。

当时，家家都买玉泉井的水，洗衣刷碗的水是从附近院里提的。几个院子就有一眼洋井（压水井），人们自带水桶，排队压水，向井主交水票。临街的公用井，是辘轳井或敞口水井，水斗须自备。也有人管理，也要买水票。

那时闻名的小吃是烧麦（捎麦、烧卖），出名的有麦香村和古丰轩，孩子是吃不起馆子的，逢年过节大人领着去品尝过一两次。

大西街的茶馆也卖稍麦（捎麦、烧卖），但食客多是喝茶和吃干货点心。我和小伙伴们去买过焙子、麻花。

看大戏是我童年的一大乐事。大召对面有民众剧院，财神庙街有大众剧院，大西街有同乐剧院，都不太远。在这些剧院我看过果子红、康翠玲、任翠凤、杨胜鹏名角的晋剧，还有板玉莲、刘银威的二人台，还看过外地剧团演的京剧、评剧、豫剧、碗碗腔、秦腔。

我们小孩子看戏是在太平门外的门缝看，在门上钻好多小孔，趴在那里像看西洋镜一样看，看得多了知道剧情后，就在门外听戏。等到快散场时，太平门大开，我们就跑进园子里看"尾巴戏"。和把门的混熟了，园子不满时，也放我们进去；我们也有时混在进场的大人中挤进去，运气不好就会被清出场去。

每天有两场戏，事先挂出戏牌，卖票台上放着一块画好座位的木板，买票的点哪个位子，售票人就用毛笔点上，然后在戏票上用毛笔写好座位号。看戏的人买好票还要再买些瓜子、大豆等零嘴儿才进园子。

戏园里很乱，有送热毛巾的，有送茶水的，还有卖香烟、糖果、麻花、焙子和包子的。乱是乱，一旦名角上场，全场便一下子安静下来，唱到好处，全场喝彩鼓掌，出现高潮。

忆起童年的往事，正像人们所说："红火不过的归化城。"这红火热闹中记载着归化城所在的玉泉区的民俗风情，那红火场景就是一幅幅民俗风情画，刻着深深的时代烙印。

旧城的春节习俗

我生在玉泉区，长在玉泉区，一辈子没离开玉泉区，这里的旧习俗深深地印在脑海里。

阴历十二月初一，进入腊月。古有腊月初一"咬灾"的习俗，这天要吃爆米花、炒瓜子、花生、黄豆、大豆、鸡蛋等食物。据说这样可以消灾避难。民间俗语："腊月初一不吃炒，这个起来那个倒"；还有"腊月初一蹦一蹦，全家老小不得病"。这一是为了给孩子们打打牙祭，二是借着棒子花（玉米）在锅内爆出"噼噼啪啪"的热闹声，预示着辞旧迎新的开始。

每到腊月，家家户户的母亲便忙着给子女们缝制大年的新衣服，哪怕没钱买新布料也要将旧棉衣、裤拆洗、翻新。过去每家每户都是母亲搓麻绳纳鞋底自己制作棉、单布鞋，过年每个小孩都要换上新衣服、穿戴新鞋帽，高高兴兴过大年，响大炮。

腊月初八，家家户户都要熬

喜气洋洋的春节

腊八粥。相传十二月初八为释迦牟尼成道日，寺院取香谷及果实等造粥以供佛，后亦通行于民间。归化城人做腊八粥多用红豇豆、黄米、小米、红枣，配有桃仁、杏仁、瓜子、琐琐葡萄干等。习俗腊八这天在太阳没升前便要吃了粥，如若太阳出升后吃粥便会成"红眼"；还有"腊八早粥，来年好收"之说。所以每家每户都要在凌晨前把粥做好，供全家人食之。腊八，民间和寺院里都要熬制腊八粥，祭祖、祭神。

腊八这天还有泡腊八蒜的习俗。把蒜去皮，将蒜瓣放在盛有醋的罐内，用麻纸将罐口封住，到年底，蒜泡得色如翡翠，醋也有了蒜香味，色味双全，除夕吃饺子蘸上蒜醋别有风味。

"腊七、腊八，冻死寒鸦。"这是归化城一年里最冷的时候，马上是"大寒"，离年更近了，俗语说："小寒、大寒一年过完。"

腊月二十三，俗称小年，是传说中的祭灶日，有当晚送灶神（放鞭炮、烧旧灶神）之俗。民间传说灶王爷原为平民张生，娶妻之后终日花天酒地，败尽家业沦落街头行乞。一天，他乞讨到前妻郭丁香家，羞愧难当，一头钻到灶锅底下烧死了。玉帝知道后，认为张生能

春节舞龙

回心转意，还没坏到底，既然死在锅底，就把他封为灶王。传说灶王是被天神派下来监督百姓的，每年腊月二十三，灶王爷都要上天向玉皇大帝禀报这家人的善恶，让玉皇赏罚。于是小年这天，人们会摆一些甜瓜、灶糖在灶王像前，用麻糖糊灶神口，为的是"给灶王爷吃麻糖，上天后好话多说""上天言好事，回宫降吉祥"。民间还有"男不拜月，女不祭灶"的习俗，因此，祭灶只限于男子。

过了二十三，汉族认为诸神上了天，百无禁忌，娶媳妇、聘闺女不用择日子，称之为"赶乱婚"，直至年底。男娶女嫁之多也成习俗，民谣有"岁晏乡村嫁娶忙，宜春帖子逗春光。灯前姊妹私相语，

守岁今年是洞房"。

小年过后家家户户请门神、贴门神，以辟邪除灾，迎祥纳福。门神是我国民俗信仰广泛的神祇之一，是深受汉族民间欢迎的保护神。

腊月二十四，挨家挨户开始"扫房（也称扫尘）"，贴窗花。据《拾遗记》记载，此俗可追溯到三千多年前，当时为驱疫鬼，祈安康的宗教仪式。后"尘"与"陈"谐音，故扫尘也就是把陈旧的东西一扫而光，这既指庭院内的陈年积垢，也指旧岁中遇到的不快。为了新年新气象，人们都要沐浴剃头，去除一年的尘埃晦气，民间有"有钱没钱，剃头过年"的习俗，就图个好的兆头；民间还有"有钱没钱，回家过年"之说，似如风筝无

论飞到哪里，都有一个原点，无论飞得多远多高，家都是一生一世的眷恋。回家就是为团聚。

腊月二十五，推磨做豆腐。传说玉帝会下界查访，吃豆腐渣以表清苦。腊月二十六，杀猪割年肉。从前，人们只在一年一度的年节中才能吃到肉。腊月二十七，宰年鸡、赶大集，置办春节所需物品。腊月二十八，把面发、打糕、蒸馍、贴花。腊月二十九，上坟请祖上大供。请祖归回便将印有逝去祖先牌位的"云"挂在堂屋正中墙上，大年拜奉。年三十晚上熬一夜（守岁），大年初一扭一扭。

除夕早上，家家户户新桃换旧符（俗称贴对子），还在屋内贴"抬头见喜"，庭院贴"出门见喜"，有的将福字倒贴在家门，意寓"福到"。贴对子，是代代相传的习俗。

除夕这天，女人们在屋内整理供品、男人们在庭院垒旺火。有钱人家雇匠人用一尺高的木架放一口大铁锅，内装沙土或炭灰，上面将块碳一层一层码成宝塔形且中空，内插劈柴便于点燃；但一般人家都是地上铺三层砖，上码塔形留风口，中空放柴易点燃，花网披上为旺火。垒旺火有技巧，会垒的点燃后始终不会坍塌；有的贫困人家买捆麻杆子立起来便是旺火。除夕夜五更"噼噼啪啪"震耳欲聋的爆竹声响彻夜空，此时已迎来了新的

春节红火——脑阁

一年，正可谓"一夜连双岁，五更分两年"。屋内准备煮饺子，院内点旺火接灶神。习俗三十接灶神、初一接财神、初二迎喜神。在旺火燃烧漫天通红、接神纳福之时，全家人在老者引领下排成一行，围着旺火转，左三圈、右三圈，边转边伸出双手烤旺火，烤去一年中的晦气，去掉自身百病，换来红运。之后便全家进屋围坐在一起共进晚餐，俗称年夜饭，传说是人神共进晚餐，将饺子供奉灶神和请回逝去的祖先。此刻孩子们开始给老人们磕头讨压岁钱。旧俗阴历除夕以彩绳穿钱，置于床脚，谓之压岁钱；尊长给小儿者，亦称压岁钱。年三十熬夜，也称守岁。大人们在家玩牌熬夜，小孩在外边嬉戏、放鞭炮，玩耍一夜。

除夕，一般家族的堂屋正面墙上浮出了上坟请回的祖先牌位的"云"，下边供桌上供有年前蒸熟的枣山，中间放有香炉，左、右两边摆有锃亮的腊钎（插腊的器具），供桌上放有糕点、干果之类的供品。

坊间流传"懒媳妇盼正月，馋媳妇盼时节"。归化城在初一至初四有好多禁忌，忌动扫帚扫地、忌倒垃圾、忌打碎家具、忌动针线、忌动刀和剪、忌洗衣、忌动土、忌和面、忌嫁出女儿初一回娘家等，还有初一不吃荤、初二不照镜、初三不掸尘、初四不出门、初五送穷神、初六不拿针、初七过小年、初八游八仙走出院门、初九会亲戚拜新神、初十拜师尊。

正月初一，天麻麻亮，左邻右舍开始拜大年，相见双手叩拜高声嚷着"过年好！过年发财"的祝福。初二这天是闺女回娘家团聚的日子，夫婿同行，俗称"迎婿日"，回娘家必带礼品、红包，分给娘家的小孩，并在娘家吃午饭，晚饭前赶回婆家。大年初三称"小年朝"又称"赤狗日"，与"赤口"同音，不出外拜年，传说这天容易与人发生口角争执；当晚应早休息。民谣有"初一早、初二早、初三睡个饱"之说。初四是祭财神的日子，不宜远出。初五俗称"破五"，要赶五穷，即"智穷、学穷、文穷、命穷、交穷"。这天人们黎明即起，响鞭炮、倒恶撒（方言，指污水、垃圾、灾病），遗俗扫炕土，剪纸人。将纸人埋于路旁，燃炮轰之，寓意将一切不吉利的东西都轰出去。这天，民间通行的食俗是吃饺子，俗称"捏小人嘴"。相传初五是财神生日，所以要迎五路财神，收尽东南西北中五方之财。初六买卖店铺开门营业，要放炮庆贺。这天，归化城有闹红火拜大年习俗，高跷、旱船、小车锣鼓喧天走街串巷专奔开业的店铺拜大年要赏钱，十分热闹。表演后拿到店铺掌柜赏钱，领班者发出"赏大洋×圆"的爽口喊声，随之锣鼓齐鸣，高兴而走。相传，这天最受欢迎的是当年满12岁的男孩，因为十二是六的两倍，即六六大顺。这一天每家每户把节下积存的垃圾扔出去，这叫送"穷鬼"。初七为人日，即人的生日，据传，从初一开始，上天创造万物的次序是"一鸡二狗三猪四羊五牛六马七人八谷"。所以，初七就是人日，即"人胜节"。这天要尊敬每一个人，连官府也不能在这天处决罪犯，家长也不能在这天教训子女。这天全家团聚摆宴，像除夕一样隆重。初八是谷日，传说是谷子的生日，也叫"顺星节"，传说是诸星下界的日子，天空星斗出得最全，如这天天气晴朗，则预示这一年稻谷丰收，天阴则年歉。这天又称"八仙节"，八仙指"铁拐李、汉钟离、何仙姑、蓝采和、吕洞宾、韩湘子、张果老和曹国舅"。相传为解救受苦受难的人们，每年正月初八下界查访。这天习俗出门探亲或游览春景，叫"游八仙"。归化城大街小巷，穿戴新颖、打扮漂亮的男女老少探亲访友、游览春景，

一些闹红火的也走街串巷表演，盛况空前。大年初九，民间传说是玉皇大帝的诞辰，要举行盛大的祭天活动，祈求新的一年风调雨顺，平安健康。初十，俗称"十指节"，这天归化城家家户户要吃莜面，并用莜面捏12个碗样的"叭叭"（当地土语），代表12个月，按顺序排列上笼蒸熟后看哪个"叭叭"中有水，就象征来年哪个月雨水好。相传初十是耗子（老鼠）娶亲的日子，晚间要在水缸处点灯，以不惊动老鼠娶亲为名，行让劳累了十多天的人们好好休息之实。相传初十也是石头生日，这天凡磨、碾等石制工具都不能动，以祭祀石头。初十一，归化城为结社日，即结成社火会社，选出新会首（也称社头）。初十二，分工选拔参加社火活动的人选。初十三，安鼓亮镲到庙里把三官神请到村前照壁神龛就位。初十四，白天踩街亮相。初十五，社火活动，祭拜祖先。初十六，社火活动，送三官回庙。

每到正月十五这天，不论是豪宅闹市，还是寒门陋巷都要挂出灯笼，通宵挂灯与月争辉，因这是一年中第一个月圆之夜，所以称为"元宵节"，也称"上元节"。归化城传统习俗正月十五闹花灯。多数人家用各色纸张和竹子制作花

灯，有白菜灯、西瓜灯、黄瓜灯、龙儿灯、茄子灯、走马灯；有钱人家购置木制玻璃框的宫灯挂在门外。十五夜吃元宵、赏明月已成几千年的习俗。正月十五放焰火，点旺火、挂花灯、闹红火，具有悠久历史，归化城"社火"、红火有踩高跷、跑旱船、推小车、大头和尚戏柳翠、渔翁戏海蚌、老夫背妻、猪八戒背媳妇、二鬼摔跤、抬阁、脑阁、舞龙灯等，形式多样，各有特色。有"文社火"和以表演武术为主的"武社火"之分。夜晚，归化城的焰火也是一大亮点，诸如"炮打城""鹅下蛋""猴尿尿""起火""满树林儿"等烟火，观者人山人海，天空五彩斑斓，让人眼花缭乱。办完社火，龙灯要收入龙王庙后壁堂锁起来。

民间有"小添仓""老添仓"习俗。正月二十为"小添仓"、二十五为"老添仓"，人们在庭院正中用炭灰划一粮窖（用除夕旺火燃尽的炭灰，在院内划三圈坐北未封口的圆圈，然后从中间沿每圈两头划两条延长线至家门，再划几条连接两直线的横线，似木梯可下窖存放粮；在圈中心撒有五谷颗粒），窖心插香、发炮。"小添仓"这天要吃带馅的食物，如饺子、馅饼。归化城习俗吃玻璃莜面饺子，饺皮用莜面开水和得软软的并加干粉面（土豆粉），上笼蒸熟，又软又筋十分可口，称玻璃饺子。

"老添仓"，也称"填仓节""大填仓""仓食儿"，这天人们买面意寓填仓。相传在远古时候，天崩地裂。火山爆发、洪水浩浩，猛兽捕食难民，巨鹰抓走小孩，百姓处于水深火热之中。被称为人类始祖的女娲氏焦虑不安，她采来五色石，日夜冶炼，熬过七七四十九个日夜，于正月二十五这天，把破裂的天空修补成功，她又斩断巨龟的四只腿，用来支撑天的四方，并且杀死猛兽，治退洪水，使百姓安居乐业。为纪念女娲，百姓在填仓节这天吃烙饼（俗称盖窖饼），并把半熟的一张扔到房上，表示对她神力和劳动的祝贺。归化城老添仓吃盖窖饼，还寓意粮食满满当当不外溢。这天也是人们翘首企盼小召前祭拜火神的日子。夜晚，全街燃放烟花爆竹，祭拜火神。

过了"老添仓"，离农历二十四节气中的惊蛰就近了。惊蛰这天，归化城的农村要给牛羊灌麻油，家家也要改善生活，祝贺春雷惊蛰，万物复苏。习俗还要吃梨，意为清理胃火，不得胃病。

二月二俗称龙抬头（龙灯

春节文艺活动

会）。这天民间早饭吃饺子，意寓安龙眼；午饭吃烙饼，意寓披龙皮；晚饭吃面，寓意挑龙衣。晚饭后看龙灯，归化城西的西水磨村"九曲灯"名声很大。"西水磨九曲灯"是由360盏油灯组成的灯群，造型精巧，彩色艳丽，据说，人进入九曲阵内，游走一遭，就能免灾，来年定走红运，所以城乡人民来此观龙灯、游九曲好不热闹。

"二月二"处于二十四个节气中的惊蛰前后。民间流传"二月二，龙抬头；大仓满，小仓流"。传说这天是天上主管云雨的龙王抬头的日子，称为"龙头节""青龙节"，又称"春耕节""春龙节""农事节"，是汉族民间传统节日，敬龙祈雨，让老天保佑丰收。旧时，这天应到土地庙烧香祭祀，敲锣鼓、放鞭炮，庆贺土地公公生日。这天被视为吉利的日子，民间一直有理发的风俗，即剃龙头，图吉利。这天还有搬枣山的习俗，年前蒸熟的枣山可以食用了。

坊间传言"对于懒、馋之人，一正月的好吃好喝就要完了，最后还有个救命的二月二"。二月初二，已是开春解冻，这天好似一声春雷将仍迷恋在春节欢乐中的人们警醒，春耕开始，人们将投入到新一年劳作之中。

归化城春节的习俗是最牵动人心的一种生活形态和群体意识，具有群体凝聚力，它激发人们向往美好、辛勤劳作，发家致富。

召庙查玛震青城

查玛也作恰穆，又称作跳恰木、步扎等，一般认为，查玛一词系由藏语"羌姆"转音而来。系佛寺中的一种表演形式。

查玛是一种以演述宗教经传故事为主要内容的面具舞，包括舞蹈、戏剧、音乐、美术、油塑、木偶等在内的综合性艺术。它在羌姆舞蹈的基础上，吸取蒙古族、满族等民族舞蹈元素，经过长期的演变发展过程，形成自己独特的风格，是蒙藏宗教文化、民间文化交流融合的产物。

旧时席力图召的跳查玛

大召近年的跳查玛

查玛属于中国多元文化组成的一部分，属于流传于中国少数民族地区的野性文化。究其渊源，与中国古老的"傩"有着千丝万缕的关系，与先民的图腾崇拜息息相关。"中国的野性文化，大约可分为无神论文化和有神论文化两大时期。而有神论文化则可分为巫文化的初级阶段（万物有灵论阶段）、中级阶段（图腾崇拜阶段）和高级阶段（傩崇拜阶段）"。查玛的历史，正是中国北方民族特有的有神论民间艺术的高级阶段。

2008年，查玛入选国务院批准、文化部确定的第二批国家级非物质文化遗产名录。

内蒙古各地喇嘛教寺庙中，流传着多种查玛，主要是大查玛、小查玛和鸟兽神查玛。

大查玛神泛指藏传佛教信奉之主神。内蒙古寺院中的大查玛神（主神），包括阎王神朝依济拉、游方僧阿扎拉、四大天王玛哈仁扎、白老翁查干乌布贡、千手观音化身官布等。"在舞蹈中，大查玛的动作沉稳犷悍、神态超然，举手投足都很有造型性，体现着强烈的宗教内涵和人物的情感意绪。"

小查玛神泛指一般神，或藏传佛教初兴时，作为藏传佛教的敌对力量，后被征服为供主神驱使的小神。包括头戴骷髅面具的陶德格木、武神扎木苏荣等。"小查玛的舞蹈动作灵活，节奏明快，表演时不拘形态，较少神威。"

鸟兽神查玛的鸟兽神，也作动物神，指佩戴动物形象的面具并表现独特宗教意义的神灵。多为诸神的变异化身。如蝴蝶神额勒布骇、白狮神哥噶热布、鹰神沙鲁克等。

"以动物形象出现的诸神，无论是模仿还是拟人，都颇具个性，体现着很强的韵律风格。"

除以上三种，各地还流传着一些富有特色的查玛。

查玛是戴着面具的舞剧，明万历十六年（1588年），归化城席力图召演出过具有一定情节的查玛戏——《圣人米拉依瓦》。旧时，凡拥有二三十名喇嘛以上的佛寺中，每年都要举行一到两次活动。也有的是专为纪念本佛寺落成日而举办的法会。查玛舞的演出时间，各佛寺不尽一致，多在农历正月十五，也有农历六、七、十月表演者，其时间少则三日，多则十天或半月。

玉泉区弘慈寺（大召）的查玛，每年农历正月初八开始筹备，由寺中专门负责查玛的圪速贵喇嘛着手准备工作，如整理服装、道具，以及舞蹈排练、伴奏训练等。正月十四上午9时许，于正门前或山门外之广场高台搭座，锦毯漫地，活佛居正中，左首是召内有头衔的喇嘛，右首是鼓镲法器。摞地儿表演，喇嘛、牧民在圈外观看。各佛寺跳查玛所用器什基本雷同，计有：郝哈迈（髑髅形）两个，手执法器——降魔榜；阿沙喇（阿修罗天）两个，手执法器——指魔

榜；归巴拉（护法）一对，手执法器——拘魔斧，脑骨碗；阿瓦如房（护法）一对，手执法器——斩妖斧，生血碗；敦其嘛色孙（护法）一对，手执法器——除魔斧，臭血脑骨碗；新吉哈拉孙（护法）一对，手执法器——聚魔斧，脑骨碗；布格束格（护法）一对，手执法器——拘妖月斧，脑骨碗；却勒吉乐（阎君）两位，手执法器——人皮绳，髑髅身；达喇哈（菩萨）七位，手执法器——普鲁固杵，血碗；额若波海（髑髅形）四个。

无论大小查玛，出场者全戴面具，着各式服装。按照故事情节，凡登场的神，都有各自的缘由与使命，都是为保护喇嘛教而来惩治妖魔的，具有傩戏的特点。弘慈寺查玛的情节是骷髅神持生死簿来人间责令鬼妖归案，受到嘲弄。阎王得知，率兵严惩众妖，并请天神出马，将妖尸祭祀天地神灵。查玛有一定的故事情节，也有娱乐性，如老寿星是一位慈善的神，他的表演，还走出舞台互动，与围观者互换鼻烟壶致好。群舞的场面是最热烈的，着黄、白、红、绿等各色服装的神，进三步，退五步，举扬沉伏，仰望平视，时而龙卷圣体，时而指天发啸，在鼓号的铿锵声中，一次比一次跳得激烈。这种表演形

查玛伴奏乐器——筚篥

式，有人物、性格、情节、服装，初步具备戏剧特点，只是没有语言道白。

查玛伴奏的乐器有"大镲"，也称磬。呈草帽状。外直径39厘米，镲碗直径21.5厘米，高7.3厘米，系有黄绢以利持镲。黄铜质。镲有阴阳之分，二叶镲相击时，须有一定力度才能充分使其产生共鸣。乐队中的大镲多则八副，少则二至四副，内有一人为首席，坐在乐队左首，负责指挥乐队。

"筚篥"，俗称大号，铜质。号身全长250—260厘米，喇叭口直径为19.5厘米，管身最细之处直径为1—1.3厘米；号嘴呈碗状，外直径为4.7—5厘米，内直径3—3.2厘米，深1厘米。大型查玛的筚篥不

少于4支，小型查玛不少于2支。筚篥管身长，吹奏时较费力气。一般说来，只要求演奏者能将其吹响为起码条件，进而求的声音纯正、均匀，并尽量延长一口气能够吹奏的时值。在具体吹奏时，演奏者之间还要互相配合，轮流换气，以使乐声不断为好。也有些水平较高的演奏者能吹出几种比较复杂的节奏来，但不常用。吹奏筚篥时，可以坐着吹，但应适当把筚篥加高一些。若站着吹，须有一名小喇嘛在前面扛着筚篥。大召原有筚篥16支，现仅存4支。另外还有一种体形稍小一些的筚篥，其构造和发音原理与大筚篥相同，只是发音较高。

"铜质甘令"，长约八九寸，形如骨质甘令。乐队中配备两支，

传统佛事活动送巴令

轮流换气演奏。其音高亢透亮，穿透力很强。

"大鼓"，也称"哼格勒格"，直径62厘米，厚23厘米，柄长70—80厘米；鼓槌呈钩状，藤柄木头。演奏时以左手执鼓柄，柄端抵腰部，使鼓身过头，右手持锤以击鼓，其声"咚咚"。乐队中成双使用，节奏基本同大镲。用毕将鼓置于特制的木架上。

"喇叭"，也称"毕什古勒"。形如民间鼓乐坊之唢呐，身长52厘米，喇叭口直径13.5厘米，七孔以出音调。

用于查玛的表演，各种乐器多做成双成对使用。

乐队为查玛的表演者伴奏时，多以鼓镲轰鸣声为基础，当一轮表演完换下一轮时，筚篥、甘令"呜呜"作响，及至全部表演的高潮，喇叭等乐器全部奏响。因此，这就要求音乐伴奏要节奏准确，速度稳当。同时，又因表演者全部戴着面具，仅能从面具张开的小孔中看见外面的一线天（有的面具无透眼），这样，表演者只有凭着听觉进行表演。这就更要求首席大镲演奏者熟悉查玛的全部内容和动作要领，以使音乐和表演配合默契。

每当召庙跳查玛，举办庙会，归化城的民众纷纷前往观看，万人空巷，盛况空前。十里八乡的农牧民也乘马、坐车、步行，赶来一睹跳查玛的高超音乐、舞蹈艺术。

玉泉区传统庙会

旧时，归化城（今呼和浩特市旧城）的传统庙会极其兴盛，每年都有六七个大型庙会如期举行。其中的喇嘛教大型诵经会（又叫"大庙会"），农历二月十九观音庙会，农历三月十八三官庙会，以及城隍庙会、什王庙盂兰盆会、玉皇阁庙会等，红火盛大，轰动着十里八乡。

儿时，除了期盼过大年、响大炮、看红火，就是盼着逛庙会、看大戏。我家住在归化城西的民市北街（现通顺北街），离周边的庙宇、寺院很近，每逢庙会便和邻居好友结伴步行来住于召庙、寺院。

大庙会

那时的庙会，每年正月主要是召庙的诵经会，是喇嘛教盛大的佛事活动。喇嘛寺庙小型诵经会每天都有。大型诵经有一定的日期，各召庙时间不同。大召每逢农历初一、初八、十五、二十五诵经；席力图召在腊月二十九、正月十三诵经。但是，正月十五展迈达佛，正月二十五宗喀巴诞辰日，各召都举行诵经会和灯山会。举办这种大型诵经，商家也来凑热闹，形成大庙会。诵经后要跳查玛，其场面宏大，十分热闹，老百姓很爱看，方圆十几里的游客都会蜂拥而至。

记忆最深的，是乃莫齐召的号声。每年除夕之夜，乃莫齐召的长号伴随着天空阵阵爆竹声响起，

秧歌队

低沉的夜半号声传得很远很远，震撼着古老的归化城。还有跳查玛，让人难忘。正月十五诵经会后，喇嘛们便在召庙山门前的广场上跳起查玛。只见十多名喇嘛头戴鬼脸面具，有牛头、马面……身穿深红色长袍，在鼓乐伴奏下翩翩起舞，十分好看。

正月的大庙会，在归化城影响很大。进入农历二月后相继的是观音庙会、三官庙会、奶奶庙会、城隍庙会、什王庙会、玉皇阁庙会。一般会期都是三天，第一天叫起会，第二天是正日子，第三天为末会。庙会期间唱大戏，商家云集，热闹非凡。

观音庙会

观音庙在旧城泉源巷（旧时该巷南北两段分别叫作观音庙南街和观音庙巷），有正殿，东、西配殿，其山门坐南朝北，这在中国佛教建筑中也十分罕见。其建筑规模不大。每年农历二月十九（观音菩萨诞辰日）举办观音庙会。庙会日，狭窄的泉源巷人山人海，摩肩接踵，巷内两边摆满了卖香火的小摊，还有卖风车、风筝、绒花、彩绘木刀、木剑、小鼓、泥塑不倒翁和彩色泥娃娃的，叫卖声此起彼伏，偶有卜卦的吆喝声和乞丐的乞讨声夹杂其中。还有吹糖人的、捏

面人的……令人目不暇接。庙会期间，商家云集，风味小吃布满街头，有江米粽子、凉糕、枣糕、蜜麻叶、大头麻叶、豌豆花、油旋、甜窝窝、羊油麻花和冰糖葫芦……

庙会期间，寺院僧侣和众多居士，设坛念经，举行法会，整日里钵盂声声、磬鼓盈耳。来此逛庙会的香客各有所愿，有到庙里焚香膜拜的，有乞求神灵保佑的，也有病愈还愿的，也有乞求观音菩萨赐予的。庙内香烟缭绕、磬声不绝。

民间有"二月二搓麻线，三月三放风筝"之说。在观音庙附近空地放风筝也是庙会的传统娱乐活动之一。放飞的风筝大小不同，造型各异，有的还装上了响笛。放飞者三五成群，自发组织放风筝比赛，只见燕子造型的飞来飞去，丈余长的蜈蚣和八卦在天空翱翔，还有老鹰、蜻蜓、蝴蝶等在天空飞动，十分好看，置身其间神清气爽，使人流连忘返。

中华人民共和国成立后，庙会停办。近年又恢复了庙会，虽然庙会的形式和内容有了变化，但是仍然热闹非凡。

2006年又在原庙之南新建了坐北朝南的山门、四大天王殿、罗汉殿、千手观音大殿，并在马路南边玉泉公园建了宝尔汗佛塔。每年还

增加了两次庙会，一次在观音菩萨成道日的农历六月十九日，一次在观音菩萨涅槃的九月十九日。

三官庙会

三官庙位于旧城三官庙街，庙内供奉着天官、地官、水官，故称三官庙。其西侧还有鲁班庙、奶奶庙、边宁古寺。庙院内还建有坐南朝北的两座戏台。

每年农历三月十八是三官庙会。庙会期间香客如云，有敬三官的，有敬鲁班的，多数女香客则敬奉圣母娘娘和观音菩萨，还有敬奉刘、关、张的，香烟缭绕、磬声不绝。庙门外的物资交流、各色小吃和唱大戏更加热闹。各家饭馆、茶坊、百货店、绸缎庄在庙会前择地搭棚。会期一到，寺庙院内摊铺密布，各类生活用品、风味小吃应有尽有。一些大的饭店，诸如麦香村、凤林阁、古丰轩也会现场搭棚烧制高档菜肴。一进庙院，哨声不断的大铜茶壶便跃入眼帘，这是卖油茶面和茶汤的，还有卖油炸糕、蜜麻叶、豌豆花、江米粽子、冰糖葫芦的。在嘈杂的人声中，此起彼伏的"拉面、削面、油荞面、热乎乎的蒸莜面"的叫卖声吸引着食客们。众多小吃中，马肉夹焙子很受欢迎。只见独轮小车面板上插有竹签，刷有卤汤的马肉香气四溢，卖

传统庙会的古戏台

肉师傅用大片月牙刀片出薄如纸的肉片，夹在刚出炉的焙子中间，真是味美可口、香气十足。

一处处吹糖人、捏面人、拉洋片的摊位旁多是孩童们围观、欣赏、抢购。还有卖风车和各种"耍花儿（小玩具）"的，还有唱大鼓书、说快板、玩杂耍和耍猴的。喜欢"踢弹儿（空心铁球）"的年轻人则在一片空场上各显技巧，那出奇制胜的一脚，常常引来围观群众的一片喝彩。戏台上的三天大戏，吸引着男男女女、老老少少的戏迷，戏没开场他们就早早去抢占好位置，戏散后才恋恋不舍地离去。

这就是我记忆中的三官庙会的剪影。

什王庙盂兰盆会和玉皇阁庙会

除三官庙会和观音庙会，玉泉区境内影响较大的还有什王庙盂兰盆会和玉皇阁庙会。

什王庙位于小北街路西的什王庙巷内，建于清初，主供地藏菩萨和十殿阎罗，还附祀有财神、火神和圣母娘娘。"十王"是指十位阎王，分别掌管着不同的地狱之门。庙内分东、西两座殿堂。东殿里供奉着秦广王等五位王，专管罪大恶极、十恶不赦的恶鬼，其身后的壁画画满了地狱里的种种可怕的场面；西殿供奉着楚江王等五位王，负责积德行善的亡魂，身后壁画有过金桥、银桥到达天堂享乐的情景，可谓东恶西善，殿堂阴森恐怖。

每年夏历七月十五佛教徒们在什王庙要举办追念祖先的盂兰盆会（佛教仪式），盂兰盆是梵文的音译。祭祀中，还要把人们带出庙外，观赏规模较大的扭旱船。七月十五夜间由追荐祖先的人为死去的先人在西河沿（扎达盖河）放河灯，更是别有一番情趣。

玉皇阁在新生街，建于明天启年间，是归化城规模较大、兴建最早的道观，主供玉皇大帝。归化城的粮店面铺每年也定期在此举办庙会。庙会期间，也敬神、唱戏以及进行物资交流，盛况空前。

此外，还有新城东门外的奶奶庙会、北门外的城隍庙会，它们不在玉泉区境内，也都是当年轰动归化城的传统庙会。会期也是游人如云，看客如织。

中华人民共和国建立后，传统庙会停办。回忆起归化城的传统庙会，尽管有一些迷信色彩，但它还是融合古今，包蕴雅俗，老少同乐，男女咸宜的劳动群众的娱乐活动。

近年又恢复了庙会活动。在借鉴继承传统庙会的基础上，取其精华，去其糟粕，越办越好。每年正月大召的庙会，越办越红火，一年胜似一年，成了呼和浩特文化生活的新亮点。

春节闹红火

旧城的文武社火

社火即秧歌，办社火也叫闹红火。社火有文、武之分，其中，文社火以舞蹈为主，兼有唱、韵白及乐器伴奏等艺术形式综合表演的，因文社火的题材内容多取材于人民的现实生活及劳动场景等，所以文社火在农区及城镇中很普及。武社火则以武术表演为主要表现手段，但不太普及。以文社火为例，具体活动项目很多，如《推车》《旱船》《回娘家》《大头宝宝戏柳翠》《戏海蚌》等象征着人们对于美好、自由、幸福生活的追求。秧歌中扮女装的，多为男性，表演时故作轻盈、袅娜姿态，以取悦于人。虽然是男扮女装，"红粉佳人看足下悠悠大哉"，但对于束缚妇女解放的封建礼教，显然是一种大胆的挑战。这类内容，无不为妇女所倾倒。又如归化城南茶坊云中社的大型抬阁，下有8名壮汉抬着一副木架子，架子上布置好类似戏台的假山、屏风等，上站1到2人，浓施粉黛，扮装古典戏剧的某一场景，如《长坂坡》《盗灵芝》《霸王别姬》等，多由少年扮演，十分壮观。又有脑阁《凤仪亭》的吕布、《当阳桥》中的张飞等角色，由5—10岁的小孩扮演，孩子们张着没有门牙的嘴向过往行人报以憨笑，使人忍俊不禁。还有男扮姬婆者，打扮得蓬头垢面，腰系红裤带，故意将红布头垂下，耳坠红辣椒，右手执笤帚，左手持手帕，脚踩尺半矮跷，殿以秧歌队之尾，故作被人取笑的懒女人模样儿。其他还有利用杠杆原理表演的独龙杠，扬起时可到两丈多高。蒙汉族人民习惯把龙作为顶礼膜拜的图腾，于是，许多彪悍的小伙子手执五彩巨龙（有的长达4丈多），上下翻飞，以示苍龙下凡，人间繁荣昌盛。有条件的还要加上丝弦伴唱或吹打乐。

以武术体操为主要表现手段的武社火每到一地，先由文社火进行简单的表演，等看红火的人围定后，就由那些武术健儿们表演各种套路，尤以归化城海窟村（现玉泉区清泉街）号称"十大弟兄"的金骡、金马、疤小、聚宝、老福顺、李来富、潘德元等人为最。他们组成"少林会"，一年四季，冬练三九，夏练三伏，锲而不舍。每年正月十三，少林会十大弟兄随本社的文社火踩街，继之从十四红火到十六。刀枪剑戟十八般兵器无一不能，且各施绝技。其中有几个把式还会打查拳、花拳、六合拳、少林拳等。另有单打、对打、空手夺花枪、单刀破花枪、滚刀、双刀破矛等。冯玉祥执政时，海窟村的少林会还在城北小校场摆过擂台。因后继无人，海窟的武社火到1932年停止活动。

社火的表演程序，以归化城小召半道街的"平安社"秧歌为例：每年腊月二十三，"排官"即通知各位爱好者排练正月间演出的秧歌，并开始整理行头，修补架靠等。还具体分配出场面（负责清道打场、维持秩序及其他善后事宜）、表演（文、武社火的表演者）、吹打（文、武场伴奏）等。

经过一段时间的排练，于正月十三踩街，继之从十四红火到十六。各社的秧歌都有一定的行动路线和活动范围，不能胡闯乱走。具体表演时又有过街秧歌和定场秧歌之分。仍以小召的"平安社"为例：从后街出发到前街的饭馆惠丰轩门口时，惠丰轩已将大旺火点燃，门旁还放一张桌子，上置糖、茶、烟、酒。场面打开后，看红火的人围拢已定。锣鼓喧天之中，表演者围着旺火堆，奋力表演，以观众的喝彩声四起、发噱叫绝为能事。与此同时，会头已和惠丰轩的老板接头，恭喜发财之后，会头把一只精致的"拜盒"交给老板（拜盒多以木制，上面雕刻着花卉图案，背后写着"小召平安社"字样），盒是空盒，可立时赐予，手头不济时，可隔日赐予。赏钱多寡，全视字号规模及老板慷慨与否而定。但一般字号都希望店铺前办一次红火，一方面为招徕顾客，打揽生意，另一方面以示大喜大吉，财源茂盛，故多慷慨解囊。秧歌是群众性的大型文艺活动。参加这一文艺活动的人数之多、范围之广，是任何其他一种文艺所不能比拟的。每到正月十四、十五、十六，大街小巷，人山人海。如果哪家的孩子或大人"打脸子出红火"，那也是非常愉快的事。归化城艺人贺炳之妻高素云（1904—1985年）说："我8岁那年，南茶坊云中社的脑阁选中我扮一个小姐的角儿。我每天一大早就催着二舅领我去打脸子，大人们还告诉我，不能哭，把胳膊扭开。"本地人闹红火，不单单是庆丰年吉庆有余，而在灾年、歉收年也要闹红火来预祝来年五谷丰登。按照传统习惯，在新旧年之交送旧迎新，预祝来年大吉大祥，升官发财。惟回族不办红火，仅在1937年正月，傅作义为庆祝收复百灵庙战役的胜利，命全城大办红火，于是鼓乐喧天，大办秧歌。那是一次规模较大的群众文艺活动，也有回族参加。又有克什克腾旗的回族龙舞，算是破例。

中华人民共和国成立后，秧歌活动无论从规模到形式内容，都有进一步的发展。"文化大革命"期间，秧歌这一为广大民众所喜闻乐见的民间艺术形式被当作"污泥浊水"而"荡涤"，直到1977年重新恢复活动。20世纪末，秧歌活动已有很大的提高和发展，每年正月十三、十四、十五、十六日，各旗县、区无一不张灯结彩，大街披红，小巷挂绿，各街道、机关单位、乡村的秧歌队伍浓施粉黛，满怀喜悦地表演，秧歌队逶迤十里长

街，蔚为壮观。

归化城的民谣曰："小召后的秧歌凭浪嘞，淌不浪的秧歌凭唱嘞，海窟上的秧歌凭棒嘞，南茶坊的秧歌凭晃嘞。"便是归化城秧歌的写照。

旧城民间鼓乐班

"归化城鼓班"，是对塞外青城鼓乐演奏组织的总称。他们吹奏的艺术风格，具有浓厚的地方色彩。它是别具一格的、独立的鼓乐演奏艺术流派。

相传，归化城鼓班是在清代康熙年间形成的，距今已有300来年的历史。归化城鼓班所供奉的祖师是永乐皇帝——明成祖朱棣。

鼓乐艺人的来源，一是戏剧界的鼓乐艺人（包括演员），因为种种原因离开戏班，流落在民间；二是僧侣鼓乐在民间广泛流传，一些音乐爱好者，学会演奏技艺，并在民间经常演奏；三是历代驻屯归化城的边防军中的军乐手流散在民间；四是外地的一些民间艺人漂泊到塞外……这些艺人长期在归化城吹奏献艺，渐渐地自愿结成团体，后经几代艺人长期琢磨，刻意求工的创新，就出现了为塞外青城人民群众所喜闻的吹奏艺术流派——归化城鼓班。

从清代末年至中华人民共和国

成立前，归化城鼓班有十几家，大部分有白底黑字的木制招牌，也有自己没有招牌而与六合铺（俗称杠房铺）合在一起的。

多数鼓班在旧城，以现行区划，在今天的玉泉区境内有10家鼓班。

揉狮班（字号不详）　在大厅巷，清咸丰二年（1852年）前后成班。班主揉狮子，本地人，是个鼓乐爱好者。该班有艺人10名左右，名手有北村的五十五，吹奏唢呐的技艺很高。当时，这家鼓班还为各级官吏出巡吹奏迎送曲，每年领取一定的饷银，有半官办的性质。

东伍盛　在小召头道巷，清同治元年（1862年）前后成班。班主顺喜子，本地人，他也是个鼓乐爱好者，善于组织，该班最盛时期有20余人。名手三楞子，是归化城鼓乐界的"明星"，有许多吹奏艺人和爱好者拜在他的名下潜心学艺。还有名手焕焕，托克托县人；补蝉子，城西南大有庄人，由于两个人都染上了吸食毒品的嗜好，得了个"小洋瘫"的绰号，但是他俩的吹奏技艺都不错。后来，很有名气的鼓乐艺人二毛、三白子也先后在此班演奏过。

西伍盛　在小召头道巷，清同治元年（1862年）前后成班。班主三小

子（和顺喜子是弟兄），本地人，是有名的司鼓艺人，他为晋剧和鼓乐界司鼓技艺的糅合创新做出了贡献。这个班子的主要名手有二毛、补蝉子、根拴子等。

义盛　在大召西夹道，光绪十八年（1892年）前后成班。班主狗娃子，本地人，司鼓技艺不错。此班是继承他伯父（鼓乐艺人）的产业。遇有红白喜事，临时请艺人前去吹奏。由于收费低，贫苦人家雇用他们的比较多。

双盛　在大召西夹道，1921年前后成班。班主羊换子，本地人，也是当时塞外青城鼓乐界的"明星"。归化城的鼓乐名手，多在此班演奏过。

昌盛　先在大西街，后迁到大召西夹道，1933年前成班。班主二毛大名曹志文，厂汉板申人，也是鼓乐界的"明星"。主要成员有：富财子，本地人，原在戏班演小旦，后因嗓子坏参加鼓班，此人司鼓技艺很高，对戏剧曲子很有研究；还有托克托县的三白子；山西代县的园园，吹笙技艺精湛；老兰套，城东南八拜村人；老燕，哈拉更村人；本地人金狗子等。

八小班（与六合铺"双盛成"合伙）　在大西街，1937年前成班。早年此处就是个鼓房，鼓乐"明星"

三楞子和徒弟二毛、二娃子等，曾在此班演奏过。班主八小子，本地人，唢呐吹奏技艺不错。该班有艺人6名左右。

根拴班　在西五十家街路南，1937年后成班。班主根拴子，南台什村人，是个善吹唢呐的把式，有艺人五六名。

德盛　在大召西夹道，1944年成班。班主三白子大名张文亮，托县古城人。先后在此鼓班吹奏的艺人有：土左旗的蒙古族艺人老运子，吹奏唢呐的技艺娴熟；山西忻县的五魔鬼（姓名不详），拉二胡的绝招很多，曾给山西北路梆子名演员贾桂林（艺名小电灯）拉二胡。相传，贾桂林演唱到高潮时，只听"嘣"的一声响，五魔鬼故意弄断一根丝弦，用剩下的一根弦仍能惟妙惟肖地继续伴奏，这时，台下鸦雀无声，静听的观众对他们珠联璧合的表演报以热烈的掌声；山西代县武远来吹笙的技艺精湛；本地毛道营子村的任德刚，善奏晋剧上路调二胡，后改下路调；司鼓名艺人：武川县的二娃子、本地的金狗子、云二娃（蒙古族）；还有代县的赵秉文、老燕、钱树、钱槐；本地的高小子北路梆子拉的很好（指二胡）；吹奏唢呐的有有，是三白子的徒弟，吹奏技艺不错。三白子也

是鼓乐界的"明星"。

有有班（系家庭鼓班）　在大召西夹道，1946年成班。班主有有，大名赵明，代县人。鼓班中，有有吹奏唢呐，他父亲拉胡琴，他弟弟二有子司锣，九九吹笙，虎虎拍镲；另请云二娃（蒙古族）司鼓。

旧社会，民间鼓班的艺人，被称为"鼓匠""吹鼓手"，地位十分低下，属"下九流"，甚至有"王八戏子、吹鼓手"的称呼。他们虽然技艺精湛，但多被人瞧不起，社会地位只比乞丐强一点。办各种事宴时，院落的旮旯处、牲畜棚圈是鼓乐艺人演奏的地方。冬季，临时给生个木柴火或炭火了事。天气多么冷他们吃饭也在院子里，不允许进屋。人家喝酒猜拳，正是他们卖劲演奏之时。晚上走不了也不能住正房，临时腾间屋子给艺人们住。

每年除夕夜，艺人们便结伴分头到各商号、有钱人家去吹打"接神"，事后有的给钱、有的给馒头、炸糕、肉菜等，艺人们便以此作为年节的食品。

吹奏艺人出身贫苦，幼年丧父或父母双亡无人依养的占很大比例。从小拜师学艺，经过千锤百炼，刻苦钻研，吹奏技艺高超并被鼓班雇去的艺人，每月最高可赚四

民间鼓乐班

送葬队中的鼓乐艺人

元钱，还有两元五角或两元的，大多数没有工资，只是遇有事宴混个饱肚，得几角钱。

民间吹奏艺人，有的是残疾人，如鼓乐"明星"三楞子、德盛班的老运子是盲人，双盛班的二娃子是位稍能通路的半盲人。

鼓班艺人百分之九十以上染有吸食毒品的嗜好。由于娶妻成家者极少，所以都在鼓班吃住。各家鼓班都有火炕，也有餐具，只管烧的，不供粮食。热天有的艺人跟了戏班，有的给有钱人家拉煤、打杂，有的白天外出乞讨，晚上回鼓班睡觉。大部分艺人无铺无盖，睡觉时把袖口、裤口一捆，半块砖上把帽子一垫，好一点的铺块烂羊皮。遇有事宴方可饱餐几顿，就这

样饥一顿饱一顿，不少人吃坏了胃。"小洋瘫"换换、王拴子和老眼子冻饿死去时，才50岁左右。死后被用席子或剪开的草袋子一裹，抬到了史家巷南的孤魂滩。他们为别人出殡时吹吹打打、抬棺木，而自己死后连只"狗碰头"棺材都没有。另外，还有因吹炸了肺吐血身亡的艺人，如张羊换（50来岁），猫小子（不到26岁）、银全子等。

鼓乐艺术是一种集体演奏形式，司鼓和吹奏，锣铙钹和笙管等必须互相配合。一个好艺人，需要具备几种技艺，一是善吹唢呐，不会吹奏唢呐就一辈子也不是个好鼓乐手。富裕一点的鼓班，主要乐器成双成对，如两把唢呐，"主角"称作"挑尖子的"，"配角"称作"捏下音儿的"。二是在善吹唢呐的基础上，又精于司鼓、二胡、枚（笛）、笙、管、锣、铙、钹，称作"全手匠人"；并要学会多种鼓班曲子、二人台曲子、晋剧整本戏。对归化地区的婚丧嫁娶和节日习俗，还要十分熟悉。三是玩意多、功夫深。举凡唇功、胸功、丹田功、气功、手臂功、手指功，都要经过几年、甚至十几年的苦练才能达到"六功"精湛，艺高曲全功夫深，出神入化的境界。就以手臂功而言，艺人们叫"寻冻功"，越冷

越出去练，到"三九、四九冻烂碓臼"的时节，更是天天不间断，还用雪洗手，根本不允许戴手套。

有钱人家的红白喜事，有的要同时请两班鼓乐班子，显示富有。鼓乐艺人便要展开竞赛，长达几个小时的演奏，艺人们真受不了。相传，南台什的名艺人银全子，就是在南村和二毛对台演奏时，吹炸了肺，吐血而亡的，当时他只有40多岁。

归化城鼓班的活动，除参加婚丧嫁娶礼仪的吹奏外，还参加每年农历正月的民间文娱活动，如耍狮子、踩高跷、小车会、舞龙灯、抬阁、担阁等的演奏。清朝年间，鼓乐艺人还参加官吏出巡时的迎送演奏；一些官府、商号、官宦人家宴请宾客，也要请鼓班去演奏。

归化城鼓班，现在留传下来的演奏曲调，有如下几类：

新婚曲类　有迎花轿进门的《小拜门》《大水罗音》《小水罗音》《喜临门》；拜堂时的《朝天子》《拜场》《喜相逢》；新娘新郎拜席时有《得胜令》《扇子计》《打金枝》《打樱桃》等曲调。

丧葬曲类　有《哭黄天》《苦伶仃》《圪浅浅》《柳青娘》《哭灵堂》《小哭坟》《苦相思》等曲调。

秧歌、小曲、戏曲类　秧歌、小曲除上面提到的，还有《鬼拉腿》《顶灯》《柳摇金》《四公主》《南天门》以及《牧牛》《八板》《推碌碡》《西江月》《走西口》等曲调；戏曲有《算粮登殿》《断桥》《乾坤带》《金水桥》《杀庙》《二进宫》《明公断》《取成都》等近二十出。

往往一曲吹奏下来，长达三四个小时，真可谓"乐声悠悠入耳，锣鼓点点传神"。

归化城鼓班的另一特色，就是一支曲子可以随着活动的不同，场合的变化，调子也随时变化。艺人们说："曲不拿人调拿人。"除本调外，还有凡调、甲调、小工调、四字调、六字调、梅花调，统称三大调四小调。在鼓乐界，还有"七调管子，八调笙"的说法。笙、管、唢呐等都是用古老的"工尺（"尺"音读"chě"）谱"。

七月十五放河灯

扎达盖河，蒙古语，旧时译作札达海河，汉意为敞开的河。它在玉泉区城区的西部，民间俗称其为"牛桥河""西河"。

它源于大青山沟壑，自北向南流去。早年，城区较小，它从城的西部流过。城区扩大后，它穿城而过，最终注入了小黑河。

清代，札达海河水清见底，

没有污染，河宽十余米，水深约一米。河两岸树木不多，但绿草茵茵，风景秀丽。每到傍晚，市民常到这里散步消遣，河边蛙声四起，虫鸟啾啾，儿童们在河里捕鱼捉虾，一派田园风光。

旧时，归化城有一个民俗，就是"七月十五放河灯"。归化城的各商家字号、市民百姓，为求买卖兴隆，请河神保佑安康，每年的农历七月十五的晚上，都要在札达海河放河灯，祭奠河神。这是一项规模很大的传统民间习俗。

七月十五之前，准备放灯的商户、百姓早早地就制作好了"河灯"。河灯一般是一块圆形木板，周围粘贴彩纸，内放一盏油灯。灯的式样千姿百态，大小各不相同。各个商铺和百姓人家，有做一盏的、两盏的、五盏的，数量各不相等。

七月十五的晚上，人们把灯燃着，将它放入河中，任其漂流。数百盏乃至上千盏五颜六色的白菜灯、莲花灯……争芳斗艳，顺流而下，蔚为壮观。此时此刻，天上繁星点点，河内灯光闪闪，成为当时归化城的一大胜景。

届时，归化城虽不是万人空巷，也是男女老幼齐出动去观灯，成百上千的黎民百姓挤满了札达海河的两岸。只见河畔人头攒动，摩肩接踵，人们俯身引颈，欢声笑语，欣赏着渐渐远去的、多姿多彩的点点河灯。直至深夜，观灯者才扶老携幼，尽兴而归。

放河灯起源于清代，一直延续到民国年间，鼎盛时期为清末民初，年年都办。据一些老归化城人回忆，大约是在20世纪30年代，放河灯开始衰落，时而举办，时而停办。在归绥沦陷前的1937年还举办过一次放河灯，那是最后一次。自此，结束了这一具有几百年历史的盛大的民俗活动。

札达海河放河灯，曾经给归化城文化生活比较单调的市民带来过极大的乐趣。三四十年前，一些上了年纪的人还常常津津乐道地给人们讲述放河灯的盛况，回味着童年时代的乐趣。

旧城的踢弹儿声

归化城曾经有过一种传统的娱乐项目——踢弹儿。

踢弹儿，就是踢两个类似于现今健身球的钢球，不过那时称"钢铃弹儿"。踢弹儿的玩法，就是踢一个弹儿打另一个弹儿。谓踢其实不是踢，而是用鞋底搓。踢的时间长了，就有不少技艺高超者，他们踢起来的弹儿，既准又稳，时常还要几个花样，引来阵阵叫好声。

当时有两种踢法，一种玩法是

将一个弹儿作目标，放在高坡上，或者凸凹不平的地方，然后大家踢另一个弹儿去打它。技高者，将一个弹儿踢起来，不是直接击打它，而是在两弹儿之间蹦一下，第二落点再击中另一个弹儿。

第二种踢法是，两个人一人一个弹儿，规定好"踢东西"，还是"踢南北"，即两个弹儿一个摆东一个摆西，或一个摆南一个摆北。谁先踢只踢一脚，从第二人开始，每人每次便要连续踢两脚，踢两下最好是踢中对方的弹儿，如果踢不中，也必须使自己之弹儿超过对方的弹儿，若踢了两下仍未超过对方的弹儿，便输了。如果没踢中对方的弹儿，但是超过了对方的弹儿，比赛继续进行。直至一方被击中，或一方踢了两下弹儿落后了，才决出了胜负。

踢弹最火的地方是二月二在观音庙附近和二月十八在孤魂滩。每到这个时候，能玩会耍者，不用号召，不用组织，主动聚集在一起，展开一次大比试。这时，不少人专程去观赏，熙来攘往，好不热闹。

后来，踢弹儿夹杂了赌博色彩，踢者日趋减少。20世纪五六十年代，还偶尔有踢弹儿者，现在已经很难目睹他们的风采——这种民俗娱乐活动渐渐地退出了历史。

老城街名有特色

地名与人类息息相关。地名往往能反映出一个地方的历史及其发展变化，有时也能反映出一些民情风俗。各地地名有各地地名的特色。

有人说归化城地名的特点是"三湾、四滩、一圪料，还有十八道半街"。其实这不是特点，它是对以今玉泉区城区为中心的旧城街巷的概况的描述。

今天玉泉区又管城又管乡，200多平方千米。20世纪80年代，农村未纳入市区，5.64平方千米的玉泉区老城区有大小街巷125条。分析一下这个古老城区的地名，既可以看到地名命名的一些普遍规律，又可以了解它独具的一些特性。

综观玉泉区（指城区，下同）的地名，可以分为九大类。一以方位命名的地名；二以商号或行业命名的地名；三以姓氏和官衔命名的地名，如杨家巷、史家巷、王家巷和大御史巷、小御史巷等；四以人工建筑物、地理实体命名的地名；五以地名命名的地名；六以街道的用途、性质命名的地名；七以街道的形状特征命名的地名，如九龙弯街，因其弯曲得名，一人巷之名，取其狭窄，南茶坊宽巷子，是南茶坊街较宽的一条支巷，故以"宽"命名；八以生产工具命名的地名；

九用吉祥、喜庆的语词命名的地名，如迎春(巷)、建华(街)、兴盛(街)、凯歌(巷)、解放（街）等。

以方位命名地名，具有普遍性，各地都有。玉泉区以方位命名的地名比重相当大。全区的125条街巷中，以方位命名的就有67条，占总数的53.6%。

定位的参照物有召庙、十字路口、街道、河道、人工建筑物(除召庙，还有桥、公园、城墙等)、地理实体、村庄，等等。凡是在民间有影响的地方，临近它的街巷，多数都是参照着它，依方位命名的街道。如石羊桥，它在"归化城"外东南方，地处交通要道，影响较大。过去那里既有桥梁，又有石雕的羊，所以叫作石羊桥。如今，原来的桥早已消失，石羊也不翼而飞。但是在桥的四方形成的道路，却被命名为石羊桥东路、石羊桥西路和石羊桥南路。再如养鱼池，它在归化城西南，是周围人人尽知的地方，所以其东、西两侧形成的街道，分别被命名为养鱼池东巷和养鱼池西巷。

以十字路口定位的，如大东街、大西街、大南街、大北街，是依

拆除前的以地名命名的宁武巷

大什字而定的。通顺南街、通顺北街，是以"人市儿"十字儿定位的。

以街道定位的，有的点明了街名，如九龙湾大西巷、九龙湾大南巷、东五十家街南巷、南柴火市街南巷，等等。还有的没有指出定位所参照的街道，如分居通顺北街东西两侧的东尚义街和西尚义街。

除上述讲到的一些参照物，甚至连城区本身都是定方位的依据。如玉泉区的南楼巷和北楼巷，就是依城区为参照得名的。这两条街巷，一在城南，一居城北，巷里当初都曾经有过一处剃头铺，而且都是小楼。城南的人称城南的巷子为剃头楼巷；城北的居民也根据剃头

铺称呼城北的巷为剃头楼巷。久而久之，两个"剃头楼巷"的名字都叫出去了，重名又给人们带来好多麻烦和不方便。所以，后来根据它们在城区的方位，分别更名为南楼巷和北楼巷。

还有的方位地名，既说明了方位，又表述着那块地方的性质或作用。如东马道巷，原先是北门东面的一个马(走的)道。东菜园，早先是个大菜园，它与西菜园遥相对应，故称东菜园。后来菜园地变成了居民区，形成一条南北向的街道，仍沿用着东菜园的名称。

历史上的归化城是个商业性的城市，所以今玉泉区不乏用商号命名的地名，如晋阳楼(巷)、兴隆(巷)、大兴泰(巷)、公义店(街)、恒昌店(巷)等等，都是买卖字号的名称。如今，这些商号早已经不存在了，可是其字号名称却被街道借用，流传了下来。

此外，还有以行业命名的街道。如石头巷，是石匠行业铺面集中的街道。再如东兴旺巷，是由其原名东鞋袜巷谐音转化而来。东鞋袜巷和西鞋袜巷(此名已废)两条街道原先有一些出卖鞋帽和袜子的店铺，因此它们得了这样的街名。

至于以人工建筑物、地理实体命名的地名。玉泉区的区名，就是以区内的一处名胜，著名的泉水——玉泉(后被改建成井，称玉泉井)命名的。还有玉泉一巷、玉泉二巷、四眼井(巷)、电影院(街)、三官庙(街)、三贤庙(巷)……都是以人工建筑或地理实体命的名。

以地名命名的街巷，多数是因为某地人在此居住得早或者多，或者某地人的影响大。这样命名，其中也寓有人们对其第一故乡的怀念之情，如宁武巷、定襄巷。这两条巷名，使后世人一看，就能了解到山西与本地的深厚渊源。

以街道的用途、性质命名的地名，如官园子巷，过去那里是一处官方办的大菜园(兼种花卉、草木)，民间称其为官菜园或官园子。那里形成街道以后，就以官园子命名了街名。再如南柴火市街，当初是买卖柴火的市场。

玉泉区有一条名称独特的街巷，叫作水车园巷。为什么要用"水车"和"园"命名呢？因为水车的出现替代了手摇的辘轳井，比较先进和新奇，人们就称那块园子地为水车园。后来形成街道，则命了这么个名称。这条地名，为考证水车引进的时间提供了线索。可见，考查地名的来历、沿革，对研究当地的历史，以至经济发展史都是有价值的。

以方位命名的小北街旧貌

玉泉区地名还有一个突出的特点，就是因召庙得名的地名很多。以街道名称为例，涉及召庙者竟占总数的20％。其中，有直接以召庙名称命名的，如喇嘛庙巷、巧尔齐召巷、文庙街……还有根据街道与召庙的方位关系定名的，如小召前街、小召后街，大召东夹道巷、大召西夹道巷，五塔寺前街、五塔寺后街……而同呼和浩特市内的其他各区相比，与召庙有关的地名就很少了。

这个特点与玉泉区的历史发展密不可分。明代，归化城喇嘛黄教兴盛，于是召庙建筑蜂起，紧接着，围绕庙宇出现了市肆、民宅，形成了街巷。因为召庙建筑显赫，影响大，便于识记，所以街道的名称自然而然地就冠上了召庙的名字。这就是这个特点形成的由来。

许多地名来自群众之中，因此地名不可避免地要受到方言的影响。玉泉区的长和廊巷，"和廊"是本地方言，意思是狭长的小巷。长和廊巷一带原来是归化城外的村庄，叫作"长安村"。后来由于城市发展，建筑日益增多，密集的宅院把街道挤成了狭长的一条巷子，有人就叫它"长和廊"。这个名字恰如其分地表述了这条巷子，大家就都这样称呼它。久而久之，官府也接受了这个名称。

圪料街，它是从小召通往席力图召的一条道路。因其弯弯曲曲（方言称"圪料"），人们以方言叫它"圪料街"。这一名称既是地方语，使人感到亲切，又贴切地说明了街道形状，很容易就被群众接受了。20世纪50年代，它被更名为"兴盛街"。几十年过去了，人们口语中还在叫它圪料街。

"三湾、四滩、一圪料"中的"滩"，在本地方言中是一片的意思。当初没形成街巷的地方多被称为"滩"。如：苟家滩（后分成东、西苟家滩，即今玉泉区东、西尚义街一带）、孤魂滩（今养鱼池东、西巷之间那一大片地方）等。

风味食品

HUASHUONEIMENGGUyuquanqu

风 味 食 品
FENGWEISHIPIN

玉泉区早在清代就已经市井繁华，热闹非凡。境内的"归化城仅弹丸之地，戏楼酒肆，大小数十百区，镇日间燔炙煎熬，管弦呕哑，选声择味，列座喧呼"。其中不乏各种可口的小吃。

名播京师的烧卖

在呼和浩特，烧卖是极普通的食品，可谓是家常便饭。可是它却有着不同寻常的身世。

早在清代，它就以地方名小吃的身份敲开了京城的大门。当时它挂着"归化城"的标签。归化城在今天玉泉区境内，以此推理，烧卖就是玉泉区的著名风味小吃了。其实，并不是玉泉区独自拥有它。如今，呼和浩特市专营和兼营烧卖的餐馆、饭店遍布大街小巷、各个角落。呼和浩特的烧卖经久不衰，就是好！

笔者曾经游历过祖国的一些地方，也曾品尝过大江南北、黄河上下一些名城大邑的烧卖，但总觉得不如呼和浩特的烧卖好吃。是乡土观念作怪吗？非也。其实，呼和浩特的烧卖早已蜚声京都。塞北文豪荣祥老先生在他的《土默特沿革》中记载："这种东西说来极平常而名声却不小，前'清'时北京前门外粮食店、煤市街等处做烧卖的饭馆，所悬市招上往往标出'归化城烧卖'字样，用以招徕顾客。"

呼和浩特的烧卖就是一绝，它的色香味形俱佳。色：它皮薄如纸，晶莹透明，红白绿相间的肉馅突现眼前，使人食欲顿增，馋涎欲滴。形：一个个烧卖形似石榴，娇小可爱；用筷子挟住榴嘴一提，垂垂如囊；放在碟中，团团如饼；任你提起放下，柔韧的皮不会破裂。香：烧卖只要上笼蒸几分钟，就会香气四溢，满室喷香。到几家生意火爆的烧卖馆，在等待座位或坐在那里等候烧卖时，真是馋虫欲出，会不自觉地催促："快点上。"味：烧卖味浓不腻，清香爽口。虽

著名小吃——烧卖

是纯羊肉馅，也绝无膻气。笔者的几位远方来的、很少吃羊肉的客人，食后也是赞不绝口，连连称赞"好极了！"

要讲正宗，烧卖应该是羊肉馅的。近年，向多元化、多品种发展，牛肉馅、猪肉馅、三鲜馅都有销售，但主流还是羊肉馅烧卖。

呼和浩特的许多饭馆都兼营着烧卖，至于专卖烧卖的饭馆更是布满了街头巷尾。当然，它们的质量各有差异，价位也各不相同。

"烧卖"二字是这种食品的正字，《儒林外史》上就有"一盘烧卖"的写法。辞书上也都收有"烧卖"一词。《现代汉语词典》还明确指出："俗误作烧麦。"尽管如此，呼和浩特的饭馆很少用

"烧卖"二字，除了"烧麦"还有"稍美""捎卖"等多种写法。问及店主，他们会振振有词地给你讲解一番，说他的写法是正宗，还能津津有味地讲出他这种写法的含义和来历。"烧麦"，就是麦子的产品——白面烧制而成的熟食。"稍美"，它比包子、饺子还要稍稍美丽一些。至于"捎卖"，还有一段传说故事。

这故事还牵扯到了康熙私访月明楼中的两个传说人物。当年，刁蛮的安三泰还没有发达，在没建起月明楼以前，他开着一个小小的包子铺。他既雇不起伙计，又舍不得花钱，就叫来他的内弟刘三帮忙。这刘三就是后来在月明楼帮助康熙脱险的那个小伙计。他为人正直机

灵，绝顶聪明。初起包子铺请来一位天津"狗不理"的师傅做包子，包子那个香啊，一下火了起来，终日食客盈门，络绎不绝。这刘三又聪慧又勤快，很快就学会了各种手艺，成了面案、菜案都能拿得起的好把式，拌馅子更是一把好手。

光帮忙，吝啬的安三泰又不给工钱，久而久之这也不是回事。于是，刘三提出要在每桩包子出笼后，下一桩包子没上笼前，自己捎带蒸几笼包子卖。为留住这把好手，安三泰只好答应了。

刘三为了争取时间多卖点货，他事先就把新鲜羊肉切得碎碎的，再加上姜末、葱花拌好馅；怕擀得像纸一样薄的皮子粘连在一起，就用淀粉做补面进行分隔，一堆堆码起来。等安三泰的包子一出笼，他就飞快地拿起皮子包上馅儿，用手一抓，连嘴都来不及捏，就码放进笼屉里，用急火去蒸。由于皮薄、馅精，他这特制的"小包子"一熟就满堂喷香，不由得人就想尝一尝，一吃更是满口香。这"小包子"的名声一下子就传开了。城里人来了，十里八乡的农民乘着农闲也来了，大家边品尝边赞扬，很快就轰动了土默川。人们一边吃，一边就要问，"你这比包子又好看、又好吃，闻着香、到口更香的吃

食，不能也叫包子吧？"机敏的刘三一想，这种捎带着卖的食品，这么受人欢迎，确实该有个自己的名字，他随口说道："我这叫'捎卖'。"从那以后，这"捎卖"一传就是几百年。

后来，安三泰发了财，建起了月明楼。康熙私访归化城来到月明楼。安三泰有眼无珠，没有认出真龙天子，想狠狠地敲富商打扮的康熙一竹杠。刘三为人正派，看不惯他欺诈外乡人的恶劣作法，替康熙皇帝解了围。康熙回到京城以后，就把刘三调到北京，要封他四品官。他说："我不是个当官的材料，请给我一处房子，让我开个捎卖馆吧。"康熙答应了刘三的要求。就这样，在那交通不便，信息闭塞的年代，远离京城千里之外的归化城小吃——"捎卖"来到了天子脚下。

北京城的美食家太多了。他们吃遍了南北大餐和地方小吃。听说来了一种"捎卖"，就纷纷前去品尝。发现这归化城"捎卖"，形似开口的小石榴，漂亮可爱；它味浓不腻，清香爽口；虽然是纯羊肉馅，却没有膻味。美食家们喜欢上了它。于是，"归化城捎卖"挤进了京师，渐渐名声大震，誉满京城。

后来，文人雅士们觉得，这高

雅的食品，怎么能叫"捎带着卖"呢，于是把它改成了"烧卖"。而且，人们非"归化城烧卖"不吃。所以，烧卖馆都纷纷挂出了"归化城烧卖"的招牌。

飘香东仓的莜面

被称为"塞外天桥"的大召东仓，是我童年时常常结伴来往的地方。每当走到临近东仓门首之时，远远便听到节拍匀称的"啼踏啼踏"的风箱声。瞬间，浓香的莜面味扑鼻而来。这里的大召东仓莜面馆，在大召门首左侧，没有鲜亮的门楣，只是通堂三开间门面，但进深宽阔。它青砖灰瓦门脸朴实典雅，瓦檐下悬挂着个飘摇的红布条"桄子"，招徕着食客。

它的门前砌有一个大锅台，旁

莜面

有长而宽的特制风箱，一套多节白条竹篾的大笼屉矗立在锅灶上，还有一个专制的大饸饹床，这就是莜面馆的主要厨具。其厨具简朴，但格外醒目。餐馆有掌柜、伙计五六个人，各有分工，制作莜面的2人、堂倌2人、烧火拉风箱的1人。烧火拉风箱的是位残疾人，没有双脚，两个膝盖上箍有两片厚重的胶皮外轮胎，操着晋南口音。他边拉风箱边高声吆喝："热平平的蒸莜面，想吃往里请。"他高亢悠扬的叫卖声吸引着过往的众食客，人们循声而至。只见客堂里人头攒动，热气腾腾。堂屋餐桌上，早已经备好粗瓷大白碗，碗中放有用油炝的葱花、盐汤和山药荞荞（方言，即细土豆条），只待食客根据自己口味添加油炸辣椒面、大蒜和醋便可食用。莜面蒸熟后，按食客购买的数量，把莜面放在白底蓝花粗瓷盘上，送到各桌的每位食客面前。有些来此餐馆就餐的常客，还常常自带二两白酒，边吃调好的莜面边喝酒，这叫莜面捣烧酒，别有风味。每到夏季，还给食客增添黄瓜、水萝卜丝等时鲜蔬菜佐餐。炎热的夏令，食客众多，个个吃得热汗淋漓，袒胸露背。这家莜面馆，常年食客熙熙攘攘。店堂里，有的围桌而坐；有的一碗在手，自寻方便，或倚墙站着吃或蹲地而食；有的干脆跑到店外，在屋檐下乘凉而食。此情此景，犹如老旧城世俗风情画卷，饶有兴味。

这家莜面馆虽然销售着廉价的平民食品，但采购的主食食材一定要武川石磨热炒不脱皮的莜麦磨出的莜面。制作工艺坚持用滚水泼烫莜面，以面和1:1开水将生莜面"冲泼"后，迅速用双拳或双手掌反复擂压成面团，使莜面发出"噗噗"放气之声，再趁热用饸饹床将莜面压进笼屉里，盖上笼盖，用急火蒸七八分钟，蒸笼四周冒出"大气"，闻到熟莜面香味，立刻出笼，分拣送给食客。

来这里吃莜面的大部分是当地体力劳动者和平民百姓，因其索价不高，花上一二毛钱便可以饱饱地吃上一大海碗莜面。因为又实惠又耐饥，所以光顾者众多。民间有"三十里的莜面、二十里的糕、十里的荞面饿断腰"的说法。人们来此就餐，不仅仅因为它实惠便宜，更有浓浓的乡情。

莜面

大召东仓莜面馆虽属平民的小餐馆，但名声很大，口碑极好。所以除了日常解决饮食需要的食客，还有远道慕名而来者，更有返乡回来的游子，来此再品家乡的味道。

现在，大召东仓莜面馆消亡已久，但它给人们留下了一种不可磨灭的人间真情。

莜面是营养价值极高的食品，素有内蒙古中西部地区"三宝"之一的称号。人们说"冷调莜面好，山珍海味比不了"。如今，这玉泉区的风味小吃已经发扬光大。

人们在多年的食用中，创造出多种多样的吃法。莜面可以蒸着吃、煮着吃、炒着吃；可以做窝窝，鱼鱼、饨饨、丸丸、块垒、炒面和压饸饹，还可蒸饺饺；可以凉拌着吃或热拌着吃；有荤汤（主要是羊肉汤）和素汤。总之吃法太多了，在西安能摆饺子宴，来呼和浩特品尝品尝莜面宴，一定会让您既饱口福又饱眼福，大长见识。

香飘半街酱牛肉

呼和浩特市旧城的万胜永，已有近150年的历史，它以制作、销售酱牛肉而闻名塞外和京、津各地。在老呼市人当中，更有"万胜永的酱牛肉香飘半道街"的赞誉。

据我26年前走访万胜永第三代传人刘玉、刘富时得知，他们的曾祖父刘万禄（回族），祖籍河北省沧州，清朝年间由于家乡闹灾荒，无法生存，刘万禄带上儿子刘宽从老家逃荒到归化城谋生。起初，向大中型屠户批发点牛羊肉或下水，用手推独轮木车，沿街叫卖。多少有点积蓄，就租了两间土平房，在归化城定居下来

他们的曾祖父与祖父，勤俭持家，吃苦耐劳，一点一点地积攒，家业慢慢地兴旺起来。刘宽后来带着独生子刘国梁继续做牛羊肉的买卖。由于买卖的发展和积攒的增多，刘宽在大北街九龙湾东口稍南，租赁了坐西向东的两间铺面，约40平方米。从此，结束了推车叫卖的生涯。刘宽是个有心人，为了永远纪念老人刘万禄，也为了祈望买卖兴胜（盛），全家平安幸福，铺面的字号就以刘万禄的"万"字开头，起名为万胜永。并请了一位老书法家，书写了金字牌匾，挂在铺面的正上方。凡见过这块金字牌匾的人，都称赞其书法精美。可惜它被毁于"文化大革命"破四旧的浪潮中。

由行商变为坐商之后，刘宽、刘国梁父子的牛羊肉买卖越做越兴盛。不久，将租赁的两间铺面和里间全部买下。后来，又将租住的吕祖庙街路北的前后院的房产一齐买下。前院住家，中院屠宰加工，后院圈牛羊。

起初，万胜永只销售生牛羊肉。为了保证质量，他们平时即使多花点钱，也要选购中上等的菜牛和糟牛，秋冬季节则专门选购膘肥体壮的绵羊。如一时没有糟牛，也将膘情较差的菜牛购进，经过一段时间的育肥，加工后送门市销售。万胜永的牛羊肉售价比别处的略高些，但销售的却很快。不久，刘宽父子学习了北京和沧州老家酱牛肉的制作方法，开始制作销售酱牛肉。经过不断地总结经验教训，万胜永的酱牛肉色、香、味俱佳，当时不少人认为，质量超过了沧州和北京的酱牛肉。

民国初年，刘玉、刘富二兄弟相继出生，一家三代，仍然以祖传技艺，制作销售酱牛肉为主。刘玉二兄弟十几岁的时候，就成为父亲的左膀右臂，拿轻扛重，随父学艺。他们的经营方式是手工作坊带

酱牛肉

门市，全家老小一齐上阵。父亲掌管全盘，兄弟二人在门市上轮流站柜台。起五更，睡半夜，忙时请亲戚来帮忙，走的是勤劳致富的道路。有时也雇用临时工。

万胜永的第三代传人刘玉、刘富兄弟二人，事业心很强。他们轮流回老家沧州、到北京观摩学习名字号酱牛肉的特点，并到处打听制作工艺。由于是本家至亲，所以，他们探听到了产品的工艺流程，掌握了北京、沧州酱牛肉的最大特点——肉质里外都显酱黄色，原因是用黄酱做原料，比例是100斤生牛肉用3斤黄酱。而万胜永的传人大胆革新，选用旧城大西街福兴锦酱园纯正无邪味儿的头等黑酱，经过反复试验，确定用黑酱的比例是100斤生牛肉，用黑酱1斤。其他主料、副料、煮肉工艺基本相同，结果万胜永的酱牛肉色、香、味更胜一筹。

其肉质里外都是光亮的紫红色。1930年左右，刘家父子又接受北京来归绥客商的建议，从北京崇文门喜鹊胡同"协盛仁"选购煮酱牛肉的佐料，使酱牛肉的味道更加鲜美，质量又有新的提高。

万胜永的酱牛肉，历经三代，上百年历史，盛名经久不衰，主要原因是"认真"二字，就是选料精细，操作认真，货真价实。

万胜永酱牛肉的主要佐料是药料。其中主料是：肉桂、紫叩仁、砂仁、进口玉桂、草果、丁香、毕拔、高良姜、白芷。辅料是：大料、花椒、桂皮、黑酱、咸盐。不用小茴香、干姜之类的调味品，这是与众不同之处。

操作程序是：先按牛肉部位的老嫩不同，将老肉（脖子、前腿部分）先下锅，其他嫩肉后下锅，摆放好倒入汤，要淹没肉面，这样煮出的肉均匀一致。加入黑酱和适量咸盐。使用抽风灶烧混炭（块儿、面儿都有）。火候也是肉烂与否、味道如何的关键。需要开锅时，火要加旺猛烧，水开后将药面儿均匀地撒入锅中，并将包好的大料、花椒及桂皮投入锅中，盖好木锅盖。开锅后一小时左右，减成文火。这时，锅内的肉上面即有一层油罩面儿，起到保温，防止跑气的作用。当肉煮到六成熟时，慢火煮熟。一锅肉从下料到出锅，约需要四个半小时。

万胜永煮酱牛肉的大锅灶，特意设在门市的外间儿。这样，看护店铺、下夜煮肉省工省时，不误早市买卖。熟酱牛肉上案，香味儿不仅飘满门市内，开门后街上也是肉香味儿。紫红色的酱牛肉，油光锃亮，顾客看得见，闻得到，便想品尝以饱口福。有的顾客买上个热白焙子，把酱牛肉切成小片儿夹在焙子中间，就是可口的早餐，老乡们叫它"蛤蟆含蛋"。大饭馆也来批发酱牛肉，或做拼盘或拌凉菜，是宴席上不可缺少的。

万胜永酱牛肉，完全选用糟牛或中上等菜牛的瘦肉，特别重视后座及牛腿部位。一概不用肥肉，因为肥肉容易化油，出肉率差。带油的凉牛肉一般不受欢迎。熟肉出锅前，要将肉汤上的浮油完全撇净，不然出锅的酱牛肉挂上汤油，就会遮盖酱牛肉的光亮颜色。

万胜永的酱牛肉名扬青城内外后，他们又研究增加了一个酱味烧鸡，选用本地的肥壮家鸡制作。

酱味烧鸡不同于熏鸡，其特点是既有酱牛肉的香味儿，又有烧鸡香味儿。这种酱味烧鸡，遍体也是紫红色，光亮又超过酱牛肉许多，而且表皮酥脆，肉质鲜嫩。这种酱味烧鸡一上市，销售量大大胜过专门卖熏鸡的店铺，也给万胜永来了个锦上添花。

万胜永有煮酱牛肉专用汤，每天酱肉出锅后，要用笊篱从锅内捞出血沫子、调料末，再煮肉时，需要添水、加佐料，新旧交替、循环不断，这就是广为流传的那锅陈汤。夏天煮肉汤暂时不用，要适量加盐，隔几日煮沸一次，既不坏也无邪味儿。由于他们已经吃透了操作要领，所以，肉越煮越好，万胜永的名声也越传越远。

在刘氏一家几代经营万胜永的时代，还有十来家个体的回民酱牛肉铺或肉摊，虽然各有千秋，但都不及万胜永门庭若市。人们夸赞万胜永的酱牛肉是"肉烂乎而不软，味道鲜美而不腻"。

百年老店万胜永在旧社会走过了坎坷不平的道路，受反动派统治者的欺压凌辱自不必说，达官贵人吃肉不给钱的事也常有发生。

1937年，日本侵略者占领归绥后，由于日寇掠夺，肉源困难，回民屠户多数改了行。日伪政权曾诱迫万胜永进"厚和市肉业组合"。刘国梁却宁愿关门,不肯为日本鬼子效命,他家也被迫改行,卖了8年焙子。有时也兼营冷食、水果、食品杂货。日寇投降后,才又恢复经营酱牛肉。但也存在着三愁:没有肉源愁,卖不出肉愁,养不了家也愁。全家人靠辛苦经营,勉强维持生活。

中华人民共和国成立后,各级党政领导都十分关心老字号万胜永的恢复工作。当时的阮慕韩市长和食品公司领导多次动员已经改行的刘玉、刘富兄弟,重回食品公司恢复酱牛肉生产。为了保持和发展万胜永酱牛肉的传统风味,市委领导亲自解决煮肉佐料问题。市食品公司领导还派刘玉到北京的"月盛斋"进一步学习京味儿酱牛肉的操作工艺技术。1979年,组织上为照顾刘家的困难,将刘富的长子刘凤岐从宁夏调回呼市顶替父业,在万胜永原来的老地方,建成呼市食品公司国营回民商店酱牛肉加工车间,有工人10名,刘家的第四代传人刘凤岐,是这个车间的负责人。80年代初,他们每天平均加工生牛肉350斤左右,出熟肉170多斤,遇到节假日增产一倍,风味不减当年。后来,刘凤岐的儿子刘旭中学毕业后,也被市食品公司安排在清真肉食部工作。这样呼市地区制作清真酱牛肉特殊风味儿食品的工艺技术,后继有人了。

现在,万胜永已经改制,在城市改造中搬离了玉泉区,但仍然在制作销售酱牛肉。

杂碎与各式焙子

"民以食为天",怎能不善待"天"?于是,在上下五千年,广袤的大中华,创造出饮食文化。民族不同,地域不同,物产不同,习俗不同,文化不同,培育出一个又一个的菜系。

姑且不论那些正餐大菜,就是小吃,也是各地有各地的特色,各不相同,吸引着南来北往的客。而且,有的小吃还包含着别有风趣的传说故事。

呼和浩特的发祥地——玉泉区,早在清代就已经市井繁华,热闹非凡。境内的"归化城仅弹丸之地,戏楼酒肆,大小数十百区,镇日间燔炙煎熬,管弦呕哑,选声择味,列坐喧呼"(引自旧志书)。其中不乏各种可口的小吃。

烧卖,是最著名的风味小吃,还有脍炙人口传说故事,本书已有专文记述。

还有两种小吃——羊杂碎和焙子,是再普通不过的食品,本地人并不觉得它们有什么特别之处。可是与外地同类或相近的产品一比，你就会发现，它们确实与众不同。

顾名思义，羊杂碎就是由羊杂切碎制作而成的食品。那么"焙子"呢？从字面上是无法解释的，而且翻遍辞书，也找不到这么个词条。连20世纪八九十年代编就的，有"大、全、新、高"之称的大型巨著——《汉语大词典》，在其厚厚的十几卷中，洋洋5000多万字，数十万词语条目中也没寻找到它的身影。

这"焙子"是呼和浩特地区及周边独有的称呼，是方言。有时候它还会和远方的客人开点小玩笑。人们常讲的一则故事：当你问外地的朋友要焙子吗？他（或她）会说，又不睡觉，要什么"被子"？

本地焙子十分有名，品种繁多，有白焙子、油焙子、甜焙子、咸焙子、白糖焙子、红糖焙子、三角焙子、牛舌焙子、黄油焙子……还有一种袖珍小焙子，直径约5厘米、厚2厘米，娇小可爱，深受欢迎。笔者孤陋寡闻，在外地从来没见过这么多的焙子。与其相似的、著名的肉夹馍那个馍，也远远不及焙子。焙子的近亲油旋，更胜一筹，它一层一层螺旋式盘曲着，比焙子美观漂亮，

吃起来香酥可口。更有糖油旋、素油旋、肉油旋等，风味各不相同，吃后让人难以忘怀。在油旋基础上发展起来的"一窝丝"，可谓油旋之上品。说它是一张"饼"，看起来却像银色的发丝盘旋于盘中，晶莹剔透，美不可言。吃起来更是到口酥，香甜无比。这焙子和油旋，堪称地方小吃。

羊杂碎是以羊下水中内脏的心、肝、肺、肚等为主料，辅以调料熬制而成。说它是汤，却满碗稠糊糊的杂碎块；说它是菜，油花衬托着红艳艳的辣椒汤，分外招人喜爱。人们口头上也不说吃杂碎，而是称"喝杂碎"。羊杂碎吃起来喷香，但一点也不腻，所以久吃不厌。许多人，早起一个焙子、一碗羊杂碎，就是一顿丰美的早餐。它经济实惠，耐饿性强，有人说：吃两碗杂碎一天不饿。好多游子，返回呼和浩特，最想吃的是"羊杂碎"和"烧卖"，可见它身价不菲。

焙子

如今，头脑、刀切、鸳鸯火烧等名小吃一个个踪影渐无，而焙子和羊杂碎却十分走俏。在玉泉区乃至全市，焙子铺比比皆是，杂碎馆也为数众多。焙子仍然是人们早点的主角。而且羊杂碎渐渐地登上了大雅之堂——在一些大饭店里也见到了"杂碎锅"的身影。

火烧、头脑与刀切

玉泉的风味小吃多得数不清，除了烧卖、焙子、羊杂碎，还有茶汤、油茶面、酸梅汤和大碗酪，甜窝窝、馓子、密麻叶、大头麻叶和油香，爆肚、手扒肉、烤羊腿和煨牛肉……拙笔笨舌无法细分说。玉泉区正在筹划辟建风味小吃一条街，到时候请您光临，可以在一街尽品塞外名吃的无尽风味，免得东奔西走去寻觅。

还有一些现在难见身影的名小吃，人们还在怀念着它们，传讲着它们。

鸳鸯火烧　目前，这种食品只闻其名不见其物，似已失传。据闻，还有人知道其制作方法，正在打算开发。它来自宫廷，传于民间，还有一段传说故事。

康熙三十六年（1679年），玄烨皇帝把其女儿——和硕恪靖公主下嫁给蒙古喀尔喀部的敦多布多尔济。那公主是康熙最喜欢的孩子之一，出嫁前问她要点什么，公主说想要一个人，康熙问她要谁？她说最喜欢吃宫廷里的鸳鸯火烧，怕远离皇宫吃不到它，想要做鸳鸯火烧的御厨。康熙本也十分喜爱这种食品，但心爱的女儿提出来，只好忍痛割爱答应了她的要求。

公主远离京城，在去喀尔喀部的途中，先在清水河住了些日子，又来到归化城，在北门外扎达盖河畔住了下来。不料，公主喜欢上了归化城这块风水宝地，不愿意再北上了。于是在城北建造了豪华的公主府，长期居住下来（如今公主府院落尚在，主体建筑仍存，被定为自治区级重点文物保护单位，并已向游人开放）。就这样，专做鸳鸯火烧的御厨被带来此地，公主时不时地品尝着这美味的小吃。

后来，鸳鸯火烧流传到民间，在著名的惠丰轩饭馆销售。它亦荤亦素，又有肉馅又有糖馅，味美可口，成了蜚声一时的美味佳馔。再后来，随着百年的变迁，这种做工费事的食品销声匿迹了。再再后来，2004年4月16日，在"内蒙古塞上老街首届旅游文化研讨会"上，有人说了解鸳鸯火烧的工艺，想要开发这一风味小吃。十多年过去了，还没见到它的踪影；但是，我们还是企盼着它能够面市，使人们再享宫廷御味。

头脑 这种小吃很有名气。早年，呼和浩特流传着一句话——"五明头"（黎明前）吃上头脑，再过蜈蚣坝（大青山顶），省不得（感觉不到）冻。意思是说，寒冷的清晨，穿越大青山，只要吃了头脑就不觉得冷冻。因为这种食物温中却寒，使人产生了耐寒力。

相传，头脑是傅山发明的，具有养生防衰老的作用。傅山，字青主，山西省太原人，是明末清初的思想家、医学家。明朝灭亡后，他穿朱衣，住土穴，赡养母亲，不做清朝的官。他精通经史和佛道之学，擅长诗文书画，是位大学问家。他对医学也有着高深的研究。

呼和浩特做头脑最有名的饭馆是小召前街的惠丰轩。他们把当天榨过黄酒的新鲜酒糟，用凉水反复淘洗，直到成为炼乳状，做熟出售。每碗头脑中，加有肥山羊肉两块、鲜藕两片、长山药两节，还有葱花、白葡萄干、炸制的小白面疙瘩和炒熟切成丁的鸡蛋块等辅料。

头脑有着浓郁的酒香味，却没有酒精那种强烈的刺激劲，而且多吃点也不会醉人，再加上它的养生作用，所以很受欢迎。

刀切 本地著名的小点心，已经有100多年的历史。据说，当年慈禧太后来到呼和浩特就非常喜欢这种小吃。

这种食品用料简单，工艺复杂。原料只有面粉、植物油、糖稀和绵白糖。用面粉、植物油与糖稀加水和成面，制作成"皮"；再把面粉、油和糖做成"酥"。这样皮和酥颜色不一，膨胀度不同。用"皮"包"酥"，两侧内翻再对折，最后用刀切成片烤制成点心，故名"刀切"。

刀切烤成后，好似少数民族服饰花边的云子状，分外大方俏丽，还具有民族特色。皮和酥的两层流云花纹，界线清楚，薄厚均匀，红黄分明。吃起来香脆酥松，喷香可口，既不腻又不太甜。真可谓是色、香、形、味俱佳的小吃。

它起源于少数民族喝茶的习惯，是茶桌、茶馆必不可少的茶点。早年，玉泉区大西街"德顺源"烤制的刀切最有名气。1979年，呼和浩特糕点厂的刀切参展全国食品工业产品会，得到好评；1982年，获得内蒙古自治区食品工业优质产品的称号。不知什么原因，后来刀切也渐渐地淡出了人们视线。

当代风采

国北部边疆这道风

HUASHUONEIMENGGUyuquanqu

当 代 风 采
DANGDAIFENGCAI

玉泉区旅游业的蓬勃发展，将使呼和浩特这座历史文化名城焕发勃勃生机，让这部无字的文化典籍，形成一幅有形的历史图案，成为促进玉泉区经济社会发展的潜在财富。

精准扶贫惠农区

1999年以前，玉泉区是单纯的城区。但是，它与农业、农村还是有着深厚的渊源关系。

明代，阿勒坦汗引进农业，今天玉泉区大地就有了农业生产，并且出现了农人聚居的村庄——板升。而且境内的农业还曾经相当发达。长和廊街道办事处境内的百年老街巷名——"水车园巷"就是历史的见证。

当年，水车园巷周边是一处大菜园，并且较早引入了水车。水车这个庞然大物突然出现在平整的菜地里，吸引着人们的眼球。人们来参观，人们在传讲……人们得知这个新玩意儿叫水车，就把这片园子地叫"水车园"。后来随着时间的推移，园子地逐渐纳入了城镇，成了居民区，其中的街道被人们呼作"水车园巷"。民国年间整顿街道

门牌时，接纳了这个记载历史，被群众广泛接受的俗名，正式将此巷命名为"水车园巷"。

如今，水车早已经消失，菜园子也早没了踪影。但是水车园巷告诉我们玉泉区的大地上有过第一产业——农业，并且曾经相当发达和先进。

后来，随着历史的前进，行政划区的变更，农村划归了郊区，玉泉区成了纯城区。但是郊区的农村紧紧地包裹着它的南部。在城郊接合部，农区和城区犬牙交错，市民和菜农杂居。不仅一条条街巷既有

经过精准扶贫，村容村貌变了样

265

村村有超市

城镇居民，又有农民，他们分别拿着红色的和蓝色的户口簿，甚至同一个院落也有郊区人口和玉泉区的城市人口。大家过着谁也离不开谁的和谐日子。

1999年7月，呼和浩特市调整行政区划，撤销了郊区，把农村划入了市区。4个市区成了城乡一体化，以城带乡的新型市辖区模式。自此玉泉区又拥有了农村和农业生产。

玉泉区的农村和农业，也随着祖国农业生产的发展而前进。改革开放30多年来，也经历了以家庭联产承包责任制为核心的农村经济体制改革，也经历了2002年开始的农村综合改革。玉泉区的农业区也在不断发展，日新月异。但是城乡还是有差距的，农区发展还有很大的空间。

2013年11月，习近平总书记到湖南湘西考察时首次做出了"实事求是、因地制宜、分类指导、精准扶贫"的重要指示。扶持贫困农区尽快脱贫工作，引起各级领导的高度重视。2014年1月，内蒙古自治区党委、政府做出了用三年时间在全区农村牧区实现"新农村建设"的重大决策。这一决策顺应了广大农民的热切期盼，是贯彻习近平总书记视察内蒙古重要讲话精神的具体体现，也是解决农村牧区基础设施条件薄弱、实现全面建成小康社会的迫切需要，同时也是应对经济下行压力、适应经济新常态的重要举措。它为全区统筹城乡发展、建设社会主义新农村指明了方向。

"新农村建设"是内蒙古自治区的重大民生工程，也是迎接庆祝自治区成立70周年的献礼工程。为加快推进农村建设发展步伐，全面实施"新农村建设"工程，玉泉区按照自治区、呼和浩特市两级党委、政府的要求，结合辖区农村实际情况，坚持统筹规划、分类指导、重点突出、先易后难的原则，制定了《玉泉区"推进'四个全面'加强农村'十个全覆盖'、产业发展和结构调整、基层党组织建设重点工作"实施方案》。以方案为指导，加快本区"新农村建设"工程，推进农村产业发展和产业结构调整以及农村基层党组织建设等重点工作。

"新农村建设"就是要让农民住上敞亮的房屋、家家户户通上电、人们走上平坦的道路、喝上干净的水、能看到广电节目、购物在家门前、患病医治要方便、休闲活动有场所、孩子们的校舍要安全、农民老有所养生活有保障。

2014年，中共玉泉区区委和玉泉区人民政府对19个村庄实施了"新农村建设"工程。区级领导及区委、区政府的工作部门与村庄一一对应，责任到人，包村包户，开始了"新农村建设"工程。经过干部群众一年的艰苦奋战，这19个村的面貌焕然一新，人民群众的生活得到了改善。紧挨城区的南茶坊村和碱滩村已基本实现了城镇化，他们的住宅条件、生活环境、出

行、购物、文化娱乐活动和城区的居民别无二致，和市民一样享受着城镇居民般的生活。

另外17个村庄，也按照"新农村建设"的要求进行了改造和建设。年内，改造了17个村庄766户居民的住房，消灭了危房。对其中161户居民破烂无法加固的危险房屋，干脆推倒进行了重建，还有605户的住房破旧危险，也进行了维修加固。另有贾家营村，进行了整体改造，新建了64栋住宅，29万平方米。杨家营村新建了50栋房屋。这两个村的村民逐步迁入了新居。如今19个村的村民都住上了安全、敞亮的房屋，个个笑逐颜开，心中乐开了花。他们家家户户有了电，广播电视随时听、随时看，人人喝上了安全的水，购物不出村，小病在村里看，孩子们的校舍也改造了、安全了。

2015年，玉泉区又对7个村庄实施了"新农村建设"。两年来，在103省道、209国道等交通干线两侧500米范围内，完成了26个村的"新农村建设"工程以及各村庄"街景整治、美化、亮化、环卫基础设施建设"；同时沿103省道两侧重点打造了2个示范村。

两年期间，共完成了1197户危房改造工作，其中有拆除新建的333

人们有了活动场所

户；一共改造安全饮水管网125.9千米，还新打机井6眼；硬化道路117.5千米；安装户户通广播电视5595套；对5所小学（幼儿园）进行了校舍建设与安全改造，新建校舍35 054平方米；新建成22所标准化卫生室，总面积2052平方米；建成26个80—150平方米的活动室和图书室，总面积3330平方米；建成26个便民超市，总面积1921平方米；26个村庄，一共有1019人享受着农村养老保险，还为生活困难的12名村民办理了农村低保。经过两年的艰辛的努力，使26个村的3.4万余名村民享受到了"新农村建设"工程的建设成果。

玉泉区的"新农村建设"工作仍在继续，未来玉泉区所有的农村都必将旧貌换新颜。玉泉区的农村会越变越美丽，村民的生活会越来越幸福！

生机勃勃工业园

呼和浩特城区最早的城池出现在玉泉区，这里的农业也曾经相当发达，历史上手工业也最先引进到这里。后来工业生产几起几落，几度兴衰。

21世纪，在玉泉的一片荒地升腾起一颗璀璨的工业新星——裕隆工业园。

当晨曦努力拨开夜的幕帘，把那万道金光伸向还没从梦中苏醒的大地，"草原红太阳"的火锅料香早已弥漫了整个裕隆工业园，仿佛是一张巨大而透明的薄纱，随着风的心情，抚摸着工业园的蓬勃朝气。那些严肃的厂房、笔直的马路，优雅的柳树、娇艳的杏花和拥有美好憧憬的企业工人都是这裕隆工业园妙不可言的音符。

建园前的荒野之地

园区奠基

园区的一条道路

裕隆工业园位于呼和浩特市城区的西南部，那里曾经是一片荒草地，那里一片片沼泽，杂草丛生。因为环境十分恶劣，村民们自然也不会拿它当做什么宝地，没有任何粮食作物，也没有种植过任何植物。多少年来，这片土地就一直在那里荒芜着。自从2000年5月建立了呼和浩特市玉泉绿色经济园区管理委员会，这里就发生了翻天覆地的变化。2000年初，区委、区政府按照建设城乡一体化的发展思路，拟建工业园区，曾经的荒草地，变成了黄金地。一片坑坑洼洼的废弃地，终于迎来了它的翻身之日。2001年4月呼和浩特裕隆工业园正式成立，政府投入大量资金从村民的手中购买了这片废弃地，3平方公里坑坑洼洼贫瘠的土地上，从此孕育着生机勃勃的希望，让这一片无人问津的荒地，变成了生机勃勃的绿宝地。

主人给它的雅号——"裕隆"。"裕"，形容丰富、宽绰。天地裕于万物。"隆"，形容丰大、兴盛。是对工业园未来"富裕兴隆"的期盼。"裕"与玉泉区的"玉"谐音，也表示了裕隆工业园在玉泉区政府的正确领导下将走向富裕兴隆的道路。

筹建初期，一切从零开始，仅有2名工作人员，经常骑着单车，奔波在乡间的小路上，恶劣的条件没能挡住工作人员的奋斗热情，附近的野兔、野鸡经常来光顾一下，偶尔刺猬也不甘落后，来"视察"一下工作进展。园区建立之初，见不到一条可以供车辆行走的道路，工作人员只能徒步上下班，供电和饮水都十分困难，每到冬季夜长日短，上下班都要自备手电筒，自备的水常常不到下午就冻成了冰块。这样恶劣的环境，给园区的发展带来巨大的困难，园区领导首先解决的就是供电、供水、道路的三通问题，让这片堪比远古时期的落后之地踏上现代化的富饶列车，从荒草地变成黄金地。

一年、两年……经过十多年的不懈努力，这片不起眼的蛮荒之地，旧貌换新颜。园区全面实施道路更新改造，推进污水处理厂建设，全方位绿化、美化、亮化园区环境。云中路小黑河大桥至呼准路段改造建设工程已全部完工，"裕隆景观大道"形象已初步显现。从2000年筹建之初实现了2平方千米范围内供水、供电、道路"三通"，逐步实现了"四通""七通""九通一平""十通一平"，如今，历届"园区人"付出了多少心血，让这一片没有房屋没有人烟的荒草地，变成了经济飞速发展的裕隆工业园区。现已有70多家企业入驻。截至2014年末，基础设施累计投入4.24亿元，园区内道路总长达7.27千米，实现了三纵两横的道路框架，绿化面积达到了17.31万平方米。

入园企业中，有高新技术企业两家，被自治区列为重点扶持的中小企业6家。规模以上企业17家，规模以下企业33家。已基本形成五大产业集群，分别是以机械制造及配套产品加工为主的机械加工产业，以非金属矿物资源开发利用为主的新型建材产业，以绒毛资源开发利用为主的羊绒纺织产业，以食品加工及配套产品生产为主的食品产业，以创新开发利用为主的高科技产业。

管委会办公大楼

裕隆工业园区拥有的五大产业"风景线"，仿佛五道彩虹静静地装点着裕隆这片土地。弥漫在整个裕隆园区的火锅料香就是从红太阳食品公司飘出的，料香一大早就随着风飘向裕隆园区的各个角落，让整个裕隆的企业员工早晨刚起床就非常有食欲。红太阳食品公司可以说是裕隆园区的"长子"，产品从单一的"小肥羊"火锅汤料发展到火锅汤料、蘸料、酱料、炒炖菜料、醋、酱油、酵母抽提取物、鸡精鸡粉九大系列、120多支单品。拥有"草原红太阳""草原肥羊""鲜野"等48支商标，它不仅是草原上红太阳，更是裕隆园区的红太阳。

黄河是中国的母亲河，孕育了多少中华儿女，而母亲发脾气的时候也让孩子们心惊胆战，黄河水涨、水路变道都威胁着人们的生活甚至生命安全，有效的控制水患更是重中之重。成立于2008年，拥有8项国家实用新型发明专利的呼阀科技控股有限公司，就向着这方面努力。他们专业制造的"HUFA"牌高性能密封蝶阀闸阀、截止阀、止回阀、球阀、调节阀、隔膜阀、高温高压电站阀、特种球阀、耐磨阀、氧气阀、石化炼油项目加氢、氧、氮装置的系列阀门、调节控制阀及

园区内一家企业——"红太阳"厂区的一部分

通风蝶阀、产品涵盖上千个品种，规格最小的只有拳头大小，而最大的直径有2米多，为众多水利工程提供安全保障。内蒙古唯一的"211工程"学校内蒙古大学最著名的专业就是生物工程类，裕隆园区的内蒙古金源康生物工程有限公司长年与内蒙古大学联合研发产品，依托呼和浩特地区优良的奶牛资源，建立了原料血清洁净采集站，主要生产胎牛血清、类胎牛血清、新生牛血清及各种专用血清。

2000年建园初，园区引入企业11家，协议引资9200万元人民币，可以说园区在刚起步阶段就拥有了11个"孩子"，"孩子"虽然不大，但都很健康，很有活力。园区所有领导、干部都认真学习招商引资的技巧和方法，积极为招商引资献计献策，出资出力，短短的14年里，园区成为拥有71家企业的大家庭，园区领导结合园区的工作实际，坚持本着务实创新，扩大外延的原则，积极创新招商引资方式，做到以商招商、以诚招商、以情招商，多方位的开展招商引资工作，以招商引资促调整、促开展、促改革、促发展。

未来5年，是裕隆工业园加快发展的关键期，是培育新兴产业的提速期，是打造转型示范平台的彰显期。园区这位大家长的很多孩子们都已长大成人，像红太阳食品公司，甚至有了自己的很多孩子（子公司和连锁企业）。园区将跟随"十三五"的脚步，继续以科学发展观为指导，壮大新兴产业，以建设"低碳经济生态示范园区"和"电子商务产业园区"发展为目标，以实施"工业强区"战略为指

271

导，大力开展招商引资工作，努力推进园区基础设施建设，积极为企业做好协调服务工作，求真务实，开拓创新。实现裕隆工业园的科学发展，和谐发展，率先发展。

旅游业蓬勃发展

"敕勒川，阴山下。天似穹庐，笼盖四野。天苍苍，野茫茫，风吹草低见牛羊。"这首《敕勒歌》传唱了千百年，反映出人们对草原的迷恋与向往。内蒙古自治区首府呼和浩特市，就坐落在这古老的敕勒川上。这座倚靠在大青山怀抱下的青色之城，有着悠久的历史和光辉灿烂的文化，是华夏文明的发祥地之一，在数百年来蒙汉交汇的民族文化长河中留下了深刻的印记。

玉泉区地处呼和浩特市城区的西南部，自明代起这里就是土默特地区的交通枢纽和商业中心，文化艺术十分发达。玉泉区有着440多年的历史，既是全市的历史文化核心区，也是塞外青城历史文脉的根基之地。几百年来北方游牧民族和汉族文化的交融，创造出玉泉极具地方特色、民族特色和人文特色的灿烂文化，民族交融、商贸繁荣又促进了多元文化的互融共生，蒙元文化、昭君文化、召庙文化、旅蒙商文化在传承、变革、相互影响中逐步发展、传承。

近年来玉泉区依托宝贵的文化旅游资源，立足"文化旅游强区"的发展定位，大力发展旅游业，以大南街—大北街—昭君路黄金旅游带为轴辐射全域，全面打造高等级旅游景区，提升旅游基础设施建设，完善旅游服务功能，旅游业呈现出快速发展的强劲势头。玉泉区

旅游文化节盛况

喜气洋洋旅游节中的饭店

先后荣膺"中华民族文化旅游名片""中国文化生态旅游示范地"等称号。玉泉区的旅游业正在蒸蒸日上，不断发展。2015年玉泉区接待游客数达到515.3万人次，旅游业综合收入32 693.5万元，并形成了吃、住、行、游、购、娱六大产业协同发展的有利格局，如今旅游业已经逐渐成为支撑玉泉区服务业发展的重要引擎。

现在玉泉区已经拥有国家4A级景区2处，即昭君博物院和大召历史文化旅游区；国家3A级景区6处，它们是大召、南湖湿地公园、五塔寺、席力图召、蒙古风情园、敕勒川人家旅游度假村；红色旅游景区2处，土默特文庙和绥蒙各界抗日救国会旧址（财神庙）。

每一位来到呼和浩特的人，都会被这座老城的历史文化和进步发展深深吸引住，来玉泉走一走、看一看。来到见证胡汉和亲、被誉为民族团结象征金字塔的昭君博物院，聆听那段汉匈和睦的发展史；来到被誉为"召城之最"的藏传佛教寺庙大召，看看银佛、龙雕、壁画这遗存了四百多年的珍宝；来到五塔寺，用你的指尖触摸现存世界唯一蒙古文标注石刻天文图的金刚座舍利宝塔；在号称"召城瑰宝"的席力图召前驻足，感受僧众们虔诚的祈愿，院内矗立的康熙帝亲征噶尔丹纪功碑又是历史留存的珍宝。在玉泉还有呼和浩特最大的汉传佛教寺庙观音寺；有集蒙古族历史文化、军事文化、宫廷文化于一

喜气洋洋旅游节

体的大型蒙古族文化旅游景区蒙古风情园；有独具内蒙古特色草原湿地景观的大型城中湿地南湖湿地公园；有始建于明清、呼和浩特市唯一保存完整，体现归绥旧貌的塞上老街；有保存着昌盛近300年的旅蒙晋商"大盛魁"总号旧址和大盛魁文创园；还有麦香村、崔铁炉、王一贴等多家百年老店。这些承载着玉泉区厚重历史文化积淀的景区、街道、古迹，向人们展示着呼和浩特的辉煌过去和美好未来。

历史厚爱玉泉，为她沉淀了一段多彩的历史，留下了一份宝贵财富。在新的发展时期玉泉各族干部群众也将不辱使命，为玉泉旅游业发展续写辉煌。

近年来，玉泉旅游业围绕"塞外召城，福地玉泉"这一旅游宣传核心，开展了系列主题宣传活动。

制作拍摄了玉泉旅游风光片；冬季玉泉文化庙会、夏季民俗文化旅游节已成功举办三届；制作发行旅游宣传指南、摄影作品集等多种宣传材料；评选出玉泉旅游形象大使十名；编制完成《玉泉区旅游发展总体规划》《大召—大盛魁旅游总体规划》；组织旅游企业参加全国各地旅游宣传博览会，组织开展旅游推介会，玉泉区旅游形象得到全面推广。

玉泉旅游业的蓬勃发展，将使呼和浩特这座历史文化名城焕发勃勃生机，让这部无字的文化典籍，形成一册有形的历史图案，成为促进玉泉经济社会发展的潜在财富。塞外召城、福地玉泉是你亲身体验塞外北疆多宗教聚集，多民族共荣和合作发展的理想之地。美丽的玉泉，欢迎四面八方游客的光临！

博大精深博物院

昭君博物院驰名中外，昭君文化博大精深，影响深远。本书《流芳千古昭君墓》对昭君墓的简况及民间故事已有叙述。

习近平总书记曾于2009年8月参观过昭君博物院，对文物保护和昭君文化的研究有过重要指示。我目睹了习总书记参观的全过程，现记述下来。

2009年8月25日上午10点30分，天空飘着零星的小雨，空气清新，时任中共中央政治局常委、中央书记处书记、国家副主席习近平轻车简从，兴致勃勃前来参观昭君博物院。当时，正值昭君墓旅游旺季，国内外游客较多，遵照习近平同志事先嘱咐："尽量不要扰民，游客自由参观"的指示，因此，警卫部门没有按惯例实行限客措施。习近平副主席下车后，同等候在那里的文化部门的各级领导——握手，连连向每一位同志问好。在进入昭君博物院大门时，受到天津峰星电子

昭君博物院外景

公司120多人旅行团的主动列队欢迎，习近平同志在自治区党委书记储波，党委副书记、政府主席巴特尔的陪同下，同十多位游客亲切握手，向大家问候，游客们有序地向习近平问好、致敬，习近平同志频频挥手致意，祝大家旅游快乐。随后，在讲解员和文化部门负责人引导下，习近平同志进入昭君博物院内参观。他驻足于碑前，仔细观看了诗的内容，频频点头，认为董老的诗对王昭君的评价非常中肯。交谈中，武高明院长向习近平同志介绍历代文人歌咏王昭君诗词有700多首，说明其中有褒扬的也有贬低的，都是各自抒发不同的见解的情况，习近平同志认为昭君博物院要认真总结这些珍贵的历史文学遗产，同史书记载、民间传说一样，不断地充实展览内容，让游客了解历代文学所描述的灿烂多彩的昭君形象，他指出：文学展示的昭君，形象更加丰富、直观，老百姓最容易接受，传播效果明显。在神道上，讲解员简要介绍了昭君博物院内和亲建筑的对称布局及各个参观场所的文化内容。习近平同志边听边看，不时点头，表示院内布局很有民族特色。

在匈奴文化博物馆，习近平副主席观看了昭君出塞陈列，他详

昭君博物院内新景点——昭君故里

细听了讲解员逐一介绍的汉匈关系、昭君家乡、后宫生活、出塞和亲、草原岁月等内容，在观赏最后章节千古流芳时，对昭君文化在国内外的传播表示出浓厚兴趣，驻足观看日本、越南、法国等国反映昭君文化的作品。他向在场的领导询问国内昭君出塞的研究情况，储波书记简要介绍了昭君文化在国内外的研究和呼和浩特市举办的十届昭君文化节相关情况，着重说明昭君文化节连续几届邀请世界各国民间歌舞团前来参加交流活动，扩大了各国对内蒙古民族文化的了解。

由于时间的关系，二楼的匈奴陈列只能走马观花，习近平趣意未尽，从匈奴馆出来后，他向武高明院长简略了解了匈奴民族历史变迁以及北匈奴西迁、南匈奴内迁等民族融合的相关历史史实。回到神道上，

习近平副主席同相关人员就北匈奴人种问题，以及与匈牙利祖先关系，进行了探讨，气氛非常热烈。在交谈中，他询问历史研究能否说明北匈奴是匈牙利民族祖先的一支，武高明院长解释道：近年，国内外专家学者根据史料和近代以来匈奴墓考古研究，得出初步结论，东汉中期从蒙古高原西迁的北匈奴，就是4世纪下半叶入侵欧洲的匈奴人的祖先。匈奴人先后到达现在的匈牙利、意大利、德意志、法兰西等处，于5世纪中叶建立阿提拉帝国，王庭设在今匈牙利境内。帝国瓦解

匈奴文化博物馆

276

后，许多匈奴人留在当地生活，因此，匈奴人是匈牙利祖先的一支，有一定的依据。习近平指出：匈奴文化博物馆展示的这一段历史内容比较薄弱，今后要注重挖掘中西方的史料，结合考古发现，把匈奴人在欧洲的基本活动梳理清楚，让人们全面了解匈奴民族的整体历史，以及对欧洲历史的影响，进而认识中国与欧洲在4—5世纪文明的交流。

在和亲铜像前，讲解员介绍这座雕像是昭君博物院标志性设施时，习近平副主席招呼随行来的同志，同内蒙古、呼和浩特市两级领导和文化文物部门负责人分批合影留念。在王昭君墓前，习近平同志简要询问遗址历史记载和现在的保护情况。当得知昭君墓是国内比较大的汉墓和全国重点文物保护单位时，他赞叹道：好大的体位，很有气势，保留下来真不容易，对墓体的保护工作表示满意。在青冢牌坊前，一批游客正在参观，习近平副主席主动同游客打招呼，同其中一家三口亲切交谈，询问他们来自什么地方，还要到什么地方，游客告诉他们来自山东，久闻王昭君大名，前来参观，还要到大青山后草原观光。习近平副主席微笑着同大家话

青冢牌坊

别。参观持续了30多分钟，11时，习近平副主席同文化文物部门负责人一一握手，离开昭君博物院。

陪同参观的领导有，时任中央组织部常务副部长沈跃跃，中央政策研究室常务副主任何毅亭，国家民委主任杨晶，中央财经领导小组办公室副主任刘鹤，国家发改委副主任徐宪平，自治区党委副书记、自治区政府副主席任亚平，自治区党委常委、秘书长符太增。

（附记：2015年1月10日，《人民日报》头版刊登新华社记者采写的长篇通讯《留住历史根脉、传承中华文明——习近平总书记关心历史文物保护工作纪实》，全面记录了习近平同志多年来对加强历史文物保护、传承优秀传统文化的关注和思考。2009年8月25日，习近平同志参观昭君博物院关心昭君文化遗产保护和利用的相关论述，也是这一思想的体现。）

塞上新秀风情园

天堂草原，蓝天碧草，马头琴悠扬婉转，鸿雁思归情长。

奶茶醇香，酒歌豪放，哈达真诚的祝福，敖包盛情相邀。

蒙古风情园承继民族传统，弘扬时代风尚，将草原文化、塞外风情、民族品质融汇珍藏。

蒙古风情园位于昭君墓北侧，园区占地1万余亩。它于2001年5月经呼和浩特市计划委员会批准立项，2002年6月5日被列为内蒙古自治区十五规划优先发展项目。项目由鄂尔多斯市东方路桥集团投资建设，2002年6月28日奠基开工，2006年6月6日正式运营，累计投资6.5亿元人民币，是集蒙古民族历史文化、军事文化、宫廷文化、民俗文化、民间文化、宗教文化于一体的特色文化旅游项目。

塞外草原风景如画，蒙古风情园内色彩缤纷。园区内，蒙古民族特色的图腾和建筑蕴含着丰富的历史文化和民族情怀。一处处景点，一个个不同凡响的景观，让游客目不暇接。

彩虹门　彩虹门即入园大门，形似一条洁白的巨型哈达，南北跨度长99米。蒙古族视"9"为吉祥的数字，圆满的数字；蒙古族婚礼和王宫送礼都讲求九礼，礼品从一九到九九，九九八十一件礼品为最高的礼节。又据载，萨满教流传着九十九尊腾格里"天神"之说，可见彩虹门用"99"寓意非凡。

哈达洁白、吉祥。敬献哈达是蒙古族世代相传的一种礼仪，是献给客人最诚挚的礼物，表示对客人最真诚的祝福！

蒙古大道　大道长316米，宽37

蒙古风情园彩虹门

蒙古风情园可汗宫

米，两组数字各自相加都等于10，寓意十全十美。宽阔的大道路面由天然古朴的青石板铺设而成，两边沙石和绿化带自然、生态，20组反映草原文化的雕塑耸立在大道两侧，让人在时空隧道的穿越中感悟到蒙古民族的发展历史与游牧文化。

可汗宫大酒店　酒店以"天人合一"为理念，以蒙古包为建筑母体，展现给游客的是庞大的古列延（汉译圈子）式建筑群落。建筑群中，最引人注目的当属全国人大常委会原副委员长布赫提写的"天下第一包"，它直径66米，寓意成吉思汗戎马一生（享年66岁）。"天下第一包"两边是错落有序的景观包和环形水带，动感十足。整个建筑群与蓝天、白云、草原、水域浑然一体，气势宏大，给人以强烈的视觉冲击力。

成吉思汗纪念堂　纪念堂整体建筑结构为"坛"、堂结合，"坛"是仿造北京天坛祈年殿的外形建造而成，堂的外形为巨大的方斗，寓意蒙古族儿女将碗中盛满醇香的马奶酒敬献给伟大的成吉思汗，敬献给永恒的长生天。纪念堂内供奉着4.5米高的成吉思汗金身坐像，金像由黄铜灌注，重三吨，金箔饰身。2006年8月16日，北京雍和宫大住持嘉木扬·图布丹和呼和浩特大召寺众高僧一起诵经，为金像举行了盛大的开光仪式，并由达尔扈特第三十八代传人古日扎布主持了传统的祭奠仪式。同时确立每年农历正月初一和阳历六月二十六日为蒙古风情园成吉思汗纪念日。

成吉思汗纪念堂展现了传统的成吉思汗祭祀文化，同时供游客瞻仰祭拜"一代天骄"。纪念堂与成吉思汗广场共同构成了蒙古风情园景区的"成吉思汗文化区"。

神州航天台　早在1956年内蒙古额济纳旗人民政府及当地牧民就牺牲小家为大家，全旗四分之一人口奉命搬迁，为建设航天基地让出了世代生息繁衍的优质牧场，并始终如一的支持祖国的导弹、航天事业。2003年10月15日"神州"五号升空，2003年10月16日"神舟"五号载人飞船在内蒙古四子王旗成功着陆；2005年10月12日"神州"六号再次发射成功，当天"神舟"六号载人飞船火箭残骸中最重要的记录仪在内蒙古鄂托克旗找到；2005年10月17日"神舟"六号返回舱在四子王旗中部草原成功着陆……内蒙古大地和内蒙古人为祖国的航天事业做出了不可磨灭的贡献。

蒙古风情园经过多方协调和不懈努力，收集到了航天发射的助推器等残骸和零部件，并将它们陈列在园区内；同时又仿造"神五"火箭样式，按比例缩小制作模型，建造了微型的"草原神州航天台"，以此纪念内蒙古草原与草原各族儿女与祖国航天事业的不解之缘。

蒙古风情园赛马场 赛马场占地135亩，全长1100米，里面设有竞技场、赛马跑道、看台等，昔日只有在辽阔无际的大草原上才能看到马背竞技、马术及民俗表演等，均可在此一睹为快。相信蒙古族的"男儿三技"——骑马、摔跤、射箭，一定会让到访者大饱眼福！

呼和敖包 敖包位于万亩甘迪尔草原中心，置于9.9米高的敖包山上。敖包于2003年9月17日落成并举行了隆重的开光仪式和传统祭祀。呼和敖包是圆形单体敖包，用天然白色石块堆成，直径13米，高也13米，共用石料580多立方米。用13这个数字也有一定意义，因为13世纪是蒙古族最强盛的时期。敖包呈锥形，石堆上为柳枝丛，中央高高耸立着象征蒙古族威力无边的战神苏勒德。来到敖包山，可以登高观景、转包祈福，还可以欣赏到大型传统敖包祭祀礼仪和草原实景婚礼的表演。

蒙古大汗营 大汗营占地45亩。首先映入眼帘的是寨门、帅旗、祭示台、金顶大帐，内有仿制的战车、帐车、勒勒车、汗帐、兵营等等，呈现给游客的分明就是一幅12世纪蒙古民族连年争战、频繁迁徙的历史大画卷，既突出了成吉思汗时代蒙古军队骁勇

成吉思汗纪念堂

金牛引帐

善战的无畏气势，亦再现了北方游牧民族独特的政治军事和文化宗教特征。

马文化博物馆 博物馆建筑造型酷似汉字的"马"字，其创意源于传统大型马厩。"马"文化是草原文化的核心内容，蒙古民族视马为"神"，认为他是长生天派来的使者。博物馆以"马"为主线，由"马"陈述草原文明；丰富的图展，300余件文物，独特的陈列，展现着蒙古民族马文化的丰富内涵。

苏勒德吉格 蒙古人将苏勒德视为天赐的圣物，它外形似古代兵器长矛，但承接矛身的却是一个带有81个小孔的圆盘，孔里栽进马鬃作为垂缨，固定在松柏杆上冲天而立，神圣威严！苏勒德成为成吉思汗统帅蒙古军队的战旗，代表着最高权力。

蒙古风情园的苏勒德吉格占地8748平方米，是依据800年来蒙古人民的传统习俗，并集中各种形式、不同名称的苏勒德而形成的别具特色的景观。由白纛苏勒德、花纛苏勒德、蒙古风情园苏勒德、古列延苏勒德、北斗七星式苏勒德、蒙古雄鹰式苏勒德、蒙古五雄式苏勒德、蒙古古代式苏勒德、木栏式苏勒德、佛教宝塔式苏勒德、蒙古八宝式苏勒德等131个苏勒德组成。它们聚福一处，气势磅礴！

草原浩特 浩特即城市、人家。蒙古风情园内有4座特色鲜明

呼和敖包

的草原浩特（草原人家），镶嵌在7000多亩原生态草原之上。这些草原浩特都是按照蒙古民族一定的风俗习惯和生活习俗设立，重现了《敕勒歌》中描述的壮美景象。在此既可以欣赏自然美景，还可亲身体验草原牧民的生活方式、品尝风味美食、观赏民族歌舞表演。

园区还修建了一个草原渔村，游客在草原上玩累了，可以到水中和鱼儿嬉戏一番，或用您手中的鱼竿为自己丰盛的晚餐再添一道可口的鱼菜，享受一下自给自足、怡然自乐的独特心情。草原渔村不同季节会组织不同的活动。垂钓休闲、水上赛事、特色美味、自助游戏、冬季冰上项目。

东方民族艺术团 它不是园中景点，却胜过景点。它能为游客奉献一场场风情浓郁的民族歌舞，让游客久久难以忘怀。东方民族艺术团是东方控股集团创办的专业文艺团体，实力雄厚、设备优良、人才济济。艺术团拥有各类艺术人才100余名，其中不乏国家一、二级作家、导演、表演艺术家。艺术团已成功排演出集聚草原艺术特色的《蒙古婚礼》《汗帐乐舞》《魅力大草原》等多台节目。

蒙古风情为弘扬草原文化，展现"以草原为形，蒙古文化为魂"的理念，每年农历正月初一，蒙古风情园内都会举办蒙古族传统拜年祈福活动；农历正月二十，举办呼和敖包祭祀；每年昭君文化节期间，举办呼和浩特蒙古风情旅游那达慕……一项项传统的文化活动吸引着无数游客驻足参与。

蒙古风情园，是21世纪塞上涌现出的新秀，是青城新发的一枝奇葩。它是民族文化的乐园，是城中的草原，是领路蒙古风情的胜地。走进蒙古风情园，领略悠久而古老的蒙古族文化，亲身体验蒙古族游牧生活，做一回蒙古人，让心在城中草原中驰骋，让美好的梦想在蒙古风情园中实现!

湿地公园耀青城

在小黑河南岸，昭君路以西，有一片风光旖旎，湖光如画的绚丽景区。它，就是南湖湿地公园。它锦绣般镶嵌在青城玉泉，构成塞北一道靓丽的风景。

熟悉这里的朋友都知道，这儿曾经是一片盐碱荒滩，地势低洼不平，到处是人为开采、挖掘的沙窝、鱼塘、草坑……自然环境极为恶劣，导致动、植物生存环境日益恶化。为了恢复湿地生态系统，2006年开始，呼和浩特市委、市政府因地制宜，"以生态观、生命观、生活观为主旨，采用完善的生态设计方案，以草原历史文化为背景，修建了独具特色的草原湿地景观公园，实施了为首府城市净化空气的天然'绿肺工程'"。

该公园占地约411.86公顷，湖面面积91.76公顷，因地制宜建成湿地景观区、湿地候鸟保护区、草原风光区、渔业区和农业观光区5个景区。它于2007年9月28日正式接待游客，是华北地区最大的湿地公园。

湿地景观区　散落着珍珠似的湖泊，碧波粼粼，湖边芦苇荡连绵，岸边建有休闲场所"海棠春屋""听雨轩""春和茶榭""秋

夕照南湖湿地公园

湿地公园中的草原风光

明酒肆",还有"芦汀花絮""荷花池""仿古长廊"等古朴典雅的小品景观。景区内杨柳轻风,湖光潋滟,花芳鸟鸣,楼阁亭台,犹如人间仙境。

湿地候鸟保护区 又称南湖风景区,是湿地公园里面积最大的一块水域。这里湖面开阔、波光粼粼、碧水蓝天,胜似江南水乡。您乘坐快艇或雕梁画栋的龙船,荡漾在湖中,可以观赏到鱼跃波涌、百鸟戏水的胜景。湖中的观鸟区以"百鸟回归"为主题,最初以人工放养的手段,引来鸟类回归。目前已有绿头鸭、斑嘴鸭、灰鹤、小水鸭、潜鸟、鸳鸯、鹤、琵嘴鸭、野鸭、浮鸥……30多种野生水禽栖息在这里。还有大天鹅、大鸨、白尾鹞、红隼、红脚隼、燕隼等珍稀候鸟,年年迁徙来此栖息、越冬和繁殖。这里简直成了鸟的乐园,也是塞外青城人们观赏珍贵飞禽的胜地。

渔业区 为广大垂钓爱好者提供了一片良好的休闲、娱乐场所。钓友们不仅能在鸟语花香、碧波荡漾的优雅环境里享受垂钓的乐趣;还可以品尝到各种烹饪手法制做的新鲜鱼品。鱼塘旁风格独特的雅间,为游客们提供着惬意的休憩场所。这渔业区,不仅是钓友们和游客的休闲胜地,也是引导消费,带动产业发展的良好实验田。

草原风光区 再现着蒙古族生产、生活的方式。游客们在这里可以领略到内蒙古草原文化的内涵、风俗民情的魅力。这里的跑马场、蒙兀广场、文化图腾广场,都会让您过目不忘。在跑马场,您可以骑上骏马奔驰，犹如到了辽阔的大草原一般惬意。蒙兀广场，七块造型简洁的浮雕，从左向右记述了蒙古民族从自然游牧到今天的现代化牧业生活方式的转变，展现了蒙古族人民雄浑、宽广的胸怀和性情直爽、热情好客的民族美德。浮雕中的一代天骄——成吉思汗，气宇轩昂，英姿勃勃。文化图腾广场，矗立着8根汉白玉石柱，每根高4米有余，篆刻着精美图腾，苍狼、白鹿、熊、鹰、天鹅、牡牛、树木等图腾形象反映了蒙古族图腾神化特有的风采，展示着蒙古先民解释氏族来源，维系氏族团结的宗教祭祀等历史文化活动。在这里，让您了解历史，增长知识。

农业观光区　正在建设中。这里将种植无公害瓜果蔬菜，开发具有观光、旅游价值的农业资源和农产品，把农业生产、生态环境和游客参与农事活动等融为一体，为游客提供农趣旅游的机会。它将是湿地公园的又一个新亮点。

新理念建造的南湖湿地公园，彰显着个性，多元开发，打造着首府新的景观。无论在生态效益、社会效益还是在经济效益上都会对呼和浩特市的建设发展和居民生活水平、质量的提高产生巨大深远的影响。它将在促进呼和浩特地区的生态、社会、经济的可持续发展中发挥作用。

而今南湖湿地公园已俨然成为塞北一幅"江南水墨图"。

驻足南湖，洗涤内心繁芜。畅游湿地，领略如画风景。在这里，您能观赏到塞外江南的美景；您能在碧草秀丛中，兴逐木栈，穿行古长廊；您能在云蒸霞蔚，趣临木榭；您能在垂钓品茗中，欣赏到多姿多彩的水生动植物；您能体验到浓郁鲜明的民族风俗……这里，使您赏心悦目！

塞上老街展新姿

热爱旅行的人们有一个共识：每座历史厚重的老城，也就是我们常听到的那个名词"历史文化名城"，都有一条老街道。它或许长短不一，宽窄有别，但是肯定它们有一个共同点，就是它和这座老城共度过沧桑，甚至有些还是"先有街，后有城"；它是这座城市曾经辉煌或衰败的见证，记载着一座城市的发展历程和荣辱兴衰；它是这座城市的标志，也是这座城市最久远的记忆，是祖祖辈辈生活在这里的人们最常念叨的地方。今天的呼和浩特就是这样一座老城，那时它还叫归化城，也有这样一条让人久久不能忘怀的老街——塞上老街。

呼和浩特旧有召城之誉，

塞上老街东口

"七大召、八小召、七十二座免名召"，可谓召庙云集之地。召庙的兴盛不仅对当地的宗教、政治、文化等有过重大影响，并且对呼和浩特的经济发展、市井形成也产生过作用。旧城大召、席力图召和小召前方的街道，都曾经是繁华的商业街。它们与召左、召右的道路垂直，形成一处处热闹的街市。

《蒙古及蒙古人》一书记载，清光绪十九年（1893年）呼和浩特旧城主要街道有四条，它们是南北向的大南街、大召街（今称大召前街）、席力图召街（今石头巷）和东西向的朋苏克街（今通顺街）。这朋苏克街就是被誉为"明清一条街"的塞上老街。

朋苏克老街见证了大召、观音寺等召庙的香火鼎盛和大盛魁、元盛德等旅蒙商的兴衰。旧时，这条仅340米长的街道两侧，老商铺、老字号，杂货摊鳞次栉比。街面上的游客们摩肩擦背、摊位上的叫卖声此起彼伏。玉泉老城还留下过康熙皇帝、李鸿章、吉鸿昌、傅作义、乌兰夫、多松年、杨植霖等历史人物的行踪，流传着康熙私访月明楼、御马刨泉、刘统勋私访归化城的传说，还保存了大书法家傅山、大画家韩葆纯、塞上文豪荣祥留下的传世珍品……

时光飞逝，当年那条繁华兴盛的街道随着城市的发展也仿佛走入了暮年。由于原本的街道基础设施薄弱，没有排污设施，垃圾无处堆放，道路也不畅通，昔日繁华的街道也使得游人止步，商户为难。再加上自20世纪以来，沿街房舍年久失修，日常风化，以及人为损坏等原因，更使老街显得破烂不堪。翻看当时的旧照，只觉得那是一条破破烂烂的小街巷，古老而陈旧，就好像看到一位衣衫褴褛、萎靡无力的老人，令人充满感伤却无能为力。

后来玉泉区将发展定位为"工贸旅游强区"，确立了依托旅游资源，改善周边环境，发展商贸旅游的发展战略。我们要从坐拥一条老街安于现状，变成大刀阔斧全面改造升级吸引游客；从守着一条街道小打小闹，到全力发展文化旅游产业，勤劳的玉泉人乘着建设华夏文明传承创新的浩荡东风，紧紧抓住丝绸之路、茶叶之路经济带建设的历史机遇，大步向前，走出一条以旅游产业为主的发展之路。自2001年开始对老街进行全面修缮，按照修旧如旧的原则对两侧门脸和商铺进行重新修复。同时对长340米，宽5—11米的街道铺设了多功能地下管网，硬化了路基。在路面铺设了青石板，设立了步行街，新建了入口牌楼，就是我们现在看到的街口那座古朴、充满明清遗韵的彩色牌楼，上方悬挂着"塞上老街"匾额。2013年玉泉区政府继续加大投入，首次采用"垂直法"铺设路面石条，增强街巷防滑、渗透能力，还为老街配套了各种市政公用设施。同时结合老街古朴清雅的风貌布置了特色砖雕及铜雕景观小品等，为老街的景观效果锦上添花。

塞上老街街市

塞上老街文物店

一时间，这位见证呼和浩特城市发展的历史"老人"似乎又精神矍铄了起来，重新焕发出荣光。

行走在大召西侧的这条古街，仿佛穿梭于历史的记忆与现代的繁华。老街形成于清代、兴盛于民国，虽然历经了沧桑，却古韵犹存。它是呼和浩特唯一保存完好，体现归绥旧貌的老街。走进这里便走进了历史与文化交织的悠悠岁月之中，每一间旧屋，每一处斑驳的墙面，都能体味到这条文化古街散发的百年古韵。老街最吸引人的，就是很多经营古董的铺面。古物，总是使人充满好奇和遐想。熙熙攘攘的游人，徜徉在"古老"的石块路上，穿梭在鳞次栉比的店铺间，观赏着店铺里的古玩字画、民族用

品、特色产品，以及民族特色旅游纪念品和手工艺品，是美的享受。漫步在这条老街上，更多的是体味"蒙古味"。从蒙古刀、弓箭、银杯、木碗这样的手工艺品，到皮夹子、皮拖鞋等日常用品，再到马奶酒、风干肉等美味饮食，每一样商品都烙印着浓浓的民族历史风情。态度安详的店家，熙来攘往的游客，悠扬辽远的草原音乐，让这条塞上老街在沉静中透出温馨……

如今的塞上老街，不仅恢复了传统景观古朴优雅的风貌，还实现了现代旅游的服务功能。在塞上老街的南侧，原来通顺大巷一带，又新建了占地面积4千多平方米的塞上美食街。今后这里将汇集呼和浩特市当地著名的餐饮老字号，以及来

自内蒙古及各地的特色小吃。相信在不远的将来，这条老街一定能成为广大食客们津津乐道的好地方。想到这里，不禁让人对这条青砖青瓦、宽檐翘角的老街道滋生出了新的期待……

2016年的新春佳节，塞上老街再添新韵味。玉泉区通过光影互动美化亮化历史街区，围绕核心景区大召区块，辐射两侧大盛魁、席力图召、塞上老街、宝尔汗佛塔等众多历史人文景观和商业建筑设计的灯光秀，让你置身灯光设计的场景中，感受老城老景新风貌。在现代科技的帮助下，老街如魔术师一般，施展着它的千姿百态，将人们带入了一个光影奇幻的世界。一条老街，隔远了五光十色的都市生活，隔远了城市喧嚣，隔远了匆忙的现代节奏。漫步其中就如同置身于另一个天地……

漫步在老街，望向前面因弯曲而显婀娜的街，似曾相识。也许，正是心存的古老；也许，正是怀旧的情缘；也许，正是我们梦中寻找的别处。我在心中不禁感慨，在现代都市，竟然还有着这样的一条古街！一个拐弯，拐进了之前的世纪。下一个拐弯处的景致或许更加迷人，因为等待我们的将是历史久远的老街绽放新姿的灿烂光景。

召庙文化放异彩

玉泉区是呼和浩特市的发祥地，建城440多年。辖区内名胜荟萃，素有"召庙浩特"之称。这里融合了北方少数民族特别是蒙古族历史与宗教文化，形成了独具特色的民族历史文化、蒙元文化、召庙文化、旅蒙商文化、昭君文化、民俗文化、生态文化等各种文化，在传承、变革、相互影响中逐步构建起玉泉区博大精深的多元文化体系。

近年来，玉泉区挖掘历史文化资源和底蕴，精心组织文化庙会活动弘扬传统文化；举办玉泉区民俗文化旅游节发展文化旅游业，促进文化交流；努力培植文化产业，推进"一核双圈一体化"战略的实施；开展丰富的文化惠民活动，与群众需求相对接，改善文化民生；加强文物保护工作，全面贯彻"保护为主、抢救第一、合理利用、加强管理"的工作方针；做好非物质文化遗产保护工作，弘扬优秀传统文化，重视文化的传承。

玉泉区每年都举办冬季庙会，即春节、元宵节文化庙会活动。文化庙会已成为玉泉区特色的品牌文化活动，是以传统民俗与现代流行元素相结合，全面展示呼和浩特市的民俗文化、民族文化、召庙文化，活跃城乡居民业余文化生活的文化盛会。每届庙会都在玉泉区大召广场、塞上老街、大召前街、九久街、财神庙、观音庙广场、宝尔汗佛塔广场、大盛魁文化创意园组织开展一系列创意新颖、内容丰富的活动。期间有以传统民俗文化为背景的文化庙会开幕式及专场文艺演出、贺新春书画笔会、绝活绝技表演、戏曲专场演出、剪纸展、青城故事会、"感动青城"呼和浩特创建全国文明城市图片展、大盛魁主题文化展、庙会书市以及传统的猜灯谜、游九曲绕龙柱、博克表演等，还有文化庙会回顾展、民间艺人才艺展示活动以及非物质文化遗产项目实物及动态展示等活动。除此之外，还举办青少年花样轮滑、骑单车、街舞等具有时代感的体育表演活动。历届庙会在立足传统的同时也融入了许多现代元素。庙会期间，广大群众既可以在被灯火装饰一新而又古色古香的大召寺感受

民俗民间文化的魅力，又可以在休闲娱乐的氛围中体味喜庆和谐的节日氛围。

与冬季庙会相呼应，夏季庙会——民俗文化旅游节，是在大召庙会的基础上，整合利用文化旅游资源，延伸其内涵、丰富其内容、扩张其规模，办成了呼和浩特市昭君文化节一个固定的、富有特色的节庆活动。每年夏季，玉泉区依托大召庙会，以旅游精品路线为依托，以旅游景点景区为阵地，设立多节点、利用多场地举办民俗文化旅游节。其活动集中在大召广场—小黑河（玉泉段）—蒙古风情园—昭君博物院一线，设多个活动点，以丰富的节日活动和秀美的人文风光，让外来游客和广大市民尽享节日般的欢乐。玉泉的人文环境，浓郁的风土人情、民俗风貌，以大召寺为代表的召庙文化，让人过目不忘。以草原为代表的自然风光让人心怡舒畅，具有很高人文民俗和艺术价值的非物质遗产更是让人拍案叫绝。

民俗文化旅游节期间，在蒙古风情园和大召广场，以广场演出、流动舞台车进社区等形式开展惠

庙会文艺演出

国家文化产业示范基地碑记

民文艺演出，文艺演出有二人台、晋剧、歌舞表演，还有体育时尚展演、旅游宣传促销活动、电影放映等各种活动。把反映社会经济发展变化、生态人文风貌的文艺作品带到群众中去，让群众共享多元文化带来的快乐。

在办好文化庙会的基础上，玉泉区科学规划、精心实施了大召文化产业群落项目。大召文化产业群落项目已成功申报为国家级文化产业示范基地，在第十六届中国·呼和浩特昭君文化节上，大召文化产业群落已经正式揭牌。它已成为呼和浩特乃至内蒙古集中展示地区历史、人文、商业、民族、民俗等多元文化融合发展的重要名片。

大召文化产业群落以玉泉区深厚的文化底蕴为基础，以区内各宗教场所、老商业街面、历史博物馆等为载体，将民族历史和民族融合贯穿始终，民族文化和民族风情集中体现，展现了民族大团结大融合的伟大力量和包容精神，体现了塞上召城丰富厚重的人文韵味、豪放舒展的地域个性和广纳兼收的民族性格。

大召文化产业群落规划占地总面积约43公顷，包括宗教文化游览区、明清风格商业区、大盛魁文化创意产业园3个功能区。项目以大召区块为核心区域，辐射两侧大盛魁博物馆、大盛魁商业街、席力图召、塞上老街、乃莫齐召、麦香村、月明楼、五塔寺、弘庆召、观音寺、宝尔汗佛塔等众多历史、人文、商业建筑和景观，形成了"一核牵引、多点联动、协调推进"的文化产业发展格局

塞上老街

（"一核"是指大召区块，"多点"是指产业群落内各景区、景点及商业街）。玉泉区通过广泛组织各类文体活动，优化大召—大盛魁区块文化环境，进一步推动文化产业基地的业态发展。积极协助推动蒙元世界、昭君博物院扩建等重点文化产业项目的建设。

玉泉区坚守城区个性与特色，积极推进古与今、新与旧、表与里有机融合，古城保护与新区建设协调推进、相得益彰，历史文化与现代文明在这里交相辉映、熠熠闪光。这是一个有文化与灵魂、有信仰与精神、有理想与豪情、有活力与魅力的美丽城区。

教育事业在发展

今天的玉泉，煦风在歌唱，大地在沸腾！城市建设的灯火照亮了夜空，经济发展的浪潮推涌着希望的浪花。我们也听到了新时期玉泉教育勇往直前的铿锵鼓点，我们看到了玉泉教育跨越式的激情发展。

近年来，玉泉区经济社会各项事业取得长足发展，教育事业迈上科学发展的跨越之路。目前全区有各级各类学校（幼儿园）96所，其中公办学校35所（包括普通小学26所、初级中学2所、完全中学2所、幼儿园2所、教师进修学校1所、业余体校1所、特殊教育学校1所），民办学校61所（包含民办教育机构15所）。全区共有在编教职工1826人，其中国家级、自治区级名师15名、市级学科带头人71名、市级教学能手162名、市级骨干教师267名；区级首席教师15名、区级学科带头人100名、区级教学能手200名、区级骨干教师400名。义务教育阶段在校中小学生33313人，学前教育在园儿童7213人，高中（职高）在校生3822人。

呼和浩特市二十六中学校园

二十六中的地理课

百年大计，教育为本。区委、区政府历来高度重视教育工作，认真实施教育优先发展战略，以办人民满意教育为目标，围绕提高教育教学质量这个核心，以改善办学条件为基础，以队伍建设为关键，以改革创新为动力，全力推进教育均衡化、内涵化、优质化、现代化、特色化发展，教育事业取得显著成绩。

近年来，全面实施校舍安全工程，投资5722万元，加固中学校、幼儿园18所；大力实施标准化学校建设工程，概算投资16亿元，新建、续建中小学幼儿园17所，新增学位1.3万个，经过翻修或新建的民族幼儿园、达赖庄小学等7所中小学、幼儿园已经投入使用。有力地促进了教育事业均衡优质发展。

本着"张扬特色，突出实效"的原则，大力推进特色学校建设工作。多渠道深化礼仪教育，德育工作特色鲜明。玉泉区自编的区域性乡土教材《礼行天下》，已在试点校广泛使用。承办了"全国少先队十二五重点课题结题现场会"，充分展示了玉泉区德育教育成果，受到全国九个省市的专家和同仁们的一致好评。不断加强学校艺术教育，玉泉区"瑚斯勒"学生艺术团远赴美国参加"第三届文化中国•中国非物质文化遗产联合国总部展演"活动，受到来自世界各地人们的高度赞誉。心理健康教育进一步加强，实现了城区及部分农区学校心理辅导全覆盖、辅导室建设全覆盖，目前全区共有心理健康指导教

民族幼儿园

师72名,其中已有58名教师考取了国家二级心理咨询师资格证,持证率达81%,邀请心理健康教育专家举办培训讲座,培训人数1000余人次。二十六中被评为"自治区首批心理健康教育基地""呼市心理健康特色学校"。

为创新社会公开招考教师制度,共招聘教师442人,其中包括连续4年面向教育部直属六所免费师范院校招聘免费师范生共84人,占招聘教师总数的19%,新招录教师总人数占全区专任教师总人数的24.5%。以提升师资水准为突破口,着力开展法制培训、中小学校长培训、骨干教师培训、新教师岗前培训、农村学校教师素质提升培训、"国培"研修、幼儿园教师培训"七大培训工程";着力实施"名师工程",倾力打造名师队伍,逐步形成以名师为引领,名师带骨干、骨干带新人的可持续发展三级人才链,从而提升全区教师队伍的整体素质,推进教师专业化发展。

着力实施教育信息化工程,加强"三通两平台"工程建设。玉泉区2014年在全市率先实现"百兆光纤校校通"和"多媒体电子白板班班通"的基础上,2015年为全区27所中小学统一配备了便携式录播系统,配备率达84%,全区学校信息化水平达到全市区域一流水平。深入挖掘"互联网+教育"的功能,大力推广"名师讲堂""云课堂""同频互动"等网络教学模式,正在逐步向教育现代化迈进。目前,玉泉区注册实名制网络学习空间教师969人,占教师总人数的72.5%(全市要求50%）；初中以上学生4542人，占初中学生总人数的71.2%（全市要求30%），两项指标均远远超出全市平均水平。

近三年全区小学年度教学质量指数逐年提升，各学科教学质量呈逐年上升态势，2015年教学质量总指数比上年提高了21个百分点。

2015年全区中考上线人数656人，上线率45%，比上年提高了2%。高考成绩保持持续增长的良好势头，全区二本以上上线人数270人，比上年增加30人；艺术类本科上线人数43人，全区本科上线率49%，比上年增加4%。六中成为内蒙古普通示范性高中，成功构建了导学案模式，编

民族幼儿园举办的丰富多彩的活动

写了"导德""导学""导练"系列校本教材，"六中导学案教学模式"荣获市政府颁发的科技成果二等奖，"二十七中循环课堂模式"荣获市政府科技进步三等奖，是全市教育领域最高奖项。

玉泉区在全市率先推行的集团化办学模式，取得明显实效。在恒昌店小学与五里营小学等8所学校的资源整合的基础上，2015年，又与内蒙古师范大学顺利签订了内蒙古师范大学附属第二中学的协议，学校占地面积320亩，建筑面积11.7万平方米，概算投资6.3亿元。截至目前，内蒙古师范大学附属第二中学，是呼和浩特市教育史上投资最大、占地面积最大、建设规模最大的城区完全中学。充分发挥了优质教育资源的辐射、带动、示范、引领作用，有力地促进了全区教育的均衡发展。

着力内部挖潜，借助外部智慧，促进教育发展。通过专家引领，高校合作，区域共建，针对性菜单式保障服务等措施着眼区域整体质量提升，助推教育发展。在全市率先创办"玉泉教育研究发展基金"。2015年投入30万元，用于奖励业绩突出的一线教师，充分调动广大一线教师的工作积极性，收到了良好效果，为助推玉泉教育事业的发展增添了新的动力。

如今的玉泉区教育界，坚持以人为本，继续推进教育优质均衡发展，弘扬敢于率先的精神、求真务实的作风，向着教育现代化的宏伟目标迈进。

私立锦盛达中学校园

吟咏玉泉

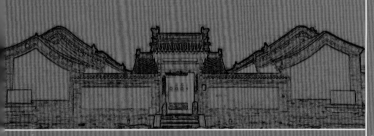

HUASHUONEIMENGGUyuquanqu

吟 咏 玉 泉

YINYONGYUQUAN

玉泉区，呼和浩特的发祥地，历史悠久，文物古迹众多。古往今来，文人学者、社会名流留下过许许多多歌颂这块土地的文学作品。

玉泉区，呼和浩特的发祥地，这里文物古迹众多。古往今来，文人学者、社流名流留下过许许多多歌颂这块土地的文学作品。现列"吟咏玉泉"一节，主要参考《呼和浩特诗词》（1997年内蒙古人民出版社出版，主编班澜）一书，编选了吟咏玉泉的一些诗歌词赋。

四百年古城丰姿

1575年，一座城池在青山之阳，黑河之滨，今天玉泉区境内建成，她后来发展成历史文化名城——呼和浩特。她历来为文人骚客所赞颂。请看著名作家贾勋的吟诵：

青城吟

晨

一

一炷香，飘起古城孤独的回忆，

一条河，沉下昭君断弦的琵琶。

驼峰上摇着呼和浩特的童年，

忧思里灌满浑浊的泥沙。

二

四百年后，在漂亮的空调车上，

坐着青城微笑的早晨。

太阳和彩裙为她编织节日，

个体户的货棚连起岁月的朝霞。

白雪和鸽哨同时飘进她的遐思，
哈素海与黑河同时沉淀残夜的风沙。

那翠蓝色的洒水车，从市长的笑声里开出来了，
它就从少年宫的门前开始绿化……

呼和浩特也在与时俱进，请看蒙古族作家乌吉斯古楞的吟诵：

呼市人

呼市人早先圪蹴在小院里拉风箱

圪蹴着吸溜一碗黄昏

洋起来是近些年的事

告别白茬皮袄

皮夹克满城潇洒

后来鸭舌帽也悄悄隐退了

礼帽往来

呼市人很少托土坯了

呼市人很多住楼房了

呼市人送走钢丝面许久许久了

却觉得汉堡面包不如烙焙子香

呼市人冬天分白条羊

又觉得凉房总比冰箱强

呼市人也常发牢骚

说菜价太贵

赶上六〇年了

其实呼市人很明白很明白

四百多年的古城

是一条走不通的胡同

国门启开了门闩

新潮流才涌入都市

呼和浩特，不仅有今日的辉煌，亦有往日的繁荣，清代人就称赞她："小部梨园同上国"：

归化城

王　循

西北风雪连九徼，古今形势重三边。

穹庐已绝单于域，牧地犹称土默川。

小部梨园同上国，千家闹市入丰年。

圣朝治化无中外，十万貔貅尚控弦。

青城怀古

高其倬

筑成绝塞跨冈陵，门启重关殿百层。

宴罢白沉千帐月，猎回红上六街灯。

夜江欲渡金源马，秋使方征渤海鹰。

劫火东延名胜尽，前尘难问再来僧。

这里不仅有城镇的繁华，亦有美丽的田园风光，人们都热爱着这方热土。著名文史专家刘映元，1935年就曾经写诗咏赞玉泉区这块美丽的地方：

归化城的牧歌

大青山上的矮木林红醉了，

小黑河的流水多优美啊！

在金色麦田的深处：

那是我们的家。

好多年以前——

昭君坟的四周还是一片荒野：

没有房屋城池……

也没有人和烟。

北国的冷风里，

枯草连着苍天。

有一批勤劳的拓荒者，

那就是我们的祖先。

他们经过了好多饥寒路程，

立志要开辟这块莽原，

有的来自黄河岸上，

有的来自扬子江边。

十月的冷风吹呢，

他们还顶着雪花刨泥片。

渴了饮一口冷水，

饥了啃几口炒面，

这样有好多个春秋了。

于今荒原成了新的世界——

电灯在晚钟声里发出光亮，

归化城罩着都市的深夜。

你晚妆的游人呦，

要记得每条石子和街，

也都埋有我们祖先的骷髅和心，

也都埋有我们祖先的汗珠，血点……

大青山上的矮木林红醉了，

小黑河的流水多优美啊！

在金色麦田的深处，

那是我们的家。

中华人民共和国成立后，国家文物局局长王冶秋、自治区领导王再天也曾经作诗赋词赞扬过美丽的青城：

咏呼和浩特

王冶秋

成吉思汗射大雕，昭君出塞战云消。

且看塞北新天地，一代英雄万代骄。

西 江 月

王再天

雁序风高云散，

阴山脚下长城。

昭君笑卧香冢情，

五塔石刻留胜。

新旧两城合璧，

广播大厦钟声。

恐龙岿立博物宫，

白马凌空谁乘。

昭君自有千秋在

在玉泉区境内埋葬着一位伟大的女性——王昭君，正如著名的历史学家翦伯赞所讲，人民的心中永远记着王昭君，昭君墓是永远不会废弃的，它是"一座民族友好的历史纪念塔"。但凡来到呼和浩特的中外游客，几乎没有不莅临昭君墓的。自古以来，人们就吟咏昭君墓和王昭君。作家周雨明的散文诗《昭君墓》，称她为"中华民族贤惠的母亲"：

昭 君 墓

周雨明

一

阴山南麓，黄河北滨，

青山黄水间突起高高的青冢；

巨大的穹庐像一颗绿色的天体，

在这里，一年四季，紫雾蒙蒙。

我知道，过往的岁月是纷杂的，

泪水曾模糊过多少文人骚客的眼睛；

在众多的辞章里抽去了欢乐，

留下的只是"夕阳西下"，"独上黄昏"……

种种猜测，那是不足为怪的，
在从前，人们的偏见很深很深；
说美丽的王嫱跳进了大黑河里，
尽管荒诞，却也刺痛过我们的心。

像噩梦一样，让它永远破灭了吧，
拜谒你，青冢，用我们虔诚的心灵；
而且，我愿意充当历史的向导，
向全世界的朋友倾诉真情……

昭君墓，不是比阴山更高大吗？
王昭君，她是我们蒙汉两族人民的先人；
昭君墓，不是比黄河更久远吗？
王昭君，她是中华民族贤惠的母亲。

二

两千年前，这里的部落爆发了内讧，
哥哥和弟弟，像水火再也无法相容，
哥哥郅支单于，急于想把长安捣毁，
弟弟呼韩邪，对汉室却无比忠诚。

"敕勒川是我们世代游居的牧地，
大漠以南，再不应听见鼙鼓的响声；
多少汉家女儿已做了胡家的新娘，
胡家汉家，越来越应当相爱相亲。"

呼韩邪的话阻塞了郅支的狂妄野心，
盛怒之下，郅支向呼韩邪发动了进攻；
于是，呼韩邪不得不奋起还击，
同郅支单于展开了血与火的斗争。

从此，战败的郅支向遥远的漠北逃去，

呼韩邪的部落便成为汉室的臣民；
祖国，总是以世居的故乡连成一体的，
呼韩邪，他是保卫祖国边境的英雄。

不久之后，呼韩邪单于来到了长安，
汉元帝对他进行了热烈的欢迎；
他们在宫殿里一次又一次亲切交谈，
于是，呼韩邪顺便提出了联姻的恳请。

消息，有如无所不在的气流，
漫过回廊，渗入到都城的每一所深宫；
圣诏宣布了，十九岁的王嫱凝思了片刻，
跳荡的心，在迅速抉择未来的途程。
自从来到长安，像小鸟被圈入牢笼；
故乡的明月，转在哪里也该是圆的，
北方的草原，水一样甜，山也一样青。

哪一条路不是人一步步走出来的？
呼韩邪，他是保卫祖北疆的英雄；
跟着他，去播种胡汉人民的友谊吧，
用血缘筑一道同心同德的长城。

不须担忧，没有眼泪，满怀深情，
智勇的王嫱为联姻而自愿请行；
拜别了汉元帝，她跨上了枣骝马，
向着北方，向着草原，昼夜兼程……

三

她跟随呼韩邪单于去巡视草场，
她协同呼韩邪单于把北疆繁荣；
也踩着羊皮筏子在黄河来回摆渡，
去迎接长安的使者，送别上路的亲朋。

她的孩子，通晓两种语言，

她的子孙，能放牧也能播种；

她的牧民，时刻都挂着刀矛弓箭，

世世代代，捍卫着北方领土的完整。

"宁胡阙氏"，王昭君活了八十一岁，

寿终时，就安葬在这敕勒川的中心；

两千年了，承受过无数次风霜雨雪，

但毕竟迎来了桃李花开，燕语莺鸣。

没有昨天的通融，怎么有今日的深情，

正是两千年血缘，后世才难解难分；

歌唱吧，这昭君出塞的历史壮举，

铭记吧，这昭君出塞的历史光荣。

昭君墓，不是比阴山更高大吗？

王昭君，她是我们蒙汉两族人民的先人；

昭君墓，不是比黄河更久远吗？

王昭君，她是中华民族贤惠的母亲。

　　诗圣杜甫，途经王昭君的故乡，联想到永不磨灭的古迹——青冢。挥毫写下一首七律，使之名声大震。

咏怀古迹

杜甫

群山万壑赴荆门，生长明妃尚有村。

一去紫台连朔漠，独留青冢向黄昏。

画图省识春风面，环珮空归月夜魂。

千载琵琶作胡语，分明怨恨曲中论。

　　宋代名相、唐宋八大家之一的王安石，也曾经赋诗赞扬王昭君的出塞壮举：

明妃曲

王安石

明妃初嫁与胡儿，毡车百辆皆胡姬。

含情欲语独无处，传与琵琶心自知。

黄金杆拨春风手，弹看飞鸿劝胡酒。

汉宫侍女暗垂泪，沙上行人却回首。

汉恩自浅胡恩深，人生乐在相知心。

可怜青冢已芜没，尚有哀弦留至今。

清代人对青冢和王昭君也多有赞誉。下面这首清人彦德留在冢前碑刻上的五言诗，就倍受赞赏：

闺阁堪垂世，明妃冠汉宫。

一身归朔漠，数代清兵戎。

若以功名记，几乎霍卫同。

人皆悲远嫁，我独羡遭逢。

纵使承恩宠，焉能保始终。

至今青冢在，绝胜赋秋风。

诗人余正酉在其七言绝句中，更是动情地说，来此地就是"只为明妃（王昭君）"：

朔风猎猎透征衣，

枯草惊沙卷地飞。

去去天山吊青冢，

此行端只为明妃。

中华人民共和国成立后，党和国家领导人及文人学者来昭君墓留下过许多诗词作品。其中国家副主席董必武的诗作，赞美了王昭君出塞的远见卓识，被昭君博物院勒石立碑，成了代表作。

谒昭君墓

董必武

昭君自有千秋在，

胡汉和亲识见高。

词客各抒胸臆懑，

舞文弄墨总徒劳。

曾任最高人民法院院长、全国政协副主席的延安五老之一的谢觉哉，以及王冶秋（国家文物局长）、张执一（中共中央统战部副部长）、邓拓（《人民日报》社长兼总编辑）、翦伯赞（著名历史学家）等均留有诗词作品。

在呼和浩特市看昭君坟碑词
并参观席力图召听喇嘛谈俺答轶事有感

谢觉哉

昭君自请去和亲，

俺答皈依志轶伦。

万里长城杨柳绿，

织成蒙汉一家春。

青冢

王冶秋

在呼和浩特市黑水附近有昭君坟，又称青冢。包头黄河隔岸也有一座昭君坟，据说还有几处。总之，昭君的故事在这一带成为民族友好的象征。有一座小山包，就可能说成是昭君坟，这本来是很自然而又非常可爱美丽的古迹，可是历代有许多文人雅士，不知替昭君流了多少眼泪，作了许多像"独留青冢向黄昏"这样凄凉的诗句，仿佛汉族姑娘就不能嫁给外族，仿佛昭君就应该在汉宫廷里过着永不见天日的奴仆生活才是幸福。前天读到张执一同志的诗，为之不平，不禁也有同感。

昭君坟上草青青，当日雄装赴北廷。

地阔天空任飞舞，为何定教屈宫廷？

昭君坟

张执一

游人竞吊汉王嫱，青冢黄昏土尚香。

倘使姻亲绵世代，何须万里长城长！

昭君无怨

邓拓

初入汉宫待命，便报单于纳聘。

不负女儿身，远和亲。

塞外月圆花好，千里绿洲芳草。

帼有英才，怨何来?

游昭君墓六首之三首

翦伯赞

今夏访问内蒙古自治区，七月二十八日游览昭君墓。墓在呼和浩特市南二十里，大黑河南岸，为一夯筑大封土墓，高约二十米，即所谓青冢者是也。

（一）

旗亭历历路茫茫，风雪关山道路长。

莫道蛾眉无志气，不将颜色媚君王。

（二）

黑河青冢两悠悠，千古诗人泪不收。

不信汉宫花万树，昭君一去便成秋。

（三）

汉武雄图载史篇，长城万里遍烽烟。

何如一曲琵琶好，鸣镝无声五十年。

古城南郊梵宇连

玉泉区召庙林立，境内的古城被誉为"召城"。如今的旅游胜地大召、席力图召、五塔寺都在"召城"的南门外，现辑录几首吟诵这些古迹的诗词作品。

浣溪沙·大召

金启孮

不闻钟声出上方，萧条永巷树荫长。

夜深独自叩僧房。古像负墙垂旧幔，

孤灯照殿暗佛幢。归时月影下禅堂。

注：金启孮，学者，曾在内蒙古大学执教，1983年调任辽宁省民族研究所所长。

席勒图召

吕振羽

萧森古寺香烟销，谁把辽刹托宋朝？

三次亲征垂史石，千年宏构入云霄。

黄河远上连燕代，红旗凌空颂舜尧。

展望新城看不尽，烟筒林立簇天翘。

注：吕振羽，历史学家，曾任大连大学和东北人民大学校长。

鹧鸪天·席力图召

金启孮

偶步南郊梵宇连，入门邂逅问僧官。

禅堂佛舍闲随喜，贝叶藏经尽意看。

轮常转，法无边，度心欲结来生缘。

须臾月上浮屠顶，转眼银光照大千。

五塔寺

贾勋

一缕青幽幽的香烟

怎能把你

从寂寞的佛门

引到这喧闹的长巷

三百年漫长的跋涉

你脸上平添了多少皱褶

可在人们眼里

你依然像一位飘飘仙子

立在云端处，给今天的生活

编织彩虹，编织遐想

君不见，罗丹的崇拜者们

正艳羡地凝视你，那拥挤的

黄色、蓝色、灰色的目光

惊起了一群美丽的

白鸽

　　召庙林立、古迹众多的玉泉区，文化底蕴深厚。她不仅受到中外游客的赞扬，玉泉人更热爱自己的家乡。请看玉泉人对这方热土的颂扬：

美丽的玉泉

田忠宝

阴山脚下，

牛羊成群，

敕勒川山绿草如茵，

古老的青城风光无限。

最圣洁的地方是玉泉大召寺飞檐鎏金，

五塔坦诚金刚显身。

席力图福佛祈福，

青城里有昭君长眠，

神灵在保佑圣洁，

玉泉阳光灿烂。

圣洁的玉泉，

我们的家园，

吉祥的玉泉，

永远的眷恋。

白云飘在，

清澈的蓝天，

琴声响起歌声不断，

古老的青城风光无限。

最圣洁的地方是玉泉御赐泉水纯又甜，

老街兴旺又抒怀念。

南湖湿地美如画，

风情园里笑开了颜，

仙人守护着吉祥，

玉泉令人眷恋。

圣洁的玉泉，

我们的家园，

吉祥的玉泉，

永远的眷恋。

注:田忠宝，在玉泉区工作过多年，曾任中共玉泉区区委书记、玉泉区人民政府区长等职务。

后　记

　　2015年11月下旬，我们接到呼和浩特市委宣传部批转的《内蒙古人民出版社关于推进〈话说内蒙古〉编撰工作的函》，要求各旗、县、区编写《话说内蒙古》分册。于是，我们组建了编委会和编写组，启动了"玉泉区"分册的编写工作。编写组由区委宣传部和区地方志办公室抽调人员组成。为了充分利用区志资源，编写组附设在区志办公室，合署办公。

　　在玉泉区委和政府的领导下，在内蒙古人民出版社的鼎力支持下，乘着第二轮修志的东风，经过编撰人员夙兴夜寐的艰辛努力，于今年5月底编写出送审稿，送交内蒙古人民出版社。

　　玉泉区是历史文化名城——内蒙古自治区首府呼和浩特市的发祥地，有着深厚的文化积淀。我们试图编写一本图文并茂，集史料性、知识性、可读性、趣味性于一体的书，向世人展示玉泉区的风采。但是，这区区三十多万字、一两百张图片，怎么能反映出她厚重的历史？充其量，本书只从历史沿革、名胜古迹、民俗风情等方面介绍了她的概貌。如果读者能从中了解到玉泉区的过去及现在，觉得她确实是一块美丽的地方，我们就心满意足啦！

　　编写过程中，内蒙古人民出版社编审张钧先生和责任编辑贾大明一直关注我们的工作，起着推动作用。我们的新朋老友、文史界的专家学者（以文稿先后排序）钱占元、郝来旺、代林、曹建成、孙秀川、贾勋、赵继性、王继周、高培萱、满宏、康福、邢野、武高明诸位先生，积极支持我们的工作，为我们提供了稿件和帮助。正是有这些先生的推动和给力的帮助，再加有区志资源可资利用，所以仅用了5个月的时间，我们就写出了书稿。谨向上述各位先生致以最诚挚的谢意！本区的一些区级领导和同志也为本书撰写了稿件。我们还参考了一些文献和作品，恕不一一列举致谢。

　　在方方面面的支持下，我们顺利完成了《话说内蒙古·玉泉区》书稿的编写工作。但是，由于时间紧促，再加我们的水平所限，差错纰漏在所难免，敬请读者诸君批评赐教。

　　特别对编写人员深表谢意，现将他们所撰写稿件名录分述如后：

夏冬梅：

1.精准扶贫惠农区　2.塞上新秀风情园　3.湿地公园耀青城

高培萱：

1.学者都格尔扎布　2.气贯长虹张克敏

夏冬梅　满宏：

辛亥三杰之满泰

王希舜：

喇嘛大夫萨拉布

梁国柱　康福　王津泉　王芙蓉：

晋剧名家康翠玲

石玺和：

1.旧城的春节习俗　2.玉泉区传统庙会　3.飘香东仓的莜面

邢野　邢迟：

召庙查玛震青城

邢野：

旧城的文武社火

李秀英：

七月十五放河灯

景霞　吴明辉：

生机勃勃工业园

郝丽丽：

旅游业蓬勃发展

武高明：

博大精深博物院

金晶：

塞上老街展新姿

郭妍廷：

召庙文化放异彩

云继龙：

教育事业在发展